멈추어야 할 때
나아가야 할 때
돌아봐야 할 때

心不累的活法 by 李木木 LI MUMU
Copyright ⓒ2012 by Beijing Zywx Publishing House Co., Ltd
All Rights Reserved.
Originally Published in China by Beijing Zywx Publishing House Co., Ltd
Korean rights arranged through CA-LINK International LLC (www.ca-link.cn)
and EntersKorea Co., Ltd

이 책의 한국어판 저작권은 (주)엔터스코리아를 통한
중국의 Beijing Zywx Publishing House와의 계약으로
(주)빅마우스출판콘텐츠그룹이 소유합니다.
저작권법에 의하여 한국 내에서 보호를 받는 저작물이므로
무단 전재와 무단 복제를 금합니다.

느리게 더 느리게, 자신을 찾아가는 세 가지 삶의 시간표

멈추어야 할 때
나아가야 할 때
돌아봐야 할 때

리무무 지음 | 김정자 옮김

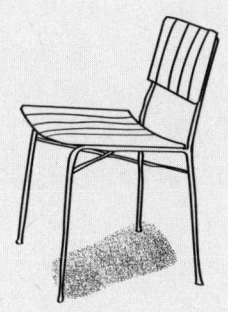

빅마우스

··· Prologue

우리는 모두
지구 여행자이다

요즘 일상에서 어떤 말을 가장 많이 하는가?

"밥 먹었어?"

"사랑해!"

"미안해!"

혹시 이 말을 즐겨 하지 않는가?

"피곤해!"

사실, 이 세 음절은 현대인들이 입에 달고 사는 말이다. 많은 이가 친구 등을 만났을 때 보자마자 입버릇처럼 말하곤 한다.

"귀찮아 죽겠어. 아, 피곤해!"

이런 피곤함은 사는 형편과 관련이 없다. 실제로 내 지인들은 청소부·택배원·매장 점원·공무원·국무원 간부·부동산 회사 대표·방송사 사장 등 다양한 직종에 종사하는데, 그들 모두 공통적으로 피곤하다는 말을 뱉어낸다. 그는 돈이 없어서 피곤하고, 그녀는 돈이 있어서 피곤하다. 그이는 권력이 없어서 피곤하고, 저이는 권력이 있어서 피곤하다.

모두가 불안하고 복잡하고 답답한 심리 상태를 끌어안고 인생을 살아간다. 때때로 꽉 막힌 콘크리트 건물 너머의 인공 녹지를 바라보며 한숨을 쉰다. 집과 회사, 날마다 반복되는 출퇴근 동선을 직선으로 이어 보면 우리의 삶은 척박하다 못해 무력하기 이를 데 없다.

통신수단이 발달할수록 속마음을 털어놓을 친구는 점점 줄어들었다. 집이 커질수록 활동 공간은 오히려 협소해졌다. 의료 기술이 나날이 발전할수록 질병은 더 증가했다. 수입은 올랐지만, 행복감은 도리어 떨어졌다. 언론의 자유는 확대되었지만, 마음의 자유는 축소되었다. 달에 닿을 수 있게 되었지만, 사람의 마음에 이르기는 더 어려워졌다. 사랑은 퇴색하였고, 사람에 대한 경계심만 커졌다.

열심히만 살수록, 무작정 신중해질수록 인생은 더 힘들어진다. 행복과 멀어지는 삶은 당연히 마음을 피곤하게 한다. 그러니 즐겁지 않을 수밖에!

옛말에 '자기 뜻대로 되는 일보다 뜻대로 되지 않는 일이 더 많다'라고 했다. 살다 보면 좋을 때보다 힘들 때가 훨씬 더 많다. 역사적으로 봐도 그렇다. 그 옛날 황제로 살다 간 인물이나 천하에 이름을 떨친 갑부도 나름대로 고통을 겪었다. 이처럼 인생은 행복으로 올라갔다가 고통으로 떨어지기를 반복한다.

이때 두려워할 대상은 문제가 아니라, 그 뒤에 가려진 문제의 원인이다. 마음이 피곤해지는 직접적 원인은 심리적 부담이 너무 크기 때문이며, 심리적 부담이 큰 이유는 잡념이 많기 때문이다. 이 잡념은 좁은 생각과 부정적인 심리 상태에서 비롯된다. 마음 깊은 곳에 자리한 부정적인 악마는 우리의 영혼을 지옥에 빠뜨린다!

그렇다면 왜 문제의 원인을 찾아야 할까? 바로 '올바른 처방'을 내리기 위해서다. 심리적 부담감을 해소하기 위해서는 '양약(良藥)', 즉 자신의 마음을 피곤하지 않게 할 방법을 찾아야 한다. 인간의 마음은 깊고 어두운 동굴과 마찬가지다. 그렇기에 하고 싶은 것이 있으면 마음의 문을 열고 빛을 비추어 자유롭게 움직이도록 만들어줘야 한다. 이것이 바로 이 책의 핵심이자 우리가 해결해야 할 중요한 문제이다.

밤하늘에 별이 빛나는 것은 수십억 년 전에 그 별이 살아 숨 쉬고 있었다는 증거다. 그렇다면 우리는 어디에서 왔을까?

'대지는 꽃밭이고, 세계는 거대한 숙소와 같다. 너와 나는 우주에 머무는 동안 지구를 지나가는 나그네.'

이 말처럼 인간은 지구를 여행하는 나그네이다. 우리 모두 이곳을 여행할 기회는 단 한 번뿐이다! 여행에서 중요한 것은 장비도, 동반자도, 목적지도 아니다. 정말로 중요한 것은 즐거운 마음가짐이다. 즐거운 마음으로 여행해야 주변 풍경을 만끽할 수 있다. 이러한 마음가짐은 가벼운 정신과 성실한 태도에서 시작된다. 거문고를 연주할 때 경쾌한 음을 퉁겨내기 위해서는 현을 적당히 조여야 한다. 같은 맥락이다. 적당히 여유 있는 마음가짐을 가질 때 경쾌한 인생을 살 수 있다. 이것이 이 책의 철학이자 믿음이다.

성숙한 사람은 적극적으로 운명을 개척한다. 그들은 마음의 안정을 찾는 방법을 알고 있기에 절대로 자신을 피곤하게 만들지 않는다. 당연한 말이지만, 방법을 알고 노력하면 누구나 성숙한 사람으로 거듭날 수 있다. 이제 이 책을 통해 좋아하는 일을 하기, 단순해지기, 주목하기, 느리게 하기, 여유로워지기 등을 익히자. 그러면 세상을 편안히 바라볼 수 있을 것이다. '어디를 봐도 청산녹수'이며, '나뭇가지에 앉은 작은 새도 좋은 친구가 되고, 수면에 떨어진 꽃잎이 모두 문장'이 될 것이다. 그리하여 비로소 성숙한 사람으로 거듭날 것이고, 가장 행복한 지구 여행자가 될 것이다.

> 마음이 바뀌면 태도가 달라진다.
> 태도가 바뀌면 습관이 달라진다.
> 습관이 바뀌면 성격이 달라진다.
> 성격이 바뀌면 인생이 달라진다.
> _에이브러햄 매슬로(Abraham H. Maslow)

피로도 자가 진단 테스트

다음은 피로도를 측정하는 열 가지 자가 테스트 항목으로, 점수를 산출하는 법은 임상심리학 자료를 참고했다.

1. 중요하거나 급한 업무가 생기면 손바닥이 차가워지거나 땀이 난다.
    ⓐ 자주 그렇다   ⓑ 가끔 그렇다   ⓒ 거의 그렇지 않다

2. 저녁에 특별한 일이 없을 때도 늦게 잠자리에 든다.
    ⓐ 그러지 않는다   ⓑ 가끔 그런다   ⓒ 자주 그런다

3. 동료와 의견 충돌이 생기면?
    ⓐ 기분이 나쁘고 심지어 분노까지 솟구친다
    ⓑ ⓐ와 ⓒ의 중간 정도이다
    ⓒ 상대방의 의견과 입장을 냉정하게 생각해본다

4. 상사가 나를 찾는다는 말을 들을 때마다 긴장이 된다.
    ⓐ 그렇다   ⓑ 때에 따라 다르다   ⓒ 아니다

5. 일을 뒤로 미루더라도 그로 인한 결과를 걱정해본 적이 없다.
    ⓐ 그렇다   ⓑ 보통이다   ⓒ 아니다

6. 예전에 좋아했던 취미에 흥미를 잃었다.
    ⓐ 그렇다   ⓑ 모르겠다   ⓒ 아니다

7. 퇴근 중 회사 전화번호로 연락이 오면 아주 늦게 받거나 아예 받지 않는다.
   ⓐ 그런다   ⓑ 가끔 그런다   ⓒ 그런 적 없다

8. 잘 모르는 사람에게 칭찬을 받을 때 그 순간 자신의 인상을 유지하려고 애쓴다.
   ⓐ 항상 그런다   ⓑ 보통이다   ⓒ 거의 그러지 않는다

9. 휴일이면 항상 오후 늦게까지 자며, 시간이 빨리 가는 것 같다.
   ⓐ 그렇다   ⓑ 보통이다   ⓒ 아니다

10. 계획표가 변경되어도 새로운 일정으로 수정하지 않는다.
    ⓐ 그렇다   ⓑ 가끔 그렇다   ⓒ 아니다

> ⓐ는 3점, ⓑ는 2점, ⓒ는 1점으로 계산한다.
> 10점 미만이면 아주 건강한 편으로 피로를 느끼지 않는다.
> 10~19점은 일과 생활의 균형을 유지하는 데 집중하기 시작한 상태다.
> 점수가 25점 이상이면 피로도가 심각한 상태다.

업무 환경과 방향을 전환해야 할 때, 이 테스트는 피로도가 더는 증가하지 않도록 도와줄 수 있다. 하지만 이미 축적된 피로는 분명 건강에 영향을 미칠 것이며 우리의 판단력과 믿음을 뒤흔들 것이다. 이때는 자기 발전을 위해 전문기관을 찾아 도움을 구해보자.

현재 사망률이 가장 높은 집단은 빈곤층이나 난민이 아니라 30~50대 사이의 화이트칼라이다. 인간의 평균수명 100세를 논하는 오늘날, 현실적으로 중국 엘리트 집단의 수명은 58.5세에 불과하다고 한다.

그동안 성공 방향을 제시해주는 『부자 아빠, 가난한 아빠』, 『누가 내 치즈를 옮겼을까?』 같은 책들이 베스트셀러의 주류였다. 그런데 최근에는 건강의 중요성을 부각하는 건강서들이 베스트셀러의 주류로 떠오르고 있다. 건강을 잃고 얻는 성공은 아무짝에도 쓸모가 없다. 이제 인생 성공 법칙에만 목매지 말고 피곤하지 않게 사는 법, 즉 인생살이에서 멈추어야 할 때, 나아가야 할 때, 돌아봐야 할 때에도 관심을 기울이자!

C/o/n/t/e/n/t/s/

Prologue 우리는 모두 지구 여행자이다 • 4
피로도 자가 진단 테스트 • 8

Chapter 1
삶이 피곤한 게 아니라 마음이 피곤한 것이다

01 나를 위해서가 아니라 남을 위해 산다? • 20
02 체면치레와 허영심으로 끝없는 비교의 늪에 빠지다 • 25
03 심리적 부담감이 인생을 좀먹는다 • 30
04 완벽주의, 자기 무덤을 스스로 파다 • 36
05 정서의 불안이 인생을 피곤하게 만든다 • 42
06 이익에 눈먼 조급증이 자신뿐만 아니라 타인까지 괴롭힌다 • 48
07 함께 나누지 않고 혼자 가지려 한다 • 54

Chapter 2
마음속 빈 곳을 채우고, 밝은 빛으로 나아가다

01 열정은 모든 것을 정복한다 • 62
02 믿을 사람이 떠나면 머물 가지도 사라진다 • 65
03 걱정해주는 사람이 없으면 부귀영화를 누려도 무의미하다 • 72
04 경외심을 가져야 비로소 행복해진다 • 75
05 감사하는 마음이 편안한 삶으로 이끈다 • 79
06 마음이 즐겁지 않으면 웃음도 하나의 표정에 불과하다 • 83
07 나 자신을 알고 아집을 버려라 • 86

Chapter 3
마음을 열면 행복하고, 마음을 닫으면 불행하다

01 모든 일은 마음먹기에 달렸다 • 94
02 매 순간 인생과 풍경을 즐겨라 • 97
03 절대적 편안함은 없다 • 100
04 좋아하는 일을 하라 • 103
05 타인을 부러워하지 말고, 자신의 삶을 살아라 • 106
06 실망하지 말라, 완벽한 인생은 없다 • 112
07 행복하면 아무리 힘들어도 웃을 수 있다 • 115
08 내가 변해야 세상도 변한다 • 118
09 수신의 최고 경지 • 121

Chapter 4
느리게 더 느리게, 삶의 향기를 맡다

01 걸어서 저 하늘까지 • 126
02 기다리지 말고 지금 고기를 낚아라 • 131
03 속도를 늦춰야 인생의 향기를 간직할 수 있다 • 134
04 느긋하게 진짜 나를 돌아보다 • 137
05 빨리 자란다고 좋은 나무로 성장하는 것은 아니다 • 141
06 바쁘다는 핑계는 이제 그만, '슬로' 열풍에 동참하라 • 144

Chapter 5
단순한 삶이 가장 근사하다

01 단순하게 살아라, 욕망이 커질수록 즐거움은 줄어든다 • 154
02 소유하는 것은 곧 소유를 당하는 것이다 • 159
03 물질적 욕망을 줄일수록 정신은 자유로워진다 • 162
04 내가 단순해지면 세상도 단순해진다 • 168
05 마음에 쌓인 먼지를 털어내라 • 172

C/o/n/t/e/n/t/s/

Chapter 6
돈과 명예는 자유로워지기 위한 수단에 불과하다

01 우리는 모두 지나가는 나그네다 • 180
02 가지가 적으면 열매가 많고, 가지가 많으면 열매가 적다 • 185
03 행복은 가진 것에 비례하지 않는다 • 188
04 잠자리 낚시로 행복을 낚다 • 195
05 영혼을 살찌우는 일에 관심 가져라 • 200
06 지금 가지고 있는 모든 것을 잃었다고 생각하라 • 203
07 천사가 날 수 있는 이유 • 208

Chapter 7
인생은 덧없는 꿈과 같다

01 목숨보다 중요한 일은 없다 • 214
02 일의 가장 중요한 목적 • 219
03 옳은 방법을 찾으면 부담은 반으로 줄어든다 • 224
04 좋은 마음가짐으로 일하라 • 230
05 모든 일은 하나씩 순서대로 하라 • 232
06 거문고의 현을 느슨하게 풀어라 • 235
07 직장의 스트레스를 해소하는 스무 가지 방법 • 239

Chapter 8
내가 행복하면 세상이 아름답다

01 나 자신을 사랑하고 그 안에서 답을 구하라 • 248
02 대가를 바라지 않는 사랑으로 세상이 아름다워지다 • 253
03 자연스럽게 사랑하라, 행복해질 기회는 무궁무진하다 • 260

Chapter 9
극단적인 관계는 번뇌를 불러온다

01 홀로 있는 법을 배워라 • 268
02 꽃에게 미소 지으면 세상을 다 얻을 것이다 • 271
03 짐은 무겁지만, 사랑에는 무게가 없다 • 273
04 마음껏 그리워할 친구가 필요하다 • 276
05 마음껏 응석 부릴 사람이 필요하다 • 279
06 언제 어디서나 대화할 사람이 필요하다 • 281
07 내가 대접한 대로 상대도 그렇게 해주길 바라지 말라 • 285
08 적당한 거리를 유지하라 • 287
09 행복의 키를 남에게 넘기지 말라 • 290
10 나를 괴롭히는 사람을 소중히 여겨라 • 293

Chapter 10
내려놓으면 자유로워진다

01 용서하라, 나를 행복으로 인도할 것이다 • 298
02 번뇌를 가라앉히고 내려놓아라 • 303
03 즐거운 일은 기억하고, 슬픈 일은 잊어버려라 • 307
04 때로는 모르는 게 약이다 • 309
05 나를 비우고 고요해지는 법을 배워라 • 311

C/o/n/t/e/n/t/s/

Chapter 11
마음의 문을 열면 해탈에 이를 것이다

01 순수한 눈으로 세상을 보라 • 316
02 기다림이 있기에 인생은 아름답다 • 319
03 베풀면 영원히 얻을 것이다 • 322
04 긍정적 생각은 내리던 비도 멈추게 한다 • 326
05 넓은 마음을 가져라 • 329
06 마음이 재앙을 끌어당기지 못하게 하라 • 331
07 직면하라, 인생은 무상하다 • 334
08 모든 것은 있어야 할 곳에 있다 • 337
09 감정을 발산하여 마음을 해방시켜라 • 342
10 과거를 잊고, 현재를 소중히 여기며, 미래를 준비하라 • 345

Epilogue 행복은 마음먹기에 달렸다 • 348

Chapter 1
삶이 피곤한 게 아니라
마음이 피곤한 것이다

아르마니, 프라다로 옷을 차려입고 BMW를 몰아 화려한 오피스텔로 출근하며, 일주일에 5개 도시로 출장을 간다!
보통 사람들은 이런 삶을 사는 인물을 유행에 뒤처지지 않은 성공한 사람으로 볼 것이다. 그러나 전문가들 눈에는 그저 피곤하고 우울하며 뒤죽박죽의 생활 속에서 늘 불안감에 시달리는 안쓰러운 '환자'로 보일 뿐이다.
현재 사망률이 가장 높은 집단은 빈곤층이나 난민이 아닌, 30~50대의 화이트칼라다. 이들은 자조한다, "도시의 낙타"라고……. 낙타는 '허리를 휘게 할 마지막 짐'이 언제 실릴지 모르기에 눈물을 흘린다.
한편, 대부분의 사람은 예측 가능한 부정적 결과를 기다리는 동안 도망치는 길을 선택한다.
건강함과 병약함, 달콤한 꿈과 악몽, 쾌락과 고통, 삶과 죽음은 모두 종이 한 장 차이다. 이러한 양자를 생각은 쉽게 넘나든다. 생각은 천사가 되어 우리를 천당으로 인도할 수도, 악마가 되어 지옥으로 인도할 수도 있다.
현대인이 피곤하게 사는 이유는 할 일이 많아서가 아니라 생각할 일이 많기 때문이다. 이때 우리가 스스로 생각의 주인이 될 수 있다면 꿈에서처럼 마음껏 날아다닐 수 있을뿐더러 피곤해지지 않을 것이다. 꿈이 실현되는 즐거움만 느끼고 꿈이 깨지는 고통은 느끼지 않을 것이다.

••• 01
나를 위해서가 아니라
남을 위해 산다?

　최근 '벌거벗은 결혼(裸婚, 신혼집·결혼식·신혼여행·결혼반지 없이 법률상 혼인신고 절차만으로 부부의 연을 맺는 것)', '달팽이 집(蝸居, 달팽이에 빗댄 작은 집)', '개미족(蟻族, 미개발 도시 지역에 거주하는 대학 졸업생으로, 직장을 구하지 못한 서민의 자식들)' 같은 우울한 신조어가 유행하고 있다. 더불어 대도시를 떠나 농촌으로 가자는 목소리가 높아지고 있다. 심지어 대학생 취업 게시판에는 '시골에 땅 몇 마지기와 집이 있는 조부모야말로 선견지명을 지녔다'는 식의 농담도 유행한다.

　사실, 치솟는 집값 때문에 떠나고 싶은 심정이야 굴뚝같지만 마지못해 살면서 심적 고통을 감내하는 이들이 부지기수다. 그렇다면 도시 외곽으로 떠나는 게 더 나은 것 아닐까? 고향 친구 녀석도 내게 비슷한 고민을 털어놓았다. 그때 나는 베이징을 떠돌며 산 10여 년의 경험과 30여 년의 인생 경험을 바탕으로 친구에게 조언했다.

　"도망칠 필요는 없고, 최대한 버텨보자."

이유는 간단하다. 첫째, 피곤한 삶은 대도시뿐 아니라 소도시에도 존재하며, 떠난다고 문제가 완전히 해결되지도 않기 때문이다.

사람들은 심각한 스트레스, 만만치 않은 생활비와 집값, 치열한 경쟁 때문에 대도시를 떠난다고 말한다. 그렇다면 소도시에서는 마냥 행복할까? 사실, 크게 다르지 않다. 삶의 양상은 지역을 구분하지 않는다. 대도시가 아닌 작은 지방에서 그럴듯한 집을 마련하려면 못해도 1억 원 이상이 필요하다. 게다가 작은 지역일수록 친밀한 인간관계가 형성되어 있기에 관혼상제, 입학식, 환갑 등 행사가 있을 때마다 크게 음식상을 차려야 한다. 심지어 주변에 경조사가 많으면 생활비 중 부조금이 차지하는 비율이 엄청날 때도 있다. 그 밖에도 지방은 임금이 높지 않다. 이런 상황을 고려했을 때 재벌 2세나 고위 공무원 집안 출신이 아니고, 캥거루족으로 살 것이 아니라면 소도시에서의 삶도 생각만큼 녹록지 않을 것이다.

둘째, 마음이 지친 사람은 대도시를 떠나 지방으로 도망쳐도 전혀 소용이 없다. 피로함은 심리적인 문제이지, 지역의 문제가 아니기 때문이다. 사는 게 피곤한 이유는 사람 때문이지 도시 때문이 아니다. 마음이 피곤한 이유는 내면에서 비롯된다. 심리 질환 환자는 불안정한 심리 상태, 부정적인 태도, 부적절한 자아 인식과 관련이 있다. 이런 것은 사는 지역을 바꾼다고 해결될 문제가 아니다.

마음이 피곤한 원인을 내면이 아니라 생활 환경 탓으로 돌린다면, 꼬마가 탁자에 부딪쳤을 때 자기 부주의함이 아니라 그 자리에 있던 탁자를 탓하는 것과 뭐가 다르겠는가?

'크게는 시정에 숨고, 작게는 초야에 숨는다!'는 말이 있다. 마음을 열고 싶지 않다고 무릉도원으로 도망치면 도연명(陶淵明)이 될 수도, 진정한 해방감도 느낄 수 없을 것이다. 평온을 유지하지 못하면 어디를 가든 피로를 떨쳐내지 못할 것이며 비참한 지경에서 빠져나올 수 없을 것이다.

먼저 심리적인 문제를 해결해야 한다. 마음의 문을 활짝 열고, 올바른 태도와 건강한 심리 상태에 대해 끊임없이 공부하고 정진하여 능력을 키운다면 어디에서든 편안하게 살 수 있다.

진심으로 한번 자문해보자.

"과연 나는 나를 위해 사는가, 남을 위해 사는가?"

이 물음에 명확히 답할 수 없다면 분명 지금 피곤하게 살고 있는 것이다.

사람은 대부분 타인의 기대와 희망에 의지한 채 살아간다. 우리가 인생이라는 경주에서 목적지를 향해 전력 질주하는 까닭은 사회로부터 인정과 박수갈채를 받아 부러움의 대상이 되고자 하는 욕망 때문이다. 그래야 삶의 가치를 확인하고 성취감을 느낄 수 있을 테니 말이다.

그러나 평생 타인의 인정을 받기 위해 무언가를 찾아 헤맨다면 행복과 즐거움은 영원히 멀어질 것이다. 사회의 범속한 평가는 개성을 죽이고, 세속적 비평은 그 대상을 가둔다. 돈에 눈이 멀어 가족을 저버리고, 권력 때문에 파렴치한이 되고, 자기 명예를 위해 수단과 방법을 가리지 않는다. 그러자면 진정한 자아는 점점 변질되어 산산이 부서질 것이고, 결국 하찮은 속물로 살아가게 될 것이다.

홍일(弘一)대사 이숙동(李叔同). 엄격한 가풍과 양질의 교육 환경 속에서 그는 문인으로 성장했고, 그림에 정진하여 화가로도 이름을 알렸다. 그는 일본으로 유학을 갔는데, 그때 일본인 아내를 맞이해 가정을 꾸리고 아이도 낳았다. 당시 그의 인생은 완벽했다. 훤칠한 용모에 시문과 서화에 능했으며, 화목한 가정에 풍족한 재물까지, 부족한 게 없었다.

그렇게 평화로운 나날을 보내던 그는 홀연히 항저우의 한 사찰을 찾아가 불교에 귀의하고 연음(演音)이라는 법명을 받았다. 한창 화가로 국내외에 명성을 떨치던 시기였다. 그의 가족과 친구들은 승적에서 나올 것을 권했지만 소용없었다. 누군가 그에게 출가한 이유를 묻자 그는 담담하게 답했다.

"그저 하고 싶은 대로 했을 따름입니다."

당시 중국화 대가 김지용(金智勇)은 이숙동의 행동을 도저히 이해할 수 없어 직접 사찰로 찾아가 출가 이유를 물었다. 이에 이숙동은 이렇게 답했다.

"저는 출가함으로써 가장 좋아하는 일을 할 수 있었고, 그랬기에 이 길을 택했습니다."

그는 두문불출하며 전심전력으로 불법을 연구했고, 불교 철학자가 되어 홍일대사라는 존칭을 얻었다.

"그저 하고 싶은 대로 했을 따름입니다"라니……. 생각할수록 참 괜찮은 말이다. 세속적 사회를 살아가는 사람들은 욕망에 짓눌려 공허해진 영혼을 외면한 채 마음속 진실한 소리를 애써 무시한다. 또한 자신이 좋아하는 것을 포기하고 유행을 좇아 타인들이 하는 대로 따라간다. 그렇게 정신없이 평생을 살아간다.

역사라는 거대한 강줄기를 생각해볼 때, 인간의 일생은 지나가는 파도에 불과하다. 그러니 자신의 인생을 주도하기 위해서는 세속에 흔들리지 말아야 한다. 짧은 생이지만 스스로 주인이 된다면 풍전등화 같은 한순간의 인생일지라도 후회 없이 살다 갈 수 있다.

호메로스(Homeros)는 미래 예측이 안 되는 어지러운 시대에 태어났다. 사람들이 음주 가무에 빠져 지내던 그때, 그는 자신의 영혼이 원하는 대로 따랐다. 가난한 형편에도 쉬지 않고 정진한 그는 마침내 그리스 최고의 대서사시 『일리아스』를 창조해냈고 후세에 불후의 명성을 남겼다.

사회의 기대와 판단 기준에서 조금만 벗어나 욕망을 억제하고 자신이 원하는 대로 한다면, 성인의 경지에 오르지는 못할지라도 좀 더 가볍게, 재밌는 인생 여행을 할 수 있을 것이다.

흥미를 느낄 만한 일을 하라. 내면의 소리에 귀를 기울이고 진정으로 좋아하는 일, 즐거운 일을 찾아라.
현실이라는 벽 앞에서 원하는 길이 아닌 다른 길을 선택해야 한다면, 일단 가자. 다만, 일주일에 한 번 혹은 한 달에 한 번 또는 일 년에 한 번이라도 자신만을 위한 시간을 비워두자.

···02
체면치레와 허영심으로 끝없는 비교의 늪에 빠지다

자신을 포기한 채 겉치레를 위해 사는 사람들이 많다. 이들의 문제는 바로 '체면'에 있다. 피곤하게 사는 사람 대부분은 체면을 내려놓지 못한다. 그들은 타인의 시선을 기준으로 삼고, 아첨을 최고의 칭찬으로 여기며, 체면이라는 미궁에서 헤어나지 못한다. 부자들은 내키는 대로 돈을 많이 쓰며 과시하기를 즐긴다. 빈자들은 돈이 없음에도 체면 때문에 과소비를 하여 매달 적자를 본다. 2천여 년 전, 맹자(孟子)도 이와 관련하여 언급한 일화가 있다.

체면을 중시했던 어느 제(齊)나라 사람은 항상 음식을 대접받아야 자기 체면이 서는 것이라고 생각했다. 그는 사람들이 제사 지내는 묘지에 가서 술과 음식을 구걸해 먹었는데, 집으로 돌아와 아내에게는 호기롭게 말하곤 했다.

"오늘 또 형님 몇 분한테 끌려가 술을 많이 마셨지 뭐야!"

중국인은 체면을 아주 중요하게 생각한다. 실제로 루쉰(魯迅)은 "체면은 중국인의 정신강령이다"라고 했고, 린위탕(林語堂)은 "체면은 중국인이 가장 중요하게 생각하는 이치다"라고 했다. 중국인의 심각한 과소비 문제 역시 바로 이런 체면 때문이다.

중국에서는 일본인을 인색하고 옹졸하다고 비꼬는 사람들이 많다. 일본인과 비교해볼 때 중국인은 통이 크고 대범하며 체면을 중시하기에 과시하기를 좋아한다. 중국인은 손님을 초대하면 인원에 관계없이 한 상 가득 음식을 준비하며, 선물을 줄 때도 아끼지 않고 돈을 쓴다. 일본인은 소박하게 볼펜이나 초밥을 상자 안에 넣어주는 반면, 중국인은 화려하게 포장된 상자 안에 값비싼 물건을 넣어 선물한다.

중국인의 소비 패턴도 이와 비슷하다. 소득이 적어도 물건을 살 때는 가장 좋은 것을 선택한다. 선진국의 소비수준에도 결코 뒤지지 않는다. 하지만 다른 나라의 경우 보통 경제적인 가전제품을 사용한다. TV만 해도 대형 TV를 구매하는 가정은 그리 많지 않다. 그런데 중국에서는 형편이 조금만 좋아져도 벽걸이형 TV나 최신형 LED TV로 바꾼다. 휴대전화의 경우에도 중국은 외관과 기능이 세계에서 가장 빨리 바뀌는 국가 중 하나다. 새로운 모델이 출시되면 순식간에 유행하는데, 소비자들은 앞다투어 신형을 손에 넣으려 애쓴다. 최근 중국에서 가장 유행하는 소비품은 자동차다. 실제로 중국 각 도시에서는 세계 최고의 브랜드 자동차를 손쉽게 찾아볼 수 있다. 그뿐만이 아니다. 일부 지역의 부자들은 심지어 비행기 구매에 눈독을 들이고 있다. 이러다 몇 년 뒤에는 전용기가 유행할지도 모르겠다.

경제가 발전하고 주민생활의 수준이 향상되었다면 이러한 소비 풍조를 질책할 수만은 없을 것이다. 문제는 현실에 맞지 않는 소비가 주를 이룬다는 사실이다. 체면 때문에 3개월 급여를 통째로 쏟아부어 루이비통 신상 가방을 예약 구매하는 상황은 정말 할 말을 잃게 만든다.

이런 기형적인 소비 행태는 중국의 소비 구조와 경제 구조를 왜곡시킨다. 정말로 심각한 문제는 체면 탓에 기형적인 소비관념이 사회복지에 부정적 영향을 미친다는 사실이다. 생활 환경은 좋아지고 사치품은 증가하지만 행복지수는 크게 떨어졌다. 이는 시간, 돈, 건강을 모두 체면을 유지하는 데 써버렸기 때문이다. 그 결과, 업무는 늘어났고 휴식 시간은 부족해졌으며, 과도한 지출로 인해 삶을 즐길 여유마저 사라져버렸다. 기형적인 소비의 틀 안에서 멈추지 않고 돌아가는 팽이가 되어버린 것이다. 이런 상태에서 어떻게 피곤하지 않을 수 있겠는가?

명문대학 출신의 한 남자는 서른여섯에 기업가로 성공했다. 그는 베이징 중심가에 집 아홉 채를 가지고 있다. 과연 그는 향후 수십 년 아무것도 하지 않아도 편하게 먹고살 수 있을까? 아니면 그 역시 '개미족'이나 '달팽이족'처럼 스트레스를 받으며 피곤하게 살까?

사실, 이 성공한 기업가의 삶은 보통 사람들보다 훨씬 더 피곤하다. 그는 상상 이상의 고통을 날마다 감내하고 있는데, 심지어 죽지 못해 살다시피 하고 있다고 푸념한다. 컴퓨터 회사를 운영하고 있는 내 지인의 실상이다. 그는 항상 흥분한 말투로 우는 소리를 한다.

"사람들은 무슨 돈으로 타운하우스를 사고 별장을 사는지 모르겠어. 내가 가진 건 고작 성냥갑 같은 아파트 몇 채인데 말이야."

한때 나 역시 집을 한 채 사볼까 하는 생각을 했다. 하지만 그의 고민거리를 알고 난 후 바로 포기했다. 집이 많을수록 자랑하고 싶어질 것이고, 자랑하다 보면 남들과 비교하게 될 것이고, 그러다 보면 남들보다 못하다고 느낄 것이고, 결국 고통스러워질 것이 자명했다. 그것은 내가 원하는 결과가 아니다.

성공한 사람의 고통스러운 삶이 우리에게 말해주는 것은 무엇일까?

허영심에 이끌려 한 번 비교하기 시작하면 끝없는 비교의 늪에 빠지고 만다는 사실이다.

허영심은 인간의 본성이다. 태어날 때부터 DNA에 들어 있는 것으로, 허영심이 없는 사람은 없다. 세상에는 나보다 잘생긴 사람, 좋은 조건을 가진 사람이 수없이 많다. 하루아침에 벼락부자가 되었다는 이야기도 종종 들려온다. 이런 소식은 사람들 마음에 파문을 일으키고 시기심을 발동하는데, 더불어 허영심을 생성한다.

허영심은 사람들의 정신건강에 부정적인 영향을 미친다. 처음에는 잔물결에 불과했던 허영심이 점차 사람들의 성취욕을 자극하며 나날이 커져간다. 이렇게 통제력을 잃은 허영심은 사람들의 욕망을 폭발시키고 급기야 비교의 늪으로 내몬다.

계란 광주리 A는 오랫동안 기다려도 아무도 거들떠보지 않아 외로웠는데, 또 다른 광주리 B는 파리와 개미 떼에 둘러싸여 항상 북적였다. A는 B가 부러워 비결을 물었다. 구멍을 내면 더는 외롭지 않을 거라는 B의 말에 A는 스스로 몸을 깨 구멍을 만들었다. 그랬더니 B의 말대로 파리들이 몰려들었다. A는 기분이 좋았다. 하지만 시간이 흐르자 악취가 풍기기 시작했고, 후회하기에는 돌이킬 수 없는 지경에 이르렀다. A는 결국 주인에게 버림받았다.

이 우화가 말하고 있는 것은 무엇일까? 허영심이 많은 사람은 남과 비교하길 좋아한다. 남이 가진 것은 자기도 가져야 하고, 항상 남들보다 더 좋은 것, 더 많은 것을 원한다. 하지만 하나를 원하면 곧 그것보다 더 나은 것을 원하고, 그렇게 또다시 더 나은 것을 원하는 그들의 욕망은 영원히 끝나지 않는다.

허영심에 빠져 비교 게임을 시작하면 더는 평화로운 일상을 기대할 수 없다. 미국인의 허영심은 하늘을 찌른다. 호화 주택, 비행기, 유조선을 손에 넣은 그들의 경쟁은 우주로까지 이어진다. 일례로 21세기 진입 후, 미국의 달 표면 판매 사업이 시작되었다. 사업을 주관한 '달 대사관(Lunar Embassy)'은 이미 세계 각국에 판매 대리점까지 세웠다. 달 표면은 1평방미터당 36달러에 거래된다고 한다. 판매자에게 계약금을 지불한 구매자는 달 표면 소유권 증명서와 자세한 자료를 제공받는다. 구매자는 지구에서 천체망원경으로 자신이 구매한 토지를 관측할 수 있고 지하자원 탐사와 채굴을 진행할 권리를 가진다.

듣기만 해도 황당한 이야기지만, 부자들은 이를 하나의 놀이로 생각하고 아낌없이 돈을 투자한다. 사실, 그들은 돈을 주고 '달에도 내 땅이 있다'는 허영심을 사는 것에 불과하다. 이 매매를 통해 구매자는 어떠한 이익도 얻을 수 없고 법률적인 보장도 받지 못하기 때문이다. 그냥 판매자만 어부지리로 돈을 버는 것이다. 이처럼 지나친 허영심은 사기꾼들의 먹잇감이 될 뿐이며, 당사자는 헛된 명성 외에 아무것도 얻지 못한다.

경제 발전의 수준이 높지 않은 국가라면 일과 생활에서 체면치레는 가장 큰 걸림돌이 된다. 실질적이고 본질적인 것을 추구하되, 체면은 주머니 깊숙한 곳에 넣어 두자. 그렇게 소박한 생활을 한다면 삶의 무게가 훨씬 가벼워질 것이다.
자신의 것이 아닌 것을 애써 탐하지 말고, 무의미한 '피로'로 유한한 생명을 갉아 먹지 말아야 한다. 허영심을 없애면 불필요한 걱정과 피로가 사라질 것이다. 자연히 일과 생활이 안정될 것이다. 유혹이 다가와도 흔들리지 않을 것이며, 이해득실을 마음에 두지 않으니 칭찬이나 모욕에도 초연할 것이며, 무엇보다 자신이나 남의 탓을 하지 않을 것이다. 요컨대 허영심을 내려놓으면 세상을 보는 시야가 넓어지고 삶에 대한 만족감도 크게 증가할 것이다.

... 03

심리적 부담감이 인생을 좀먹는다

30대 외모를 가진 20대도 있고, 50대 신체를 가진 30대도 있다. 대중교통을 이용하여 출퇴근한다면 한번 유심히 살펴보라. 피곤에 절어 축 늘어진 어깨들, 허공 어딘가를 헤매는 초점 잃은 눈동자들, 칙칙하도록 누렇게 뜬 얼굴들…….

마음이 피곤하다는 것은 심리적 부담감은 물론 스트레스가 크다는 의미다. 스트레스는 일과 생활뿐만 아니라 건강에도 심각한 영향을 미친다. 무엇보다도 스트레스는 노화를 촉진시킨다.

최근 베이징의 한 시민건강검진센터에서 500명을 대상으로 체질 검사를 실시했다. 그 결과 약 80퍼센트의 사람들 신체 나이가 실제보다 많게 나왔다. 또 다른 연구에 따르면, 중국 고소득층의 노화 속도가 서구의 수준을 초과했다고 한다.

그 때문인지 요즘 중국에는 '아건강(亞健康)'이라는 신조어가 유행하고 있다. 이것은 두뇌를 과도하게 사용하여 평소 건강이 좋지 않고 업무 스트레스가 큰 상태를 일컫는 말이다. 이는 정신적·심리적 문제가 많고 각종 신체 지수가 계속 하락하는 상태를 가리킨다.

그렇다면 과연 아건강 상태이거나 그럴 가능성이 있는 사람은 얼마나 될까? 상하이 사회과학원 아건강연구센터의 조사에 따르면, 상하이 시민 중 건강한 사람의 비율은 16퍼센트, 건강하지 못한 사람의 비율은 14퍼센트, 아건강 상태에 있는 사람의 비율은 70퍼센트라고 한다.

IT기업의 이사 아이는 평소 긴장된 업무 환경 탓에 항상 피곤하고 기력이 없어서 검사를 해보았다. 그 결과 심폐 기능, 평형감각, 유연성, 인내력, 순발력, 민첩도가 떨어졌으며 신체 나이가 실제 나이보다 여덟 살이나 많게 측정되었다.

회계법인의 팀장 자오는 스물일곱 살이다. 한창때의 젊은이임에도 그는 밥만 먹으면 잠이 쏟아졌고, 감기와 두통 그리고 경추통과 고혈압을 달고 살았다. 길을 걸으며 졸 정도로 그는 야근을 밥 먹듯이 했다. 그는 몸에 쌓여가는 피곤을 담배와 술로 달랬다. 보약을 챙겨먹었지만 정작 제때에 식사를 하지 못할 때가 많았다. 잠을 자도 숙면을 취하지 못한 채 자주 꿈을 꿨다. 빈번히 고소공포증과 초조함을 느꼈고, 맡은 업무를 제대로 끝내지 못했다. 진급 시험에 대한 스트레스가 컸고, 불쑥불쑥 충동적인 감정에 사로잡혔으며, 심지어 살인하는 생각에 빠지기도 했다.

많은 사람이 위 사례와 같은 경험을 하고 있다. 이처럼 사람들은 수많은 위협에 노출된 채로 살아가고 있는데, 이런 위협은 어느 특정 시기에만 나타나는 게 아니다.

스트레스 때문에 늙는다는 말을 많이 한다. 이때 늙는다는 것은 겉으로 보기에 기력이 없고 활발하지 못한 상태를 뜻한다.

얼마 전, 미국국립과학원은 캘리포니아대학교 샌프란시스코 캠퍼스의 엘리사 아베리(Elisha Avery) 연구팀이 심리적 스트레스가 세포에 미치는 영향을 관찰했다고 발표했다. 이 최신 연구에서는 심리적 스트레스가 실제 노화를 촉진시키며 한 번에 10년씩 늙을 수도 있다는 결론을 도출했다. 그들은 스트레스와 세포의 관계를 분석하기 위해 '분자시계(Molecular Clock)'의 개념을 내세웠다. 각 염색체 말단은 '말단소체(Telomere)'라는 DNA 물질로 덮여 있어서 염색체를 보호하고 유전자의 안정성을 향상시킨다. 이러한 말단소체는 세포분열이 일어날 때마다 짧아지는데, 세포분열로 생성된 자세포의 말단소체는 모세포보다 짧다. 그런데 젊을 때는 이 과정에서 '말단소체복원효소(Telomerase)'가 짧아진 말단소체를 재생성한다. 하지만 나이가 들면 세포분열 후 말단소체가 짧아지면서 최종적인 세포복제가 끝난다. 즉, 그런 과정이 반복되면서 인간의 수명도 끝나가는 것이다. 따라서 말단소체의 길이에 따라 DNA 복제와 세포분열의 횟수가 결정되며 이를 통해 남은 생명시간을 계산할 수 있기에 말단소체를 분자시계라고 불렀다.

아베리 연구팀은 이런 분자시계를 통해 심리적 스트레스가 세포 노화에 미치는 영향을 연구했다. 그들은 기혼 여성 58명의 백혈구세포 염색체 말단소체를 관찰했다. 이 실험에 참가한 기혼 여성들 중 3분의 2는 만성병을 앓는 자녀를 두고 있었고, 그로 인해 심리적 스트레스를 받고 있었다. 반면, 나머지 기혼 여성들은 건강한 자녀를 두었기에 심리적 스트레스가 상대적으로 적었다. 환자 자녀를 돌보는 시간이 긴 여성은, 설령 스스로 스트레스를 많이 받지 않는다고 생각하더라도 건강한 자녀를 둔 기혼 여성보다 염색체 말단소체가 훨씬 짧았다. 아베리는 다음과 같이 말했다.

"환자를 돌보는 시간이 길수록 본인의 건강에 미치는 영향도 커집니다. 즉, 스트레스는 인간의 세포에 부정적인 영향을 미칩니다. 그러니 스트레스를 받고 있다면 최선을 다해 저항하세요."

스트레스가 나쁘다는 사실은 누구나 알고 있다. 그러나 현대 사회를 살아가는 이상, 스트레스의 영향을 받지 않기란 거의 불가능하다. 남자든 여자든 가족 구성원으로서, 사회 구성원으로서 다양한 역할기대를 감당하느라 갖가지 신체적·정신적 스트레스에 시달린다. 그렇게 일과 가정의 일상 속에서 피곤해진다.

하지만 이럴수록 편안해지는 법을 배워야 한다. 스트레스를 즐기며 자기 인생에 맞는 적절한 속도를 찾아내어 잃어버린 '생명'을 꼭 되찾아야 한다.

부러움이 질투를 낳고, 질투가 원한을 낳는 흐름은 현대인을 위한 무슨 '원스톱 서비스'를 연상케 한다. 부러움은 입맛을 변하게 하고, 질투는 혀를 간질간질하게 만든다. 이는 어찌할 수 없게 중독으로 이끄는 치명적 독약 같다.

질투하는 사람은 타인의 장점을 발견할 때마다 스스로를 괴롭힌다. 그들은 타인의 젊음, 수려한 용모, 큰 키, 세련된 기품, 뛰어난 학벌, 많은 재산, 좋은 배우자를 질투한다. 질투가 심하다 보니 자기보다 잘난 부분을 외면한 채 어떻게든 그 대상을 갖가지 트집으로 깎아내린다. 심지어 비열한 꼼수로 상대를 함정에 빠뜨려 괴롭히기도 한다. 이렇게 사는데 어찌 피곤하지 않겠는가?

질투 때문에 피곤한 인생을 산 대표적 군상은 고대 후궁들이다. 소설 『대청후궁(大淸后宮)』에는 착하고 욕심 없는 서림춘, 탐욕스러운 란헌, 수단과 방법을 가리지 않고 입궁하려는 행아가 등장한다. 이 세 여인 모두 찰이범을 깊이 사모한다. 란헌은 찰이범이 서림춘을 바라볼 때마다 질투심에 치를 떨며 그녀를 모함할 계략을 세운다. 서림춘은 후궁들과의 암투에 휘말리지 않고 자유롭게 사는 길을 택하는데, 찰이범은 그녀 외의 다른 후궁들에게 눈길을 주지 않는다. 이 소설 속의 등장인물들, 즉 황자와 황손, 황후와 후궁, 궁녀와 환관은 너나없이 지나친 질투심 때문에 평생을 계략과 암투 속에서 피곤한 삶을 살아간다.

우리의 인생도 이와 다르지 않다. 인생이라는 무대에서 질투심이 강한 인물은 안정된 삶을 살기 어렵다. 그들은 이리저리 머리를 굴려 상대를 무너뜨리려고 하지만, 마지막에 만신창이가 되는 것은 바로 자신이다. 질투심은 거꾸로 쥔 칼과 같다. 타인에게 겨눈 것이 결국 자기 심장에 상처를 내기 때문이다.

한 농부를 주인으로 섬기는 산양과 나귀가 있었다. 농부는 항상 나귀에게 더 많은 먹이를 주었는데, 산양은 그 때문에 질투심에 사로잡혀 있었다. 어느 날, 마침내 산양은 나귀를 괴롭힐 계략을 세웠다. 산양이 나귀에게 말했다.

"나귀야, 주인이 널 별로 안 좋아하는 것 같아. 매일 힘든 일만 시켜서 널 피곤하게 만들잖아."

"그럼 내가 어떻게 하는 게 좋을까?"

"미친 척 날뛰다가 도랑에 빠지면 편히 쉴 수 있을 거야."

나귀는 산양의 말대로 도랑에 빠졌고, 심지어 크게 다쳤다.

다친 나귀를 발견한 농부는 급히 수의사를 불렀다. 진찰을 끝낸 수의사가 말했다.

"산양의 허파를 상처 부위에 붙이면 바로 나을 겁니다."

농부는 즉시 산양을 죽여 허파를 꺼냈고, 그것을 나귀의 상처 부위에 붙였다. 나귀를 해치고 농부의 사랑을 독차지하려고 한 산양은 그 질투심 때문에 결국 어처구니없는 결과를 맞은 것이다.

프랑스 사실주의 문학의 거장 오노레 드 발자크(Honore de Balzac)는 질투심에 관하여 이렇게 말했다.

"질투하는 자의 고통은 그 어떤 고통보다 크다. 그들은 자신의 불행과 타인의 행복으로 인해 고통을 받는다. 질투는 타인을 증오하는 것에서 시작해 자신을 상처 내는 것으로 끝난다. 질투를 좋아하는 사람은, 그래서 마흔 살임에도 쉰 살의 얼굴을 하고 있다."

지금, 과연 몇 살의 얼굴로 살아가고 있는가?

주변에 자신보다 뛰어난 사람들을 비뚤어진 마음으로 봐서는 안 된다. 세상 만물은 각자의 장단점을 가지고 있다. 도자기는 깨지기 쉽지만 녹슬지 않고, 강철은 녹슬기 쉽지만 견고하다. 도자기와 강철이 서로 다른 장점을 가지고 있듯이 사람 또한 마찬가지다. 외향적인 사람과 내성적인 사람 모두 저마다 장단점을 가지고 있다. 내가 가지지 못한 무언가를 타인이 가지고 있듯, 나 역시 타인이 가지지 못한 그 무언가를 가지고 있다! 그렇게 만물은 공생하며 함께 발전해나간다. 그게 세상의 이치다.

물론, 다른 사람에게서 장점을 발견했다면 나 또한 그와 같은 장점을 가질 수 있도록 노력할 필요는 있다. 노력한 만큼 얻게 마련이다. 이제 타인을 향한 질투심 따위는 걷어내고, 그 부러운 부분을 지속적인 자기계발로 채워보자.

••• 04

완벽주의,
자기 무덤을 스스로 파다

일본 메이지 시대 미술계의 이론적 지도자 오카쿠라 덴신(岡倉天心)의 저서 『차 이야기(茶の本)』에 다음과 같은 일화가 나온다.

다도의 성인으로 유명한 센노 리큐(千利休)는 아들 쇼안(小庵)이 정원을 청소하는 모습을 지켜보았다. 그는 마침내 청소를 끝낸 쇼안에게 말했다.

"아직 다 청소하지 않았구나."

쇼안은 다시 시간을 들여 청소를 한 뒤 말했다.

"아버님, 이제 더는 청소할 곳이 없습니다. 계단은 세 번이나 쓸었고, 석등도 여러 번 닦았습니다. 나무에 물도 다 주었고 이끼도 반짝반짝 윤이 납니다. 보십시오. 바닥에 먼지 하나 없이 깨끗합니다."

리큐는 아들을 질책했다.

"어리석구나. 이것은 정원을 청소한 게 아니라, 결벽에 가깝구나."

그는 정원의 나무를 흔들어 알록달록 물든 나뭇잎을 바닥으로 떨어지게 만들었다.

"정원을 청소할 때는 청결뿐 아니라 자연미도 중시해야 한다."

사실, 리큐는 아들의 지나치게 엄격하고 완벽한 태도를 지적한 것이었다. 쇼안은 자연스러움까지 저버린 완벽함 때문에 자신을 피곤하게 하고 있었다.

무슨 일을 하든 중용의 태도와 평상심을 유지하는 것이 중요하다. 자신에 대한 엄격함과 부지런함은 미덕이지만, 철두철미한 완벽주의는 자기 수련에도 이득이 되지 않으며 즐거움과도 거리가 멀다. 자신을 지나치게 혹사시키는 사람들은 자신이 세상에서 가장 완벽한 존재가 되길 원한다. 그들은 완벽해지기 위해 중요하지 않은 사소한 것 하나까지 신경 쓰느라 막대한 정력과 시간을 허비한다.

이쯤에서 우리 자신은 미련한 완벽주의자가 아닌지 한번 확인해볼 필요가 있다. 집 바닥이 깨끗한지 계속 신경 쓰며 조금만 더러워도 청소를 한다, 머리카락이 약간만 흐트러져도 계속 빗질을 한다, 집 안이 어질러지는 것을 참지 못하기에 계속 정리를 한다, 자기 의견에 불확실한 부분이 있으면 아예 말을 하지 않는다, 경기 승리를 위해 전날까지 쉬지 않고 연습한다, 좋은 대우와 높은 직위 그리고 편안한 일자리를 찾을 때까지 계속 구직 활동을 한다, 이상적인 배우자를 만나기 위해 매번 만남에 신중을 기한다, 사업 계획을 많이 세우지만 최종 결정은 유보한다 등등……. 당신은 어떤가?

완벽한 인생을 산다는 것은 사실, 실현 불가능하다. 완벽의 강박관념은 고독, 초조, 불안, 의심을 불러올 뿐이다. 그러니 완벽에 매달릴수록 우리의 정신은 지속적인 고통에 시달릴 뿐이다.

완벽함을 추구하기 위해 평생의 정력을 쏟는다면 노인이 되어 지난날을 돌아볼 때, 완벽히 처리한 하나의 일을 제외한 나머지는 엉망진

창이 되었음을 깨닫게 될 것이다. 즉, 완벽주의자들은 한쪽 발을 아름다운 함정에 빠뜨린 것과 같다. 이 함정에 빠지면 삶의 즐거움을 느끼지 못한다. 이들은 자신에 대한 엄격한 요구 때문에 뭐든지 남보다 뛰어나고 잘나야 한다고 생각한다. 하지만 현실과 이상은 다르다. 그러니 자신에 대한 불만은 커질 수밖에 없고, 현실을 받아들이지 못해 우울해한다. 또한 이들은 고집이 세고, 융통성이 없으며, 규칙적으로 움직이는 것을 좋아한다. 무슨 일이든 순서대로 진행해야 하며, 한 가지 일에 결론을 보고 나서야 비로소 다음 일을 시작할 수 있다. 때로는 사소한 부분에 집착하여 정상적인 생활에 영향을 미치기도 한다.

완벽주의는 꿈을 포기하게 만들 수도 있다. 지나친 완벽주의자는 자신이 완벽해진다는 확신이 없기에 좌절했을 때 극도의 불안감에 시달린다. 현실적으로 자신의 불완전함을 발견하고 결국 앞으로 나아갈 원동력을 잃는다. 때로는 스트레스 때문에 아무것도 하지 못하거나 일을 제대로 처리하지 못한다. 그러다 보니 스스로 원하던 즐거움에 도달하지 못할 거라는 생각, 현실과 이상의 모순 때문에 꿈을 포기하게 되는 것이다.

완벽을 위해 강박적으로 투자하는 시간을 이제는 끊어버리자. 더 이상 아까운 시간을 낭비하지 말고, 마음속에 자리 잡은 완벽주의를 포기하자. 그러면 진정한 삶의 즐거움을 만끽할 수 있을 것이다.

오늘의 꿈을 내일의 돈으로 이루어주는 신용카드……. 사람들은 신용카드를 쓰듯이 인생의 저금카드로 내일의 고민을 가불하고, 심지어 존재하지도 않는 고민 때문에 오늘을 엉망으로 만들기도 한다.
기우(杞憂)의 유래가 되는 '기(杞)나라 사람이 하늘이 무너질까 걱정한다'의 기인우천(杞人憂天) 이야기를 한 번쯤 들어봤을 것이다. 주변에서도 현대판 '기우' 이야기를 쉽게 찾아볼 수 있다.
비행기가 이륙하고 안정권에 접어들자 스튜어디스가 기내식을 서비스했다. 그런데 앞좌석의 중년 신사는 맛있게 음식을 먹고 있는 반면 옆자리 청년은 수심에 가득 찬 얼굴로 창밖만 바라보았다. 중년 신사는 호기심이 생겨 청년에게 물었다.
"젊은이, 왜 식사를 하지 않나? 음식이 정말 맛있는데 말일세."
청년은 고개를 돌리며 어색하게 말했다.
"고맙습니다. 천천히 드세요. 저는 입맛이 없어서요."
중년 신사는 포기하지 않고 다시 물었다.
"젊은 사람이 왜 입맛이 없을까? 무슨 안 좋은 일이라도 있나?"
청년은 귀찮다는 듯이 답했다.
"곤란한 일이 생겨서 기분이 별로예요. 괜히 말해서 다른 사람 입맛까지 떨어뜨리고 싶지 않네요."
중년 신사는 기분 나쁜 기색도 없이 계속 물었다.
"괜찮다면 나한테 말해보지. 도움을 줄 수도 있을 테니까."
청년은 시계를 보고 목적지에 도착하려면 한 시간도 넘게 남았다는 사실을 확인하고는 이야기를 시작했다.

"어젯밤에 여자 친구한테 전화가 왔는데 급한 일이 있어서 저와 상의를 해야 한다고 했어요. 그런데 아무리 물어봐도 직접 보기 전에는 말할 수 없다고 하잖아요."

"그게 무슨 걱정인가? 만나보면 바로 알게 되지 않겠는가?"

"지금까지 이런 일은 한 번도 없었거든요. 무슨 큰 사고를 당한 건 아닌지, 저와 헤어지고 싶어서 그런 건 아닌지 묻고 싶었는데 전화로는 절대 말해주지 않겠다고 하네요."

"젊은이가 생각이 너무 많군. 아마 별일 아닐 걸세."

"불길한 예감이 들어서 밤새 눈도 붙이지 못했어요. 아, 직접 이런 상황에 처하지 않아서 제 심정을 모르실 거예요. 만약 저 같은 상황이라면 그렇게 웃고 계시지 못할 거예요."

그러자 중년 신사는 서류를 하나 꺼내 보여주며 말했다.

"내 상황이 어떤지 어떻게 알지? 자네 생각은 틀렸네. 사실, 난 송사 문제 때문에 광저우로 가는 길이네. 회사가 유례없는 사건에 휘말렸는데 승소할 수 있을지 잘 모르겠어."

청년은 깜짝 놀랐다.

"그런데도 어떻게 지금처럼 평온할 수 있어요?"

"조금도 불안하지 않다면 거짓말이겠지만, 걱정해봤자 뭐하겠나? 가서 생각해도 늦지 않아. 상대방이 무슨 수작을 부리고 있는지는 아무도 모르지. 우리가 이길 수도 있고, 질 수도 있네."

청년은 눈앞의 점잖은 신사를 바라보며 탄복할 수밖에 없었다. 어느새 비행기는 목적지에 도착했고, 중년 신사는 청년에게 명함을 건네며 시간이 날 때 연락하라고 말했다.

며칠 뒤, 청년은 명함에 적힌 전화번호로 중년 신사에게 전화를 걸었다.

"감사합니다. 말씀하신 대로 여자 친구에게는 아무 일도 없었어요. 제가 보고 싶어서 꾀를 냈더라고요. 참, 송사는 어떻게 됐나요?"

수화기로 중년 신사의 호탕한 웃음소리가 전해졌다.

"나도 잘 끝났네. 상대방에게 승소하고 문제도 평화롭게 해결됐지. 젊은이, 내 말이 맞지 않나? 무슨 일이든 미리 걱정해봤자 아무런 도움이 되지 않는다네."

청년은 긍정적인 중년 신사의 태도에 감탄했다.

때로는 인생이 고통스럽게 느껴지고, 때로는 모든 사람이 나를 힘들게 하는 것만 같다. 그러나 사실 나를 가장 괴롭히는 존재는 바로 나 자신이다. 우리에게는 매사 나쁜 쪽으로 생각하는 경향이 있다. 사소한 일 하나만 삐끗해도 모든 일이 잘못될 것처럼 걱정한다. 하지만 실제로 우리가 걱정하는 것만큼 나쁜 일이 일어나지는 않는다. 그러니 안 좋은 예감이 들 때마다 침착한 태도를 유지해보자. 웬만하면 다 잘될 테니까 말이다.

아직도 모든 일에서 완벽해지길 바라는가? 세상에 정말로 완벽한 배우자, 완벽한 친구, 완벽한 동료, 완벽한 상사가 있다고 생각하는가? 인간의 수명이 얼마나 되는지 생각해보라. 완벽주의는 시간 낭비에 불과하다. 지나친 완벽 추구로 남는 것은 더 완벽해지지 못한 것에 대한 탄식뿐이다. 무엇보다 간과하지 말아야 할 것은 완벽하다고 생각하는 그 일이 사실, 타인에게는 완벽하지 않게 보일 수도 있다는 점이다.
걱정과 고민은 자신을 옭아매는 밧줄과 같다. 이런 불필요한 감정의 낭비는 스스로를 허구의 늪으로 빠져들게 한다. 오늘을 충실히 산다면 어떤 위기도 기회로 바꿀 수 있다. 그러니 인생의 저금카드로 고민을 가불하지 말라!

... 05

정서의 불안이
인생을 피곤하게 만든다

현대인의 건강을 위협하는 병 중 사람들의 목숨을 가장 많이 앗아간 질병은 고혈압, 심장병, 암이다. 이른바 3대 질병으로 묶이는 이 병들은 마음이 피곤한 사람일수록 걸리기 쉽다.

20~30년 전, 오랫동안 환자를 돌보던 미국의 심장병 전문가들은 환자들의 특수한 행동유형을 발견했다. 우선 언제나 분주하게 움직이고, 시간에 쫓기며 안절부절못하고, 무슨 일을 하든 피곤해한 유형이다. 무엇보다 그들은 경쟁심이 강했고, 타인에게 적의를 품었으며, 쉽게 흥분했다. 이런 유형을 'A형 행동유형'이라고 한다. 반대로 조급해하지 않고, 항상 평정을 유지하고, 경쟁을 싫어하고, 순서대로 일을 처리하는 유형을 'B형 행동유형'이라고 한다.

전문가들은 그중 'A형 행동유형'이 심신병을 유발하는 중요한 원인이라고 여겼다. 이를 증명하기 위해 국내외 학자들은 행동유형과 관상동맥경화증의 연관성 연구를 대대적으로 진행했다. 그 결과 'A형 행동유형'의 사람들이 다른 유형의 사람들보다 관상동맥경화증에 걸릴 확률이 더 높음을 밝혀냈다. 그리고 많은 연구를 통해 관상동맥경화증 환자의 'A형 행동유형' 특징이 심각해질수록 병세 또한 더 심해진다는 사실을 입증했다.

최근 고혈압 환자의 경우, 사회적·심리적 요소가 관상동맥 질환을 유발한다는 비슷한 연구 결과가 있었다. 즉, 장기적인 초조함과 불안한 심리는 고혈압을 유발하는 중요한 원인이다. 또 다른 연구에서도 고혈압(본태성 고혈압) 환자 중에는 쉽게 분노하고 조급한 성격을 지니며 예민하고 의심이 많은 유형이 많다는 사실이 입증되었다. 그들이 화를 내는 방식은 각자 달랐지만, 조바심 내는 성격 때문에 작은 일로도 심혈관 계통의 균형이 깨졌고, 그것이 고혈압을 유발했다.

이와 같은 다양한 논거 앞에서도 마음의 피로에 대한 경각심을 일깨우기 힘들다면, 다음의 이야기를 주목해보자.

인류의 생명을 위협하는 심각한 질병 중 하나로, 최근 20년간 발병률이 급격히 증가한 것이 있다. 바로 악성종양인데, 이것은 발병 연령이 낮아지고 있으며 무엇보다 치사율이 전체 질병에서 2~3위를 차지하고 있다.

그렇다면 과연 악성종양을 유발하는 원인은 무엇일까? 그것은 바로 마음의 피로함이다. 물론 정신 활동과 종양의 관계는 심리적 요소, 사회 환경, 중추신경 계통, 내분비 계통, 면역 계통 및 종양 자체와 이들 간의 상호작용과 관련된다. 따라서 단지 심리 요소 하나 때문에 종양이 생긴다고 말하기는 어렵다.

하지만 심리적 자극과 림프 계통은 밀접한 관련이 있으며, 면역 계통은 대뇌의 고급 신경 계통에서 조절된다. 그리고 면역 계통과 고급 신경 계통은 피드백 작용을 하며 쌍방향성을 가진다. 심리적 자극은 변경된 DNA를 복구시킴으로써 종양 유전자에 직접적인 작용을 하는데, 이 돌연변이세포는 제때에 제거할 수 없어서 종양 유전자에 간접 영향을 미치기도 한다.

이 밖에도 감정은 사물에 대한 신체 반응 과정에서 나타나는 일종의 심리 체험이다. 이러한 감정 가운데 우울, 초조, 두려움 등의 부정적 감정과 종양은 아주 복잡한 관계를 가진다. 세계의 각국 의학자들은 심각한 우울증 환자와 기분부전장애(Dysthymic Disorder) 환자를 대상으로 순환 계통 림프세포의 아형 변화 분석을 했다. 그 결과 이러한 환자의 NK세포(Natural Killer Cell, 바이러스에 감염된 세포나 암세포를 직접 파괴하는 면역세포) 수준이 감소한 것으로 나왔다. 이는 초조함이 세포의 면역 기능을 떨어뜨린다는 사실을 말해준다.

또한 연구원들은 환자 주변의 적당한 심리적·사회적 간섭이 환자의 회복에 유익하다고 주장했다. 이런 간섭은 대응 능력을 향상시키고 번뇌와 외로움을 감소시켜 환자의 심리적 기능을 개선할 수 있다.

요컨대 심리적·사회적 요소는 고혈압, 관상동맥 질환, 암, 중풍 등 고위험성 질병에 중요한 영향을 미친다.

마음이 피곤하면 정서가 불안해지고, 정서가 불안하면 신체가 힘들어진다!

의학 기술의 빠른 발전 덕분에 외상과 전염병 등 신체적 요인으로 발병하는 질병은 더 이상 인류에 큰 위협이 되지 않는다. 한편 심혈관, 호흡기, 소화기 계통의 만성병이 인류의 건강과 삶의 질에 미치는 영향은 나날이 증가했다. 만성병 환자는 질병을 오래 앓는 과정에서 극심한 감정 변화를 겪게 되었는데, 이러한 증상을 '심신병' 혹은 '정신생리 장애(Psychophsiological Disorders)'라고 한다. 이 질병은 심리적·사회적 요소와 밀접한 관계가 있지만, 증상은 주로 신체에서 나타난다. 요즘 흔히 말하는 심신병은 위에서 언급한 개념을 모두 포함한다.

심신병은 노인성 치매, 갱년기증후군처럼 신체에 일어난 생리적 변화와 만성병 같은 평소 앓고 있던 병이 심리와 행동에 영향을 미치는 것을 일컫는다. 이때 생리적 변화로 인한 심리상, 행동상의 변화는 개인의 사회 인식 그리고 자아 인식과 무관하며, 자의식의 통제를 받지 않는다.

하지만 심신병 발전 과정에서 생활, 학습, 업무 환경에서 일어난 각종 사건 특히 부정적 사건으로 인한 자극은 자아 인식의 변화를 유발하고 심리 상태를 불안정하게 만들기도 한다. 이런 심리 상태는 신체의 생리적 변화에 영향을 미치고, 신체적 질병을 유발한다. 다시 말해, 심신병은 신체의 이상 증상으로 유발된 심리적 변화, 그리고 정서 및 심리적인 불균형으로 유발된 신체적 변화를 뜻한다.

심신병의 개념 등장 이후 의료 전문가들은 각종 현대 질병을 다시 자세히 살펴보게 되었다. 그들은 거의 모든 만성병이 심리적 요소의 영향을 받으며, 심신병이 나날이 증가하고 있다는 사실을 밝혀냈다.

- 소화기 계통 : 위, 십이지장궤양, 궤양성 결장염, 위경련, 만성 췌장염, 신경성(심인성) 식욕부진
- 호흡기 계통 : 기관지 천식, 과호흡증후군
- 내분비 계통 : 당뇨병, 갑상선기능항진증, 비만증
- 신경 계통 : 긴장성 두통, 편두통, 연축성 사경, 미주신경성 기능 장애
- 근골격 계통(면역 체계 질병 포함) : 류마티스 관절염, 근육통, 경추상완증후군, 피부병(두드러기, 습진, 알레르기성 피부염, 피부소양증)
- 안과 : 녹내장, 약시

- 이비인후과 : 메니에르증후군, 말더듬증, 연부 조직의 이물감
- 구강과 : 설통, 구내염
- 부인과 : 기능성 자궁 출혈, 불임증

감정은 눈에 보이거나 손에 잡히는 물건이 아니지만, 이것이 신체에 미치는 영향은 분명히 존재한다. 그렇다면 이 둘은 어떻게 연결되어 있는 것일까? 감정의 변화가 일어나면 체내의 신경세포는 특수한 단백질을 생성하는데, 이것을 '감정전달물질'이라고 부른다. 이러한 전달물질이 어느 정도 쌓이고 나면 신체 각 기관에 영향을 미쳐 신체 조직의 기질성 변화를 유발한다. 그렇다면 이 신비한 '감정전달물질'은 도대체 무엇일까? 세계 각국의 생리학자들은 이것을 찾기 위해 심혈의 노력을 기울였으나 안타깝게도 아직까지 단서를 발견하지 못하고 있는 상황이다.

생리학자들이 실험실에서 바쁜 시간을 보내고 있을 때, 심리학자들도 심리학 연구를 통해 가설을 제기했다. 그중 대표적인 가설은 두 가지다.

첫째, '심리적 동기부여론'이다.

이 가설을 제기한 정신분석학자는 심신병을 무의식이 충돌하여 신체기관에 영향을 미친 결과로 보았다. 이들 중 일부 전문가들은 무의식의 충돌이 정신적 긴장 상태를 유발하여 교감신경이나 부교감신경 계통의 기능을 변화시키고 신경 내분비를 교란하여 각 기관의 이상 증상을 초래했다고 주장한다.

둘째, '심리적 생리론'이다.

심리적 동기유발론이 발병 원인에 주목했다면, 심리적 생리론은 발병 메커니즘을 강조한다. 월터 캐넌(Walter Cannon)의 투쟁-도피 반응,

이반 파블로프(Ivan Petrovich Pavlov)의 실험신경증은 모두 신경 자극이 신체기관에 영향을 미친다는 것을 증명한다. 다시 말해, 심리적 활동은 생리적 과정에 영향을 미칠 수 있으며 질병을 야기할 수 있다. 실제로 최근 심리적 생리론의 관찰 범위는 이미 감정 활동으로 인한 신체기관의 변화에 국한되지 않으며, 유전자 등 생물학적 요소와 사회생활이 심신병에 미치는 영향에 주목하고 있다.

사람들은 저마다의 방식으로 꼭꼭 숨어 있는 과학의 보물을 찾기 위해 노력한다. 그리고 마침내 보물이 모습을 드러내는 순간 사람들은 각자의 이론과 학설이 결국 같은 결론에 이른다는 사실을 깨닫게 될 것이다.

마음이 건강해야 신체도 건강해진다. 심리 작용의 중간 과정에서 영향을 미치는 것은 바로 감정이다. 이 감정은 심신의 건강을 측정하는 척도다. 만약 움직일 때마다 피곤하고 기운이 없다면 긍정적이고 즐거운 감정을 느낄 수 있을까? 이런 사람들은 한숨을 자주 쉬고 우울해하며 항상 불평불만을 입에 달고 살 것이다.
젊은 사람들에게 '만성병'은 아주 먼 미래의 이야기처럼 느껴질 것이다. 하지만 정작 이들이야말로 현대 사회에서 나날이 증가하는 스트레스로 가장 고통을 받는 계층이다. 실제로 심리적 균형이 깨졌을 때 심신병에 걸릴 확률 역시 중년보다 이 계층이 훨씬 높다.
일과 건강 문제가 충돌한다면 건강을 먼저 돌보는 것이 순서다. 그래야 더 나은 미래를 그릴 수 있다. 건강한 삶을 살고 싶다면 건강한 마음을 가꾸는 것부터 시작해보자.

· · · 06
이익에 눈먼 조급증이
자신뿐만 아니라 타인까지 괴롭힌다

소설 『달팽이 집(蝸居)』에 충분히 공감할 만한 등장인물의 말이 나온다.

"이윤의 극대화는 불가능해. 네가 최대 이윤을 추구하기 시작할 때 길은 가로막히고 말 거야. 난 실현 가능한 합리적인 이윤을 원해!"

사회는 이익을 추구하는 집단이다. 따라서 모두가 이익을 추구하다 보니 충돌은 불가피하다. 이러한 갈등은 언제 어디서나 존재해왔다. 사실, 이익은 함께 공유하는 것이지 특정한 개인이나 집단만 누릴 수 있는 것이 아니다. 하지만 사람은 탐욕스러운 동물이기에 최대 이익을 얻기 위해 갖은 방법을 사용한다. 세상의 모든 좋은 것을 탐하며 나쁜 것은 남의 몫으로 남겨둔다.

도대체 무엇을 위한 욕심일까? 한 사람이 최대 이익을 가져가면 나머지 사람은 어떻게 해야 할까? 이는 전지전능한 신조차도 난처한 일 아닌가?

불문에 귀의한 남자가 이튿날 아침 식사를 하며 스승에게 가르침을 구했다.

"인간의 영혼은 영원히 사라지지 않나요? 인간의 몸은 아무것도 아닌 무(無)의 상태로 돌아가나요? 인간은 정말 환생하나요? 인간이 환생한다면 전생의 일을 기억할 수 있나요? 참선을 하면 생사를 해탈할 수 있나요?"

남자는 질문을 연달아 쏟아냈고 또 다음 질문을 하려는 순간 노승이 말했다.

"아침밥이 다 식었구나."

사실 나 또한 신을 난처하게 한 적이 있다. 여름이 시작되던 6월에 나는 더 멋있어지고 싶다는 생각이 들어서 미용실을 찾았다. 다음에 나오는 나와 미용사의 대화를 보면 내가 어떻게 신을 난처하게 했는지 알 수 있을 것이다. 당시 나는 긴 웨이브 머리였다.

"긴 머리를 그대로 둘까요, 단발로 자를까요?"

"단발은 깔끔해서 좋고, 긴 머리는 여성스러워서 좋아요."

"스트레이트가 좋아요, 웨이브가 좋아요?"

"스트레이트는 청순해보여서 좋고, 웨이브는 섹시한 느낌이라 좋은데……."

"앞머리를 그대로 둘까요, 없앨까요?"

"앞머리는 어려 보이는 효과가 있지만 자주 정리해야 해서 귀찮긴 해요."

"염색을 할까요?"

"염색 좋죠. 그런데 건강에 나쁜 영향을 미칠까 봐 걱정돼요."

"죄송하지만, 다시 생각해보고 오시는 게 좋겠네요."

나는 그렇게 미용실에서 나왔다. 그리고 곧 피곤이 밀려와 몇 걸음을 옮기는 것도 힘들었다. 나는 무작정 잔디밭에 주저앉아서 내가 원하는 게 무엇인지 곰곰이 생각해보았다.

사실, 나는 스트레이트 파마를 하고 싶었다. 무더운 여름에 긴 머리를 시원하게 찰랑거리며 남은 청춘을 즐기길 원했다. 하지만 그러면 너무 더울 것 같았다. 또 앞머리를 유지해서 발랄한 느낌을 주고 싶었지만 한편 자주 정리를 해줘야 한다는 점이 귀찮게 느껴졌다. 그리고 머리를 새롭게 하고 싶은 마음은 굴뚝같았지만 지금보다 안 예쁠까 봐 걱정됐다.

내가 원하는 게 무엇인지 이렇게 하나씩 나열하다 보니 괜히 낯이 뜨거워졌다. 청순한 것도 좋고, 섹시한 것도 좋다. 찰랑거리는 긴 머리도 좋고, 깔끔한 짧은 머리도 좋다. 유행에 따라 염색은 하고 싶은데 건강에 나쁘다니 하기는 싫다. 이는 나도 피곤하지만 미용사에게도 피곤한 요구 사항이다. 신이라 해도 해결할 수 없는 문제 아닐까? 나는 사람들에게 이익의 극대화에 집착할 필요가 없다고 말해왔는데, 스스로 그러고 있었던 것이다.

시골 도로변에는 감나무 밭이 많아서 가을철이면 감을 따는 모습을 종종 볼 수 있다. 이때 항상 잘 익은 감을 따지 않고 남겨두는데 이것이 바로 까치밥이다. 이곳을 지나는 관광객들이 이를 이상하게 여기자 가이드는 그에 얽힌 이야기를 들려주었다.

까치는 겨울이 돌아오면 나무 위에 둥지를 틀고 겨울을 난다. 그런데 어느 해에 혹한의 겨울이 시작되고 폭설이 내려 먹이를 찾지 못한 까치 수백 마리가 동사한 일이 발생했다. 이듬해가 되자 감나무에는 다시 싹이 트고 열매가 맺혔다. 하지만 이름 모를 모충이 나타나 가을이 되어도 수확할 감이 하나도 남아나지 않게 되었다. 그러자 농민들은 까치가 있었다면 벌레로 인한 재해는 일어나지 않았을 거라는 데 생각이 미쳤다. 그때부터 농민들은 매년 가을이 되면 감을 다 수확하지 않고 까치가 겨울을 날 수 있도록 식량을 남겨두었다.

나는 까치밥 이야기를 듣고 이익의 극대화를 포기하고, 현재 상황에 맞춘 '합리적인 이윤'을 추구하기로 했다. 그랬더니 더는 피곤하지 않고 마음도 편안해졌다.

생각이 너무 많고 이익의 극대화에만 집착하면 아침밥도 편히 먹지 못한다. 그런데도 사람들은 고민을 한다. 심지어 헤어스타일을 바꾸는 사소한 일로도 수없이 고민하는데, 인생에 대해서는 오죽하겠는가?

이익의 극대화를 추구하는 한 만족스러운 삶도, 스트레스 없는 일도 없을 것이다. 예컨대 명예로운 정부부처에서 일하길 원하지만, 엄격한 규율은 받아들이지 못한다. 공무원이 되어 체면을 차리고 싶기도 하고, 외국계 기업에 취직해 고액의 연봉을 받고 싶기도 하다. 유명한 지리학자 서하객(徐霞客)처럼 전국을 유랑하며 멋있게 살고 싶지만, 바람을 먹고 이슬에 잠자는 풍찬노숙(風餐露宿)은 원하지 않는다. 이처럼 이것도 좋고 저것도 좋고, 이렇게도 살고 저렇게도 살 수 있는 인생이란 불가능하다!

생각이 뒤죽박죽이고 어디로 갈지 갈피를 잡지 못하는 것은 이쪽과 저쪽을 다 포기하지 않고, 어느 쪽에서든 만족스러운 결과를 원하기 때문이다. 그러나 신은 인간에게 완벽한 기회를 준 적이 없다. 따라서 이익의 극대화가 아닌, 합리적인 이익을 얻는 데 만족할 줄도 알아야 한다.

조급하게 눈앞의 이익만 추구하는 것도 피곤해지는 원인 중 하나다. 본디 인생은 기다림의 연속이다. 부자가 되기를 기다리고, 승진을 기다리고, 사랑하는 사람을 기다린다. 하지만 눈앞의 이익에 급급한 현대인들은 단번에 모든 것을 갖기 위해 발을 동동 구른다. 그저 느긋하게 기다릴 수는 없는 걸까?

사실, 기다리지 않고 해결되는 문제는 거의 없다. 그러니 어차피 기다려야 한다면 피곤하게 조급해할 필요가 없다.

버스 정류장, 지하철역, 은행, 병원, 상점에 가보면 기다림에 분통이 난 사람들을 종종 볼 수 있다. 얼마 전에 병원에 간 적이 있는데 스무 명 남짓한 사람들이 순서를 기다리고 있었다. 그러니까 최소한 두 시간은 기다려야 진찰을 받을 수 있는 상황이었다.

할 일 없이 무작정 기다리는 일은 분명 즐겁지 않다. 하지만 이왕 기다려야 한다면 그 시간을 잘 활용하는 것도 나쁘지 않다. 나는 준비성이 투철한 성격이라서 만화책과 mp4 플레이어를 병원에 챙겨 갔다. 음악을 들으며 만화책을 보고 있으니 기다리는 시간이 생각만큼 지루하지는 않았다. 반면, 군인처럼 보이는 한 중년 남자는 기분 나쁜 티가 역력했는데, 전화 통화를 하면서 상대방에게 화풀이를 해댔다.

"줄이 왜 이렇게 긴지, 한 시간 반이나 지났는데 아직 의사 코빼기도 못 봤어."

전화를 끊은 남자는 혼잣말로 중얼거렸다.

"정말 짜증나는군!"

그는 진료실 입구를 기웃거리면서 진료 시간이 너무 긴 것 아니냐며 볼멘소리를 해댔다. 왔다 갔다 하며 조급해하는 그의 모습은 심지어 나까지 초조하게 만들었다.

병원에서 기다리는 동안 나는 새로운 노래 두 곡을 외웠고 만화책 한 권을 읽었다. 그리고 그때 만난 재밌는 사람과 좋은 친구의 인연을 맺었다. 반면, 중년 남자는 악몽 같은 두 시간을 보내면서 쉬지 않고 불평불만을 토로했다.

이왕 기다려야 한다면 마음 내려놓고 재밌게 시간을 보내는 건 어떨까? 어차피 돌아갈 수 없다면 잠시 휴대전화 꺼놓고 혼자만의 시간을 즐겨보는 것도 나쁘지 않다. 조급해하면 문제가 해결되기는커녕 더 복잡해지기만 할 뿐이다.

기다림을 즐길 줄 알아야 인생이 즐거워진다. 물론 때때로 참을 수 없을 만큼 지루한 기다림도 있다. 하지만 그런 지루한 기다림의 시간도 노력하면 즐거운 시간으로 만들 수 있다.
기다림을 신이 내게 허락한 휴식 시간이라고 생각해보자. 이 휴식 시간에 피곤한 몸과 마음을 쉬게 하는 건 어떨까? 기다리는 동안 오랜만에 푸른 하늘을 바라보고, 잊고 지냈던 대지의 기운을 느껴보자. 주변에 시선을 돌려 공놀이하는 아이들과 자전거를 타고 지나가는 노인을 바라보자. 그렇게 기다림을 통해 자연을 만나고 생생한 삶을 느껴보자!

··· 07

함께 나누지 않고 혼자 가지려 한다

　나는 여느 때처럼 해질 무렵 공원에 앉아 아이들이 노는 모습을 보고 있었다. 아이들은 공을 차기도 하고 술래잡기도 하며 신나게 놀았다. 그때 미미라는 아이가 움직이는 인형을 품에 안고 나타났다. 미미는 의기양양한 모습으로 인형을 꼭 쥐고 있었고, 아이들의 눈은 호기심으로 반짝였다. 인형이 아이들의 시선을 끌자 미미는 콧대 높은 공주처럼 행동하며 즐거워했다. 아이들은 하던 놀이를 멈추고 미미에게 몰려들었다.

　"한 번만 만져봐도 돼?"
　"우리 같이 놀자."
　심지어 어른들도 인형을 보여달라고 부탁했다. 아이들이 점점 더 많이 몰려들자 미미는 사람들이 자신의 장난감을 부러워한다는 사실을 알게 되었다. 그러자 미미는 불안해하며 소리를 지르면서 인형을 꽉 껴안은 채 보여주지 않았다. 미미의 행동에 아이들은 참새 떼처럼 사방으로 흩어졌다. 미미도 놀고 싶은 마음이 없어졌는지 인형을 안은 채 혼자 그 자리에 딱 붙어 있었다. 사람들이 탐내는 인형을 뺏기지 않으려면 인형을 꼭 쥐고 있어야 한다고 생각하는 듯했다.

혼자 인형을 지키며 서 있던 미미는 딴에 복잡했을 것이다.

'이 인형이 없을 때는 친구들과 재밌게 놀았는데, 지금은 왜 하나도 재미가 없지?'

이런 생각을 하고 있었을지도 모르겠다.

미미를 보니 흰 토끼와 달님 이야기가 생각났다.

토끼들 무리에서 유독 총명하고 지혜로운 흰 토끼가 있었다. 흰 토끼는 아름다운 자연을 좋아했는데 그중에서도 특히 밝은 달빛을 좋아했다. 그래서 매일 밤마다 숲 속 풀밭에서 자유롭게 뛰놀며 달을 감상했다. 그렇게 달의 흐리고 맑음, 차고 기우는 모습에서 각각의 아름다움을 느꼈던 흰 토끼는 달 감상의 전문가라고 해도 손색이 없을 정도였다. 그 모습에 감탄한 신들은 흰 토끼를 불러 선포했다.

"만물은 전부 주인이 있는데 네가 달에 관해서 누구보다 잘 아니까, 지금부터 달을 너의 소유로 명한다!"

이후에도 흰 토끼는 여전히 밤마다 풀밭에서 달을 감상했다. 그런데 흰 토끼의 마음은 예전처럼 편하지 않았다. '이건 내 달이야!'라는 생각이 머릿속을 가득 채웠다. 달을 보는 모습이 마치 부자가 금덩어리를 보는 것 같았다. 먹구름이 달을 가리기라도 하면 불안하고 보물을 잃어버릴까 싶은 두려움이 생겼고, 보름달이 기울기 시작하면 자기 살이 잘린 것처럼 아파했다. 그러자 흐리고 맑고, 차고 기우는 달을 봐도 더는 아름다워 보이지 않았다. 오히려 달이 어디 아픈 건 아닌지 걱정하느라 전전긍긍했다. 결국 흰 토끼는 신에게 달을 돌려주고 말았다.

'혼자 즐거운 것은 함께 즐거운 것만 못하다.'

이는 맹자의 말이다. 그런데 함께 즐거움을 나누려는 사람들이 점점 줄어들고 있다.

최근 쓰촨에 사는 부자가 놀이공원을 통째로 빌려 혼자 즐긴다는 소식을 들은 적이 있다. 혼자서 편하게 놀기 위해 다른 사람들은 들어오지 못하게 막은 그의 이기심과 횡포는 할 말을 잃게 만든다.

사회가 발전하고 3차 산업의 서비스가 나날이 발전하면서 사람들은 더 많은 것을 누리게 되었다. 그러다 보니 이제 자기만의 공간을 원하며 자기 땅에는 아무도 들어오지 못하게 철저히 차단한다. 하지만 온갖 방법으로 자기 땅을 지키려 하면 할수록 이기심의 벽은 높아지고 행복해지기 위한 비용은 점점 더 증가한다. 이기심은 자기 밥그릇을 빼앗길지도 모른다는 두려움을 낳기 때문이다. 사람들은 누가 내 땅에 침입할지도 모른다는 생각에 매일 긴장과 두려움 속에서 살아간다. 그렇다면 아무리 많은 재물을 가지고 있다 한들 그게 무슨 소용일까?

비근한 예로, KFC에 가보면 많은 이가 낯선 사람이 옆에 앉지 않길 바란다. 햄버거를 먹으면서도 마음속으로는 '제발 옆에 아무도 오지 말았으면' 하는 생각을 하며, 그것에 신경 쓰느라 햄버거 맛은 음미하지도 못한다. 기차를 탈 때도 마찬가지다. 옆자리에 아무도 없길 바라며 목적지까지 혼자서 조용히 가길 원한다. "여기 자리 있나요?" 하고 입석표를 산 사람이 물었을 때, 즉시 "네!"라고 답한 적이 있을 것이다. 그런데 계속 그런 방어 태세를 취한다면 즐거운 여행은 진즉 물 건너갈 수밖에 없다.

영국의 극작가 조지 버나드 쇼(George Bernard Shaw)는 말했다.

"당신과 내가 가진 사과 하나를 서로 바꾸면 사과는 여전히 하나뿐이다. 하지만 아이디어를 바꾼다면 당신과 나는 두 개의 아이디어를 가지게 된다."

나와 친구의 장난감을 서로 바꾸면 두 개의 장난감을 전부 가지고 놀 수 있다.

세계보건기구(WHO)는 우울증이 21세기 인류 사회를 위협하는 가장 심각한 병이 될 것이라고 예측했다. 실제로 우울증 환자의 수는 세계적으로 나날이 증가하고 있는데, 그중 10~15퍼센트는 자살 충동에 빠진 위험한 상황에 놓여 있다.

우울증은 우울감을 주요 증상으로 하는 심리 질환이다. 이것은 우울감과 염세주의적 태도를 보이며, 자주 쓸쓸함을 느끼고, 한숨을 쉬며, 타인이나 사물에 흥미가 없다. 그리고 두통, 답답함, 두려움, 무기력함, 설사 등의 증상을 동반한다. 그러다 이런 증세가 심각해지면 지독한 염세주의에 빠지거나 자살 충동을 느끼게 된다.

평소 잘 지내다가 자신이 심각한 심리 질환에 걸렸다는 것을 알게 되면, 사람들은 이런 사실을 부인하거나 쉽게 받아들이지 못한다. 실제로 홍콩과 타이완에는 우울증, 음주, 마약, 도박, 투신자살, 손목 긋기, 가스 질식사 또는 거식증, 폭식증, 히스테리, 정신병, 망상증에 걸린 사람들이 넘쳐나는데, 이 역시 우울증의 결과다.

한 해에 투신자살을 하거나 수면제를 먹거나 물에 뛰어드는 사람이 얼마나 될까? 대학만 봐도 심리 문제 때문에 자살한 사람이 셀 수 없을 정도다. 신입생부터 석사, 박사 과정의 학생도 예외가 아니다. 심지어 초등학생들까지 단체 자살을 시도할 정도니, 문제가 심각한 수준이다. 어린아이부터 노인에 이르기까지 심리 문제의 '안전지대'는 없다.

"세상은 언제나 회색빛이고, 죽음에 대한 생각을 자주 해요."

명품 브랜드 옷을 단정하게 차려 입은 아이린은 주변 사람들에게 종종 이런 말을 했다. 정성 들여 화장한 그녀의 얼굴 양미간에는 피로와

초췌함이 묻어난다. 그녀는 전형적인 엘리트 화이트칼라다. 명문 대학 출신의 그녀는 뛰어난 외국어 실력으로 고액 연봉이 보장된 500대 글로벌 기업에 들어갔다. 겉으로는 행복한 삶을 사는 것처럼 보이는 그녀……. 하지만 그녀는 정작 삶의 재미를 느끼지 못했다.

"피곤해 죽겠어요! 일, 사랑, 인간관계는 물론이고 모든 일에 지쳤어요. 피곤한 하루가 반복되니까 어떤 것에도 흥미를 느끼지 못하겠어요. 친구들도 저를 포기한 지 오래고, 너무 외로워요."

아이린은 현대인의 표상이다. 복잡하고 빠르게 변해가는 현대 사회에는 그녀처럼 자기도 모르는 사이에 방향을 상실하고 공허해져 '마음의 병'을 앓는 사람들이 많다. 이런 병이 심각한 수준에 이르면 살아야 하는 이유를 찾지 못한 채 방황하게 된다. 정말 큰 문제는 오늘날 사회 전체가 이 병에 걸려 있다고 해도 무방하다는 사실이다.

과학 발달 덕분에 물질적으로 풍요로워졌고 인간의 수명 또한 늘어났다. 그런데도 왜 사람들은 과거보다 더 우울해하는 것일까? 과연 그 이유는 무엇일까? 도대체 무엇이 마음의 병을 유발하는 걸까?

첫째, 과도한 업무 스트레스다. 도시의 화이트칼라들은 고강도의 업무 스트레스로 인해 오랫동안 긴장 상태에 처하는데, 이 긴장이 제때에 해소되지 않으면 불안, 초조, 우울 등의 증상이 나타난다.

둘째, 눈앞의 이익에만 급급한 심리 상태다. 눈앞의 이익에만 급급해하는 사람들은 실패로 인한 좌절을 극복하지 못한다. 그들은 성공에 대한 기대치가 높은 반면, 많은 노력을 기울이지 않고 적은 힘으로 큰 성과를 거두길 바란다. 하지만 현실은 노력 없이 바라기만 한다고 바뀌지 않으며, 실패의 쓴맛을 보여주기도 한다. 또한 성급하게 스스로를 채찍질하며 과하게 몰아붙이는 사람은 최선을 다하더라도 제 능력으로는 역부족이다 보니 일을 그르친다. 결국 이들은 우울증과 자폐증

등 심각한 심리 문제에 직면하게 된다.

셋째, 힘든 학업과 심각한 취업 스트레스다. 학생은 매일 다 읽지 못한 책과 복습 과제에 치이고, 선생님과 부모님의 과도한 기대로 인한 부담감에 짓눌려 우울한 감정에 빠질 수 있다. 그러다 보니 초등학생부터 중·고등학생, 대학생까지 모두 정도는 다르지만 심리 질환에 걸린 환자가 많다.

넷째, 투자 손실로 인한 부담감이다. 많은 이가 체계적 투자 기법에 의거하여 장기적 투자를 했음에도 기대하던 보상을 받지 못하거나 손해를 보면 심리적 중심을 잃은 채 혼란에 빠진다. 지나친 좌절감에 빠지거나 감정 기복이 심해지고, 거액의 손실을 입은 경우 심리적 방어선이 무너져 자살을 선택하기도 한다.

다섯째, 사회 부적응이다. 현대 사회는 비약적인 발전을 거듭하며 빠르게 변하고 있지만, 다양한 이유로 여기에 적응하지 못하는 사람들이 있다. 이들은 불공평한 사회에 분노하고, 그런 상황을 바꾸지 못하는 자신의 무력함을 답답해하면서 초조해한다. 기업의 불공평한 분배에 반대하며, 자신의 연봉이 턱없이 낮은 현실에 불만을 느낀다. 개인의 능력이 부족하거나 능력의 수준이 현대 사회에 맞지 않아서 조급증과 무기력감을 느낀다. 위와 같은 사회 부적응자들에게 심리적인 불안 문제가 나타날 수 있다.

우울증에 빠져 지독한 안개 속을 헤매는 듯할지라도 소중한 생명을 포기해서는 안 된다. 우리가 세상에 태어난 것은 죽기 위해서가 아니라 살기 위해서다. 인생이라는 긴 마라톤에서 행복과 즐거움을 느끼기 위해 생명에 활력을 불어넣고 마음속 부담감을 덜어내는 방법을 찾아야 한다.

Chapter 2
마음속 빈 곳을 채우고,
밝은 빛으로 나아가다

물질이 풍요로워질수록 마음의 공허함은 커져간다. 통신수단이 발달할수록 마음을 나누는 친구는 줄어든다. 수백 개의 명함을 가지고 있지만 함께 고민을 나눌 친구 하나 없는 게 지금의 현실이다.

물질적 부를 추구하느라 마음은 텅 빈 채로 내버려둔 지 오래다. 칼슘과 아연, 비타민을 보충하는 것보다 마음을 채우는 일이 더 시급하다.

・・・ 01

열정은
모든 것을 정복한다

'열정은 모든 것을 정복한다.'

고대 로마 시인 베르길리우스(Publius Vergilius Maro)의 '사랑은 모든 것을 정복한다'는 시구를 변형해본 말이다. 사실, 사랑은 열정에 속하는 감정이기도 하다. 그런데 성인이 되어 결혼을 하면 또 다른 사랑은 할 수 없다. 하지만 열정은 품을 수 있다. 열정 없는 삶은 지루하다.

사람들의 존경을 한 몸에 받고 모든 것을 다 가졌지만 불평불만이 많고 재미없게 사는 사람이 있는 반면, 가진 것 없이 다 쓰러져가는 허름한 집에 살지만 꿈과 열정으로 충만하여 즐겁게 사는 사람도 있다. 집을 수리할 벽돌 하나를 얻는 것, 자식을 위해 학비를 마련하는 것, 아내에게 새 옷을 선물하는 것 등 이들의 꿈은 남들에게는 하찮아 보일지도 모른다. 하지만 그들에게는 소중한 꿈이기에 복잡하고 무정한 도시에서 따뜻한 물 한 번 마음 편히 쓸 수 없는 가난한 형편임에도 행복을 느낀다.

그런데 시간이 지날수록 열정이 줄어드는 이유는 무엇일까? 형편이 나아지고 여러 조건이 충족되면 권태가 찾아온다. 그러면서 일상은 지루해지고 흘러넘치던 열정은 더는 찾아보기 힘들다. 이러한 원인은 바로 익숙함 때문이다.

〈포춘(Fortune)〉은 '다시 태어날 수 있다면 어떤 일을 하겠는가?'라는 설문 조사를 한 적이 있다. 한 고위급 군인은 시골에서 잡화점을 하겠다고 답했다. 어느 여성 장관은 코스타리카 해변에서 작은 여관을 운영하고 싶다고 했다. 누군가는 사진사가 되겠다고 했고, 또 누군가는 음료 회사를 경영하겠다고 했다. 성을 바꿔 여자가 되고 싶다는 사람도, 개로 태어나고 싶다는 사람도 있었다. 심지어 식물이 되고 싶다는 답변도 나왔다. 평범한 시민들은 대개 대통령, 외교관, 제빵사 등 다양한 직업을 가지고 싶다고 답했다. 하지만 그중 현재의 자신이 되고 싶다는 사람은 단 한 명도 없었다.

식물원 옆에 사는 부부를 부러워한 적이 있다. 그곳에서 살면 식물원의 맑고 깨끗한 공기, 시원하게 뻗은 삼나무와 대나무, 조용한 숲길, 지저귀는 새소리와 향긋한 꽃향기를 만끽할 수 있다고 생각했기 때문이다. 하지만 부부는 정작 그 이야기를 듣고 의아해했다. 그들에게 식물원은 멋있거나 색다른 정취를 느낄 만한 공간이 아니었다. 그들은 오히려 화려한 도시에 관심이 많았다.

이미 익숙해진 공간은 멋진 풍경으로 머물지 않는다. 그렇기에 식물원의 꽃과 나무, 아름다운 풍경 또한 오랜 세월이 지나면서 부부에게는 습관처럼 익숙한 존재가 되었던 것이다.

〈포춘〉의 설문 조사에 참여했던 장관, 기업가, 시민 들이 현재의 자신으로는 다시 태어나고 싶지 않다고 한 이유 역시 부부가 멋진 풍경에 익숙해져 더는 어떤 감흥도 느끼지 못하게 된 것과 비슷하다.

삶이 권태롭고 마음이 지치고 피곤해지면 빛나는 달도, 떨어지는 낙엽도 보지 못한다.

인생에서 최악의 상황은 가난이나 불행이 아니라 피곤에 절어 아무것도 느끼지 못하는 상태이다. 만약 무엇을 해도 감동받지 않고, 어떤 것에도 관심이 없으며, 무슨 일에서도 감흥이 일지 않는다면, 다른 풍경을 찾아봐야 한다.
새로운 풍경을 찾고 열정을 불러일으키기 위해서는 무작정 거리를 활보해보고 꿈을 찾아 이리저리 헤매보는 것도 좋다. 무감각해진 마음으로는 멋진 시와 그림은 물론 다채로운 자연도 담을 수 없다. 몽롱해진 눈으로는 아름다운 풍경을 볼 수 없다. 따라서 마음을 깨우는 일에 집중해야 한다.
어린 시절 철없던 날들을 생각해보라. 봄날의 새싹을 보고 생명의 강인함에 감탄했던 그때, 여름날 이슬비 속에서 골목길을 배회하다 라일락 향기에 취했던 그때, 떨어지는 가을 낙엽을 보고 세월의 무상함에 한숨지었던 그때, 밤새 눈길을 걷다가 작은 공원에서 풍겨오는 매화 향기에 걸음을 멈췄던 그때를 떠올려보라.
지금도 다시 돌아갈 수 있다. 바쁘더라도 시간을 내어 그때 그 장소로 가보라. 예전의 느낌이 되살아날 것이다.

・・・ 02

믿을 사람이 떠나면
머물 가지도 사라진다

 몇 년 전, 이런 생각을 해본 적이 있다.
 '마법의 마음 상점이 있어서 안전감이라는 물건을 판다면 불티나게 팔리지 않을까?'
 그런데 얼마 전 이런 생각을 누군가 현실화했다. 그는 베이징, 상하이 같은 대도시에 '마음 상점'을 오픈했다. 상점에서는 '안전감'이라는 라벨을 붙인 텅 빈 유리병 하나를 수백 위안에 판매했는데, 이것을 사기 위해 몰려든 화이트칼라로 문전성시를 이루었다. 요즘처럼 불안한 시대에는 이런 장사가 성공하는 게 어찌 보면 당연할 법도 하다.
 인본주의 심리학자 에이브러햄 매슬로는 안전감이란 정신건강을 결정하는 중요한 요소라고 주장했다. 그는 정신건강과 안전감을 동의어로 생각했다.
 나는 이 문제를 생각해보기 전에 우선 안전감이라는 단어를 인터넷으로 검색해보았다. 안전감이란 살면서 편안하여 받는 안정적이고 두려움이 없는 느낌이며, 일종의 감각이자 심리 상태를 나타낸다. 안전감은 안심과 의지의 교감 속에서 믿을 수 있는 말과 행동 등의 방식으로 나타난다. 종합해보면 안전감이란 편안하고 안심이 되며 두려움이나 불안함을 느끼지 않고 사는 것을 뜻한다.

회사에서 임원직을 맡고 있는 친구가 있다. 중소도시에 사는 그는 그 지역에서 명망 있는 인사로 통한다. 하지만 그는 나와 전화 통화를 할 때마다 이런 고민을 털어놓는다.

"사는 게 재미없고 기댈 곳이 없어."

이처럼 도시인들의 안전감은 더 취약하다. 그들은 쉬는 시간만 되면 휴대전화 문자메시지를 반복해서 확인한다. 그들은 주머니가 없는 옷을 입으면 손을 어디에 둬야 할지 몰라 헤맨다. 식당이나 술집에 가면 입구를 바라볼 수 있는 구석 자리에 앉는다. 무엇을 걱정해서 그렇게 하는지는 확실치 않지만 그렇게 앉아야 마음이 편해진다. 아침에 문밖

을 나선 뒤나 잠자리에 들기 전에 현관을 제대로 잠갔는지 확인하지 않으면 마음이 불편하다. 버스나 지하철을 타면 끄트머리 쪽으로 자리를 잡고 앉는다.

이런 모습은 너무 익숙해서 자연스럽게 느껴지기도 하는데, 전부 도시 사람들이 공통적으로 가진 습관이다. 이러한 행동은 심리적으로 나날이 증가하는 불안 상태를 반영한다.

물질적으로 풍요로워지고 삶의 질 또한 높아지고 있는 현대 사회에서 안전감을 찾으려는 사람들의 심리는 정상적이다. 하지만 굶기를 밥 먹듯 하던 선대 사람들의 삶보다 지금이 더 불안한 이유는 무엇일까? 오늘날에는 부자든 빈자든 모두 심리적 공허감을 느낀다. 현대인들은 대궐 같은 큰 집에 살면서 자연재해를 피할 수 있게 되었지만, 언제나 불안하고 초조하며 알 수 없는 두려움에 시달린다.

안전감이 결여된 원인은 사회적·시대적 배경과 관계가 깊고 정부의 책임도 있다. 하지만 인간이란 본래 정신적 동물이라서 안전감은 감정에 속하며 의식적인 범주에 해당되는 것이라고 생각한다. 그렇기 때문에 나 자신의 마음에 관심을 가지고 내 안을 들여다보는 시간이 필요하다. 현대인들은 빠르게 변해가는 사회에서 많은 시간을 무언가에 투자하며 산다. 그러다 보니 아예 쉬는 시간이 없거나 감정에 대해 생각할 여유가 없다. 일 때문에 사랑을 놓치며 사는 사람도 부지기수다. 부귀영화를 위해 부모를 저버리고, 명품 차와 호화 주택을 위해 형제를 저버리기도 한다.

감정에 기대어 처음부터 다시 배우는 일은 정말 어려울 것이다. 마지막에 가서야 하늘을 우러러보며 긴 탄식을 할지도 모른다.

"모두 내가 얼마나 높이 나는지에만 관심을 가질 뿐이야. 내가 나느라 얼마나 피곤한지에 관심을 갖는 사람은 없어!"

하지만 자신한테도 책임이 없다고 말할 수 있을까?

'마음의 벽'이라는 노래가 있다. 개인적으로 노래를 흥얼거릴 때마다 가사가 가슴에 와 닿는 몇 안 되는 곡이다.

사랑했지만 야속하게 끝나고 외로움은 켜켜이 쌓여갔지.
집착은 이제 안녕.
사랑이 없다면 아무것도 남지 않아 헛된 맹세를 요구했지.
깊은 상처를 감싸고 모든 고통을 가릴 거야.
다시는 누군가를 위해 살지 않을래.
내 마음에 벽을 세워야 위선과 거짓에서 멀어질 수 있어.

이 노래가 많은 사람에게 사랑받는 이유는, 믿음이 사라져버린 시대에 상처받을 것이 두려워 보이지 않는 '마음의 벽'을 세우며 살아가는 이들의 모습을 제대로 투영했기 때문이다.

요즘에는 영원한 사랑을 약속하는 연인들을 보기 어렵다. 안심하고 먹을 수 있는 음식도 사라진 지 오래다. 믿고 마음을 터놓을 친구도 별로 없다. 심지어 뉴스조차 사실인지 아닌지 확인할 길이 없는 시대다. 전망 좋은 고층 건물의 대궐 같은 집에 살지만, 문을 꼭꼭 걸어 잠그고도 불안에 떨며 잠을 설친다. 비행기와 고속철로 세계 각지를 여행하면서도 낯선 사람과는 한마디도 하지 않는다. 산해진미를 맛보면서도 식품 안전사고가 터질까 두려워한다. 사기꾼이 판을 치고 유언비어가 나돌며, 사람을 만날 때마다 속셈이 무엇인지 알아내려고 애쓴다. 이런 세상에서 누가 방어벽을 치지 않고 살 수 있겠는가?

집에서는 이중 삼중으로 설치된 보호망과 방범 장치가 되어 있는 문에 갇혀 살고, 직장에서는 온갖 책략과 술수가 난무하는 살벌한 분위기에서 일한다. 거리로 나가면 낯선 사람들과 눈 마주치기조차 두렵다. 이처럼 현대인은 비좁은 공간에 살며 마음 편히 외부 세계로 한 걸음도 내딛지 못하고, 사랑조차 오롯이 하지 못한다. 심지어 외부 세계에서 오는 모든 것을 두려워한다. 말하자면 믿지 못하는 세상에서 서로 의심하며 고통스럽게 살아가고 있는 것이다.

도대체 이런 세상에서 어떻게 해야 할까? 해답은 의외로 간단하다. 미덕, 선의, 신뢰와 같은 진부하지만 소중한 단어를 믿는 것이다.

화물선이 안개 자욱한 대서양을 횡단하고 있었다. 그때 선미에서 허드렛일을 하던 흑인 소년이 발을 헛디뎌 세차게 출렁이는 바다에 빠지고 말았다. 소년은 도와달라고 소리쳤지만 아무도 듣지 못했고, 세찬 파도에 밀려 배에서 점점 멀어져갔다. 소년은 살아야 한다는 본능으로 차가운 바닷물에서 전력을 다해 가느다란 두 팔, 두 다리를 휘저었다. 그러면서 소년은 머리를 물 밖으로 내밀어 배가 멀어져가는 방향을 주시했다. 그러나 배는 점점 더 작아졌고 급기야 아무것도 보이지 않게 되었다. 소년은 망망대해에 혼자 남겨졌다. 더는 팔을 움직일 힘도 없었고 이제 바닷속으로 가라앉을 일만 남았다.

"그래, 포기하자!"

그런 마음을 먹었을 때, 갑자기 자상한 선장의 얼굴과 따뜻한 눈빛이 떠올랐다.

"아니야, 선장님은 내가 없어진 사실을 알고 반드시 나를 구하러 오실 거야!"

마지막이라고 생각했던 순간, 소년은 다시 희망의 끈을 놓지 않고 필사적으로 수영했다.

그 시각, 선장은 흑인 소년이 안 보이자 바다에 빠졌다는 생각을 하고 배를 돌렸다. 그때 누군가 말했다.

"시간이 너무 흘러서 벌써 상어 밥이 됐을 겁니다."

그 말에 잠시 망설였지만, 선장은 소년을 찾아보기로 마음먹었다. 그러자 그의 결정에 반대하는 선원이 말했다.

"허드렛일이나 하는 흑인 꼬마를 위해 그럴 가치가 있을까요?"

"그만!"

선장의 호통에 선원 모두가 입을 다물었다.

바다에 가라앉기 직전, 소년은 겨우 목숨을 건졌다. 소년은 깨어나자마자 생명의 은인인 선장에게 감사의 인사를 했다.

"어떻게 바다에서 그토록 오랫동안 견뎠니?"

"선장님이 반드시 저를 구하러 오실 줄 알았거든요!"

"어떻게 내가 구하러 올 줄 알았지?"

"왜냐하면 선장님은 그런 분이니까요!"

그 말을 들은 백발의 선장은 소년 앞에 무릎을 꿇고 앉아 눈물을 흘렸다.

"내가 널 구한 게 아니라, 네가 날 구했다! 너를 구하러 가기 전에 잠시 망설였던 내가 부끄럽구나."

강철 심장을 가진 사람이라도 뜨거운 눈물을 흘리게 하는 것이 바로 믿음의 힘이다. 누군가에게 믿음을 주는 사람은 행복한 사람이다. 불안하고 초조한 마음으로 인생을 살지 말라. 그러면 누구도 신뢰하지 못할 것이다.

안전감이 결여된 사람은 발 없는 새와 같다. 그래서 영원히 머물 가지를 찾지 못한 채 죽을 때까지 쉬지 않고 날아다녀야 한다.

항상 자신의 내면과 감정에 관심을 가져야 한다. 마음이 황폐해진 뒤에 다시 일구는 일은 아주 어려울뿐더러 효과도 크지 않다.

인생은 짧고 시간은 화살처럼 빠르게 지나간다. 요즘 사람들은 "인심이 야박하다"는 둥 "세상이 날로 난잡해진다"는 둥 한탄을 한다. 그러나 더 이해하고, 좀 더 믿고, 조금 더 진심을 보여준다면 서로 믿지 못해 불안에 떨어야 하는 날들도 줄어들 것이다.

・・・ 03
걱정해주는 사람이 없으면
부귀영화를 누려도 무의미하다

위급한 상황이 발생했을 때 알릴 사람이 있는가? 누구에게 SOS를 요청할 것인가? 조금의 망설임도 없이 바로 누군가를 떠올릴 수 있다면 행복한 사람이다. 힘들 때 마음 편히 하소연하고 기쁠 때 함께 축배를 들 사람이 없다는 사실은 정말 슬픈 일이다. 농촌에 사는 친구가 말했다.

"이웃 간에 서로 돈독했던 시절이 그리워. 그때는 어느 집에 일이라도 나면 마을 사람들이 다 가서 도와줬지. 그런데 요즘은 무슨 일이 생기든 말든 부모와 형제간에도 모른 척한다니까."

이는 농촌만의 이야기가 아니다. 도시의 사정도 다르지 않다. 나를 포함한 도시 사람들은 기쁠 때 함께 즐거워해주고 슬플 때 이야기를 들어줄 친구가 없다. 기쁠 때나 슬플 때나 전부 혼자서 감당해야 하며, 웃음소리나 울음소리도 혼자서 들어야 한다. 이런 삭막하고 폐쇄적인 분위기는 언제부터 시작된 걸까? 내 마음이 먼저 식어버린 건지, 상대의 마음이 먼저 식어버린 건지 잘 모르겠다. 어찌됐든 지금은 일부러 상대를 귀찮게 하지도 않고, 나도 타인 때문에 귀찮아지는 걸 싫어하게 되었다. 사람들은 자기만의 작은 공간에서 누구의 도움도 받지 않은 채 홀로 아등바등 산다.

사실, 사람들은 겉으로는 강한 척하지만 답답하고, 외롭고, 우울하다. 그런데도 그런 심정을 배설할 길이 없어 어둑해진 밤하늘에 대고 한탄 아닌 한탄을 한다. 날씨가 아무리 추워도 차갑게 얼어붙은 내 마음만 하랴.

힘들 때 친구를 찾는 건 너무 이기적인 행동 아니냐고? 기쁠 때나 슬플 때는 함께 나눠야 한다. 남을 사랑하고 나도 사랑을 받고, 남을 걱정하고 나도 걱정을 받는 게 건강한 심리 상태다. 같은 상황에서 누군가를 사랑하는 사람과 아무도 사랑하지 않는 사람의 마음은 하늘과 땅만큼 다르다.

얼마 전, 한 TV 방송 프로그램에 감동적인 이야기가 소개되었다.

40세 되던 해에 남편에게 무정히 버림받은 여자가 있었다. 어느 날, 여자는 아이를 데리고 친정으로 가는 길에 교통사고를 당했다. 그때 아이는 즉사했다. 시간이 흘러 여자는 다시 진심으로 자신을 사랑해주는 남자를 만나 재혼했는데, 또 남편은 불치병에 걸려 죽었다.

그녀의 인생은 불행 그 자체였다. 지독하게 꼬인 인생 속에서, 그럼에도 그녀는 오뚝이처럼 다시 일어났고, 다시 행복을 찾아가고 있었다. 어디서 그런 힘이 생겼냐고 묻는 사람들에게 그녀는 말했다.

"죽고 싶다는 생각을 수백 번도 더 했어요. 그럴 때마다 저를 보살펴주고 다시 살아갈 용기와 희망을 불어넣어준 친구가 있었습니다."

처음 불행을 만났을 때 친구는 그녀와 함께 여행을 떠났다. 두 번째 불행을 만났을 때 친구는 그녀를 집으로 데려와 머물 곳을 내주고 힘이 나는 이야기를 들려주었다. 세 번째 불행을 만났을 때 친구는 심리상담사의 치료를 받게 했다. 그녀는 친구의 관심과 사랑으로 매번 죽을 고비를 넘기면서 다시 살아갈 희망을 가졌다. 그렇게 그녀는 매일 웃으며 하루를 시작하고 있었다.

어떤 비참한 불행도 따뜻한 정을 이기지 못한다. 사랑만이 모든 것을 구제할 수 있다. 인간이 사랑스러운 이유는 인간 본연의 따뜻한 정과 사랑이 태생적으로 있기 때문이다. 먼저 남을 사랑해주면 남들도 내게 사랑을 나누어줄 것이다. 모든 사람이 조금씩 사랑을 나눈다면 세상은 더 아름다워질 것이다!

사랑이 가득한 세상에서 신의 보호를 받으며 가족과 애인의 관심 속에서 줄곧 살 수 있다면 얼마나 좋을까? 받으려고만 하지 말고 적극적으로 사랑을 베풀어보자. 원하는 게 있다면 먼저 스스로 행동해보는 건 어떨까?

・・・ 04

경외심을 가져야
비로소 행복해진다

　미국의 한 테니스 선수가 휘두른 라켓에 맞아 새 한 마리가 죽었다. 경기 중이었던 그는 즉시 달려가 무릎을 꿇고 새를 들어 올려 입맞춤을 하며 용서를 빌었다. 그 모습을 지켜보던 관중도 함께 일어나 애도했다.

　입적하기 전, 홍일대사는 제자들에게 시신을 관에 넣을 때 각 모서리에 물을 담은 그릇을 놓아두라고 당부했다. 화장할 때 안에 들어온 개미나 벌레가 타 죽지 않게 하려는 요량이었다.

　일본의 한 노승은 매일 저녁밥을 먹기 전에 공손한 마음과 태도로 기도한다.

　"부처님, 저에게 저녁밥을 내려주셔서 감사합니다."

　독일에서는 아무리 부유한 사람일지라도 천주교 신자라면 밥을 먹기 전에 이런 기도문을 읊는다.

　"하느님, 우리에게 일용한 양식을 주셔서 감사합니다."

이는 전부 경외심을 보여주는 예이다.

경외심은 자연법칙이나 사회규범 앞에서 품게 되는 것, 즉 공경하고 두려워하는 마음을 의미한다. 이것은 거대한 존재 앞에서 하찮고 미미한 존재인 인간이 느끼는 감정이다. 중국은 역사적으로 이러한 경외심을 중요하게 생각해왔다. 이를테면 유가는 '천명을 두려워하고', '성인을 두려워하고', '자기 주변 사람들을 공경한다'는 경천애인(敬天愛人) 사상을 주장했고, 도가는 '도는 자연을 따른다'는 개념으로 자연에 대한 경외심을 강조했다.

경외심은 경계와 자기반성에 대한 심리 작용으로 구속력을 만들고, 말과 행동을 규범화하고 통제하는 데 아주 중요한 역할을 한다. 따라서 경외심이 있는 사람은 인간으로서 기본 도리를 따르고 남을 깔보지 않는다. 또한 끝없는 유혹 앞에서도 흔들리지 않고 도덕적인 선을 넘지 않으려고 애쓴다.

반면, 심리적 구속력이 없는 사람은 경거망동하기 일쑤고, 극단적이며, 허탈하고 막연한 감정에 휩싸이거나 심지어 공포심까지 느낀다. 그들은 자기만 생각하고 타인이나 사회를 배려할 줄 모른다. 또한 인격적으로 자기반성을 하지 않는다. 『중용(中庸)』에서는 '부끄러움을 아는 것이 진정한 용기'라고 했는데, 이들은 부끄러움을 몰라서 제멋대로 행동한다. 사랑, 우정, 명예를 짓밟고도 아무런 감정을 느끼지 못한다.

개성이 강조되는 오늘날 자신을 과시하려는 사람들은 늘어나고 경외심을 가진 사람들은 점점 줄어들고 있다. '똑같은 길을 거부하라', '평범하지 않은 감각' 같은 광고 카피는 신세대들의 행동 지침이 되었고, '나의 feeling(감정)', '나는 don't care(개의치 않아)' 같은 부자연스런 영어 조합 표현이 유행처럼 번지고 있다. 사람들은 '간단하고, 편리하

고, 빠르게' 물질적인 풍요를 추구하고, '나'를 제외한 '모든 것'에 관심이 없다. 그리고 당당하게 "나만 좋으면 그만이야"라는 말을 내뱉으며 거리낌 없이 행동한다.

2010년, 허베이성 바오딩시 베이스구 공안국 부국장 리강(李剛)의 아들이 음주 뺑소니 사고를 냈다가 붙잡히자 "우리 아빠가 리강이야!"라고 오히려 큰소리친 것이 알려지면서 공분을 샀다. 같은 해, 시안 음악학원생 야오자신은 야간 운전 중 오토바이를 타고 가던 여성을 들이받아 상처를 입혔다. 그는 신고를 우려해 현장에서 날카로운 흉기로 피해자의 가슴, 복부 등의 부위를 수차례 찔러 숨지게 했다.

이처럼 뺑소니 사고를 내고도 지위를 내세워 뻔뻔하게 행동하거나 교통사고를 낸 가해자가 후환이 두려워 피해자를 살해하는 등 비이성적인 행동을 일삼는 이들이 점점 늘어나고 있다.

그렇다면 경외심이란 눈곱만큼도 찾아보기 힘든 이들은 과연 행복할까? 경외심이 없는 사람은 아무리 많은 연애를 해도 진정한 사랑을 찾지 못하고, 아무리 많은 친구를 사귀어도 순수한 우정을 느끼지 못하며, 아무리 큰 명성을 얻어도 영광이 무엇인지 제대로 알지 못한다.

사회와 타인에 대한 경외심을 품을 때 비로소 생명의 소중함과 아름다움을 느낄 수 있다. 또 그럴 때 세상은 활력을 되찾는다. 땅 위를 기어가는 개미와 따스한 봄날 나뭇가지에 앉아 지저귀는 새, 넓은 초원을 뛰어다니는 영양과 바다를 유유히 헤엄치는 고래 등 생명력이 꿈틀대는 세계가 있어야 우리도 생명의 기쁨과 감동을 느낄 수 있다.

마음에 경외심을 품어보자. 신을 믿지 않을 수는 있지만, 신성함을 느끼지 않을 수는 없다. 여호와·부처·알라 혹은 우주를 지배하는 힘을 믿지 않고 무릎을 꿇지 않을 수도 있지만, 함부로 경거망동할 수 없는 대상이 하나쯤은 있을 것이다.

••• 05

감사하는 마음이
편안한 삶으로 이끈다

항일전쟁 때 큰 사찰에서 치열한 전투가 벌어졌다. 피비린내 나는 전투는 포위망을 좁혀오던 일본군이 후퇴하면서 끝났다. 그러나 화약 연기가 휩쓸고 간 사찰에 폭탄이 터지면서 불길이 솟아올랐다. 그로 인해 오래된 측백나무와 정교하게 세워진 불탑과 아름다운 불상이 모두 훼손되었고, 많은 승려가 비참하게 죽었다.

당시 사찰에는 뛰어난 손재주로 수많은 벽화를 그리고 아름다운 불상을 조각한 승려가 있었는데 그 또한 싸늘한 주검이 되었다. 그런데 어찌 된 일인지 그의 양손은 잘려나가고 없었다. 사실, 승려는 폭탄이 터지기 전에 자리를 피할 수 있었지만 끝까지 조각상 곁을 떠나지 않았다. 조각상에 영혼이 있다고 믿은 그는 혼자서 조각상을 보호하는 게 역부족임을 알았지만 죽기 전까지 그 옆을 지켰다.

승려들은 그의 시체 앞에서 합장하고 염불을 했다. 그 소리가 어찌나 구슬프던지 지나가던 사람들의 마음까지 울렸다. 군인들은 누가 명

령한 것도 아닌데 정렬하더니 전사를 대하듯 예를 갖추어 경례했다. 승려와 군인은 서로 다른 신앙을 가지고 있었지만 약속이라도 한 듯 같은 장소에서 같은 행동을 취한 것이다.

'이상에 대해 얘기하면 당신과 절교하겠습니다.'

'신앙에 대해 얘기하면 당신과 절교하겠습니다.'

모두 인터넷에 떠도는 말이다. 그들에게 이상이 있는지, 신앙이 있는지는 알 수 없다. 하지만 그들이 불안한 마음으로 사는 것은 분명하다. 우리는 종교가 아니더라도 위안을 얻을 수 있는 무언가에 기대어 살아간다. 신앙을 가지면 정신적으로 의존하게 되고 마음이 안정된다. 건강하고 즐겁게 사는 사람 대부분은 믿음이 강하다. 반면, 신앙이 없는 사람은 정신적으로 기댈 대상이 없기에 빈번히 엄습하는 불안감과 절망감에 힘들어한다.

최근 신앙 없는 사람들이 점점 늘어날뿐더러 신앙을 가진 사람들조차 자신의 믿음에 확신을 갖지 못하는 추세다. 사람들은 대부분의 시간을 물질적 이익의 극대화를 추구하는 데 사용한다. 남들보다 더 많은 재물과 더 넓은 집 그리고 더 높은 지위를 차지하기 위해 애쓰며 그 외의 가치에는 전혀 관심을 두지 않는다. 그렇게 속물로 타락해가는 사람들은 세상 그 어떤 것도 신성시하지 않는다.

신앙을 찾고 경건하게 그 믿음을 간직한다면 일상이 차분하고 편안해질 것이다. 행복한 삶이 시작되는 것은 물론이다. 언제나 밝은 빛으로 가득한 행복의 길로 이제 흔쾌히 들어서보자.

고승을 둘러싼 제자 네 명이 삶과 우주의 신비에 대한 가르침을 받기 위해 기다리고 있었다. 계속 침묵을 지키던 고승이 이윽고 눈을 감았다 뜨며 제자들에게 물었다.

"광야의 잡초를 제거하기 위해서는 어떻게 해야 하느냐?"

제자들은 고승의 단순한 질문에 의아했지만 성실하게 답했다.

"삽으로 잡초를 파내면 됩니다!"

"불을 질러 다 태워버리면 됩니다!"

"석회 가루를 뿌리면 잡초를 완벽히 제거할 수 있습니다!"

"그렇게 해서는 잡초를 완전히 제거할 수 없습니다. 풀을 베고 뿌리까지 다 뽑아내야 합니다."

제자들의 대답을 다 들은 고승이 미소를 지으며 말했다.

"모두 잘 대답했다. 내일 일어나면 목초지에서 각자의 방식대로 잡초를 없애거라. 내년 이맘때쯤 같이 만나서 결과를 확인해보자꾸나!"

그렇게 시간이 흘러 약속한 날 제자들이 모였다. 잡초가 무성했던 광야는 보이지 않고 금빛으로 물든 농경지가 자리를 대신하고 있었다. 사실, 제자들은 온갖 방법을 다 동원했지만 잡초를 제거할 순 없었다.

한편, 애초에 고승은 잡초가 있던 곳에 작물을 심었다. 그런데 작물들은 잘 익어서 수확을 기다리고 있었지만, 고승은 이미 별세하고 없었다. 그것이 고승의 마지막 가르침이었음을 알게 된 제자들은 하염없이 눈물만 흘렸다.

광야의 잡초를 제거하기 위해 작물을 경작해야 하는 것처럼 황폐해진 마음의 잡초를 제거하기 위해서는 미덕을 수양해야 한다. 공허한 마음에 따뜻한 빛과 맑은 하늘을 만들어주기 위해서는 긍정적으로 생각하고, 항상 감사하며, 남 탓을 하지 말아야 한다. 감사하는 마음이 커지면 싫어하는 것들이 줄어들고, 맑은 날이 많아질 것이다. 반면, 원망하는 마음이 커지면 싫어하는 것들이 많아지고, 흐린 날이 이어질 것이다.

인간의 약점은 바로 불평이 많고 원망하길 좋아한다는 사실이다. 거리에는 남 탓하길 좋아하고, 불행에 빠졌다고 원망하며, 책임을 전가하고, 타협을 거부하는 사람들이 넘쳐난다. 또한 세상을 이해득실의 관계로만 보고, 날씨나 교통 상황을 탓하며, 억지로 밀려서 부딪혔다고 변명하는 사람도 많다. 장사가 잘되는 가게의 종업원은 너무 바쁘고 힘들어서 불만이고, 장사가 안 되는 가게의 종업원은 며칠 뒤에 잘릴 수도 있다는 현실 때문에 불만이 많다.

과연 웃으며 사는 사람은 몇이나 될까? 칭찬하길 좋아하는 사람은 몇이나 될까? 만나는 모든 사람을 존중하는 사람은 몇이나 될까? 지금 자신의 상황에 감사하는 사람은 몇이나 될까?

원망을 내려놓고 항상 감사하는 마음을 가져야 한다. 감사해야 할 사람은 세상에 아주 많다. 질책해준 사람에게 감사하자, 깊이 생각할 기회를 주었으니까. 나를 넘어뜨린 사람에게 감사하자, 의지를 강하게 만들어주었으니까. 나를 버린 사람에게 감사하자, 독립심을 배울 수 있게 해주었으니까. 나를 기만한 사람에게 감사하자, 인생 경험을 쌓을 수 있게 해주었으니까. 나에게 상처를 준 사람에게 감사하자, 의지를 단련시켜주었으니까.

매사 하늘을 원망하거나 남 탓을 하지 말자. 경외심을 가지고 세상 모든 것에 감사할 줄 알면 마음이 평온해진다.

・・・ 06

마음이 즐겁지 않으면
웃음도 하나의 표정에 불과하다

    네 살짜리와 다섯 살짜리 형제가 있었다. 침실 창문이 종일 닫혀 있던 날, 방 안은 어두운데 바깥은 태양이 밝게 비추는 게 좋아 보였는지 형제는 머리를 맞댄 채 말했다.

    "우리 밖에 있는 빛을 방으로 가져올까?"

    "응."

    형제는 빗자루를 들고 베란다로 나가 빛을 쓸어 쓰레받기에 담았다. 그런데 방으로 쓰레받기를 옮기기 무섭게 빛이 사라져버렸다. 빗자루로 빛을 담아 옮기기를 수차례 했지만 방 안은 여전히 어두웠다. 그때 주방에 있던 엄마가 아이들의 이상한 행동에 고개를 갸웃하며 물었다.

    "너희, 뭐하는 거니?"

    "방이 너무 어두워서 빛을 가져오고 있어요."

    "창문을 열면 자연히 빛이 들어올 텐데 빗질은 왜 하고 있어?"

    형제의 행동을 보고 유치하다고 생각하는 어른들이 많을 것이다. 하지만 어른 중에도 유치하게 '태양을 쓸어 담으려는' 사람들이 많다. 이들은 행복과 즐거움을 찾고자 노래방이나 클럽을 찾아 헤맨다. 술에 취한 채 '원 나잇 스탠드'를 불사하며 쾌락에 탐닉하기도 한다.

감동받을 수 있는 무언가를 찾아 헤매고, 격정적으로 마음의 문을 열기 위한 모든 행동은 사실 헛수고다. 이런 행동을 통해 웃을 수 있을지는 모르겠으나 진정한 즐거움은 얻을 수 없다. 웃음과 즐거움은 같은 개념이 아니다.

아무리 돈이 많아도 즐거움은 살 수 없다. 홍콩 사람들은 즐거운 것이 최고라고 말하고, 베이징 사람들은 쾌락을 추구하기 위해 산다고 말한다. 모두 비슷한 말 같지만 각각 다른 의미를 가진다. 즐거움은 정신적 영역으로, 내면의 움직임이다. 반면, 쾌락은 물질적 영역으로, 외부에서 구할 수 있다. 인터넷에서는 즐거움과 쾌락이 같은 뜻으로 사용되고 있다. 그러나 쾌락 같은 웃음은 단지 하나의 표정에 불과한 것

으로, 즐거움과 무관하다.

우울한 마음을 걷어내고자 유흥업소 따위를 전전한다면 쉽게 쾌락을 얻고 웃을 수는 있을 것이다. 그러나 진정 즐거워질 것인지는 보장할 수 없다. 쾌락은 순간적 쾌감과 공허한 기쁨만 줄 뿐이다. 알코올에 마비되어 자신을 망각하면 그 결과 공허함, 근심, 고통만 남는다. 정신이 무감각해질뿐더러 목표를 잃으니 방향을 상실한다. 일시적으로 몸이 편해질 수도 있지만, 기본적으로 온몸은 힘이 빠져 축 늘어진다. 전혀 바뀌지 않는 의식 속에서 무거운 마음 상태가 지속된다. 이것이 반복되면 활력은 사라지고 기분은 한없이 가라앉는다. 결국 삶의 방향을 상실한 채 재미없는 무료한 일상을 보내게 된다.

즐거움은 정신적 보약 같아서 가슴이 후련해지고 행복감을 느끼게 한다. 이런 마음 상태로 즐거운 하루를 보낼 수 있다면, 유쾌한 하루가 쌓여 행복한 인생이 될 것이다. 행복한 사람은 어떤 환경에서든 만족감을 가지고 인생을 즐길 수 있다.

••• 07

나 자신을 알고
아집을 버려라

초(楚)나라 장왕(莊王)이 월(越)나라를 공격하려고 할 때, 두자(杜子)라는 신하가 간언했다.

"왕께서 월나라를 치려는 이유가 무엇인지 여쭤도 되겠습니까?"

"지금 월나라는 정치적 혼란으로 병력이 약화되었기 때문이지!"

"사람의 지혜는 눈과 같아서 먼 곳을 내다볼 수는 있지만 자기의 눈썹은 보지 못한다고 들었습니다. 우리는 진나라에게 패하여 수많은 땅을 잃었는데, 이는 병력이 약해졌기 때문입니다. 또한 내부에 반역 무리가 있음에도 조정에서 막지 못하고 있는데, 이는 정치가 어지럽기 때문입니다. 이처럼 지금 우리의 병력이 약하고 정치가 혼란한 상황은 월나라와 비슷한데, 그럼에도 월나라를 치려 하신다면 자기 약점을 보지 못하는 것 아니겠습니까?"

이에 장왕은 월나라를 공격하려는 계획을 취소했다.

'상대를 알고 나를 알면 백 번 싸워도 위태롭지 않다.'

이는 『손자병법(孫子兵法)』에 나오는 말로, 아군과 적군의 상황을 잘 파악한 뒤에 싸우면 백전백승한다는 의미다.

자신을 정확히 아는 것은 대단히 중요하다. 그러나 요즘 자신에 대해 잘 아는 사람이 점점 줄고 있다. 기회가 많은 만큼 유혹도 많아졌고, 그러니 허영심에 취한 채 체면만 중시하는 사람들이 부지기수다.

내 지인이 그 전형적 인물이다. 그녀는 상공업관리국에 입사해 과장 직급까지 올랐지만 다행히 업무가 과중하지 않았다. 남편과 맞벌이를 하는 그녀는 시간 날 때마다 인터넷 쇼핑을 하거나 친구들과 채팅을 하며 비교적 여유롭고 행복한 시간을 보냈다. 프리랜서인 나조차도 그녀가 부러울 정도였다. 그런데 얼마 전 만난 그녀는 놀랍게도 '투덜이'가 되어 있었다.

이유인즉슨 그녀가 말단 공상소(工商所)의 소장으로 전출 발령이 났는데, 가야 할지 말아야 할지 고민이라는 것이다. 사실, 그녀는 사욕을 챙기거나 허영심이 많은 편은 아니다. 단지 승부욕이 강하고 체면을 중시하는 편이다. 그런데 소장이 되어 일을 잘 처리하지 못하면 망신을 당할 수도 있기에 소장직을 받아들일지를 놓고 고민에 빠진 것이었다.

나는 그녀에게 소장직을 거절하라고 권했다. 애초에 그녀 성격과 맞지 않는 자리였기 때문이다. 그녀는 청렴하고 접대를 싫어하며 용의주도한 유형이 아니라서 소장직을 수용한다면 고생길이 훤할 터였다.

하지만 결국 그녀는 소장직을 수락했고, 결과는 내 예상대로였다. 그녀는 소장이 된 뒤부터 하루도 웃는 날이 없었고, 매일 그녀의 하소연을 들어주는 나도 덩달아 울적해졌다.

'사람 인(人)' 자의 삐침은 '장점'을, 파임은 '단점'을 의미한다고 한다. 이는 장점은 드러내고, 단점은 가려야 한다는 뜻일 것이다. 자신의

 단점이 드러나는 게 명확한데도 그대로 두는 것은 스스로를 괴롭히는 꼴이다.
　나는 어떤 사람인가? 무엇을 좋아하는가? 목표는 무엇인가? 잘하는 것은 무엇인가? 인내심은 많은가? 내 한계는 어디까지인가?
　나에 대해 생각해보지 않았다면 이제부터라도 고민을 해봐야 한다.

　북유럽 어느 교회에 실제 사람과 비슷한 크기의 예수 십자가상이 있었다. 기도를 하면 다 들어준다는 소문 때문에 이 교회는 매년 수많은 사람으로 인산인해를 이루었다.
　어느 날 교회 문지기가 예수와 자리를 바꿔보고 싶다는 기도를 했는데 뜻밖에도 예수의 대답이 들려왔다.
　"그래! 이제부터 내가 문을 지킬 테니, 네가 대신 십자가 위에 올라

라. 단, 무엇을 보고 듣든지 절대 말을 해서는 안 된다."

문지기는 예수의 요구 사항이 아주 간단하다고 생각하여 그러겠노라고 답했다. 그렇게 예수는 문지기가 되고 문지기는 예수가 되었다. 조각상은 처음부터 사람과 똑같은 비율로 만들어졌기 때문에 문지기가 대신 그 자리에 들어가 있어도 누구 하나 눈치채지 못했다.

문지기는 예수의 당부대로 아무 말 없이 신자들의 목소리에 귀를 기울였다. 십자가 앞에 무릎 꿇는 신자들은 여전히 많았다. 합당한 기도를 하는 사람도, 그렇지 않은 사람도 있었다. 문지기는 예수와의 약속을 지키기 위해 말하고 싶은 것을 억지로 참으며 묵묵히 사람들의 기도를 들었다.

하루는 기도를 마친 부자가 돈다발이 든 가방을 깜빡 두고 갔다. 바로 앞에서 보고 있던 문지기는 부자를 부르고 싶었지만 애써 참았다. 이어서 하루 세끼를 제대로 못 챙겨 먹는 가난뱅이가 힘든 시기를 잘 넘길 수 있게 해달라고 기도했다. 그렇게 떠나려는 순간 부자가 두고 간 가방을 발견한 가난뱅이는 안에 든 돈을 보고 기도가 이루어졌다며 기뻐했다. 십자가에 매달려 있던 문지기는 돈을 가져가지 말라 말하고 싶었지만 예수와의 약속 때문에 입을 닫았다.

얼마 뒤, 먼 바다로 항해를 떠나야 하는 청년이 들어와 무사히 돌아올 수 있게 해달라고 기도했다. 그러고는 나가려는데 부자가 들어와 청년의 멱살을 잡으며 돈을 내놓으라고 다그쳤다. 자초지종을 모르는 청년은 부자와 싸움이 붙었다. 십자가에 있던 문지기는 더는 참지 못하고 입을 열어 사건의 진상을 밝혔다. 부자는 곧장 가난뱅이를 찾아갔고 청년은 배를 놓칠까 봐 황급히 길을 떠났다. 그때 진짜 예수가 나타나 말했다.

"당장 십자가에서 내려오너라! 너는 더 이상 자격이 없다."

"저는 진실을 말해 정의를 실현했는데 왜 그러나요?"

문지기가 항변했다.

"아직도 모르겠느냐? 부자는 원래 매춘을 할 생각이었기에 돈이 없어진다 한들 큰 손해가 아니었다. 하지만 돈 가방이 가난뱅이에게 있었다면 안락한 삶을 꾸릴 수 있었을 것이다. 특히 가장 불쌍한 사람은 그 청년이다. 부자와 시비가 붙어 배를 타지 못했다면 소중한 생명을 부지했겠지만, 지금쯤 그는 배와 함께 침몰하고 있을 것이다."

그냥 재밌는 이야기라고 생각하며 웃어넘길 수도 있지만, 사실 우리도 이야기 속 자격 없는 문지기와 다르지 않다. 우리는 종종 색안경을 끼고 세상을 본다. 혹은 자기주장을 고집하느라 주변을 보지 못한다. 그리고 자신이 원하는 대로 일이 처리되지 않거나 계획했던 방향이 틀어지면 평정심을 잃고 불안해한다. '나'는 단지 나라는 한 사람을 대표할 뿐이다. '나'의 가치관으로 다른 사람을 규정할 권리가 없다는 사실을 알아야 한다.

세상이 원하는 대로 돌아가지 않을 때, '나'의 세계에서 벗어나 다르게 생각해보라. 생각을 바꾸면 막혔던 마음이 뚫리면서 더 많은 사실을 깨달을 것이다.
"보석도 제자리에 없으면 쓸모가 없다."
이는 벤저민 프랭클린(Benjamin Franklin)의 말이다. 삶의 이치도 그러하다. 자신이 잘하는 것을 해야 좋은 결과를 얻으며 더 큰 가치를 실현할 수 있다. 그러니 직업을 선택하기 전에 먼저 자신이 무엇을 잘하는지, 할 수 있는 일과 할 수 없는 일이 무엇인지 정확히 파악하라. 자신을 잘 아는 사람이 인생을 재밌게 살 수 있다.

Chapter 3
마음을 열면 행복하고, 마음을 닫으면 불행하다

내 마음을 다른 사람이 대신 안정시킬 수 있을까? 내 잘못을 다른 사람이 대신 속죄할 수 있을까? 내 속박을 다른 사람이 대신 풀어줄 수 있을까? 불가능하다! 진정한 안정은 스스로 취하는 것이고, 진정한 속죄는 스스로 뉘우치는 것이며, 진정한 해탈은 스스로 이루는 것이다.
불안, 초조, 아픔의 진정한 원인은 외부에 있지 않고 내면에 있다. 이러한 고통은 마음을 어지럽히고 집착과 분노를 일으킨다.

01
모든 일은 마음먹기에 달렸다

이쪽 입장에서 생각하면 피곤한 일도 저쪽 입장에서 생각하면 즐거운 일이 된다.

어느 여름밤, 젊은 새댁이 죽으려고 강에 뛰어들었다. 그런데 마침 노를 젓던 뱃사공에게 발견되어 목숨을 건졌다. 백발이 성성한 뱃사공이 물었다.

"젊은 사람이 왜 아까운 목숨을 끊으려 하는가?"

"결혼한 지 이 년 만에 남편에게 버림받았는데 얼마 전 아기도 병으로 죽고 말았어요. 이제 무슨 낙으로 살겠어요?"

뱃사공은 조용히 물었다.

"이 년 전에는 어떻게 살았나?"

"그때는 아무 근심, 걱정 없이 자유로웠어요."

"그때는 남편도 아이도 없었겠지?"

"네."

"그럼 운명의 수레바퀴가 이 년 전으로 돌아갔다고 생각하게. 자, 이제 다시 근심과 걱정 없이 자유로워질 게야. 어서 돌아가게나."

뱃사공의 말소리가 끝나기 무섭게 새댁은 꿈에서 깨어났다. 눈을 비비며 일어난 그녀는 잠시 생각하더니 강가에서 떠났다. 이후 그녀는 자살은 절대 생각하지 않았다.

어떤 철학자가 말했다.

"인간의 고통은 문제 자체로 시작되는 게 아니라 문제에 대한 그들의 생각 때문에 발생한다."

한 노파에게 두 딸이 있었는데 장녀는 세탁 일을 했고, 차녀는 우산을 팔았다. 노파는 비가 오면 장녀가 세탁한 옷을 햇볕에 말리지 못할까 걱정했고, 날이 맑으면 차녀가 우산을 팔지 못할까 걱정했다. 그렇게 노파는 하루도 걱정하지 않은 날이 없었다.

어느 날, 지나가던 노승이 노파에게 말했다.

"좋으시겠습니다! 날이 맑으면 장녀의 장사가 잘되고, 비가 오면 차녀의 장사가 잘되니 정말 복 받으셨습니다!"

노승의 말에 노파는 갑자기 정신이 번쩍 들면서 기분이 좋아졌다. 그 뒤로 노파는 날씨가 맑거나 흐리거나 항상 행복해했다.

이처럼 같은 일이라도 시각을 바꾸면 세상이 전혀 달라 보인다.

모든 생명은 편안하고 즐거운 환경에 있을 때 성장한다. 사람은 누구나 행복해지길 바라며, '즐거운 나의 집'을 희망하지만 모두 목적지에 도달하지는 못한다. 바로 자신을 부정적인 생각 속에 가두고 마음을 열지 않기 때문이다. 마음을 열면 행복의 길이 열리지만, 마음을 닫으면 불행의 길이 시작된다.

두려움은 불확실함에서 시작된다. 그럼에도 마음의 문을 열면 모든 게 분명해지고 두려움은 사라진다. 정신은 맑아지고, 눈은 밝은 곳으로 향하며, 왕성한 생명력이 살아난다. 반면, 한 번 마음의 문을 닫으면 세상은 어두워지고 모든 게 불분명해진다. 또한 경계심이 높아지고 불안하며 항상 불쾌하다.

    우리는 때때로 강에 뛰어들려고 했던 새댁이 되고, 매일 두 딸 걱정만 하던 노파가 되기도 한다. 일이 순조롭지 않다고 느껴지면 더 집착하게 되지만, 그럴수록 상황은 더 악화되고 원하지 않는 방향으로 흘러간다. 이럴 때는 다른 시각으로 접근해보는 게 좋다. 스스로 '뱃사공'이나 '노승'이 되어 자신을 타이르고 긍정적 방향으로 인도한다면, 그 어떤 역경도 극복할 수 있을 것이다. 즐거운 삶을 영위할 수 있음은 물론이다.

인간의 고통과 근심은 과거 자신이 겪은 경험에 근거한 잘못된 판단에서 비롯된다. 이때, 현실에서 도피하기보다는 다른 각도로 자신을 바라봐야 한다. 시선을 바꾸면 마음의 안정과 평화를 되찾을뿐더러 무한한 자유와 즐거움을 느낄 수 있다. 세상을 보는 시각을 바꾸면 세상이 무한대로 확장될 것이다. 입장 바꿔 생각하면 인간관계 또한 훨씬 수월해질 것이다.

・・・ 02

매 순간
인생과 풍경을 즐겨라

　많은 이가 평생 앞만 보고 달리느라 맛있는 음식 한번 못 먹어보고, 제대로 된 여행도 못 가고, 열정적인 사랑도 못 한다. 목표를 위해 필사적으로 고군분투하느라 진정한 인생의 즐거움은 느껴보지도 못하는 것이다.
　삶의 즐거움을 알고 생명의 소중함을 이해한다면, 부유하든 가난하든 매일 행복한 일상을 보낼 수 있다.
　내게는 부자 친구도 있고 가난한 친구도 있다. 칭화대학에서 MBA를 취득하고 부동산 회사를 운영하는 부자 친구는 5억 원이 넘는 차를 몰며 취미로 수천만 원짜리 카메라로 사진을 찍는다. 한편 시장에서 삼륜차 운전으로 먹고사는 가난한 친구는 운이 좋으면 하루 3만 원 정도 벌지만, 손님이 없는 날에는 그야말로 빈손으로 돌아가야 한다. 그는 시장 근처의 철거될 예정인 임시 건물에서 반신불수의 아내와 살고 있다.

이 둘은 전혀 다른 세계에 살고 있지만 삶을 대하는 태도는 똑같다. 바로 인생의 모든 순간을 놓치지 않고 살아가는 것이다.

부자 친구는 돈이라는 것은 물질적 능력을 보여주는 수단일 뿐이고 그다지 중요하지 않다고 말한다. 그는 다른 부자들과는 다르게 자선사업으로 '희망초등학교'를 여러 개 세운 뒤, 아내와 유럽 여행을 다니며 여유로운 삶을 즐기고 있다. 칭화대학 MBA 시절에도 다른 친구들은 항상 바쁘게 뛰어다녔고 휴대전화 벨 소리가 끊이지 않았지만, 그는 예외였다. 그의 목표는 45세에 은퇴해서 세계 각국을 여행하며 사진을 찍고, 자비로 책을 출판하는 것이다. 그는 산에 신선이 산다고 믿었던 어릴 적 꿈을 떠올리며 아내와 함께 산에서 살고 싶다고 했다. 그는 중국 최고의 갑부인 리자청(李嘉誠)을 실패자라고 칭했는데, 그 이유는 여든이 훨씬 넘은 나이에도 후계자가 없다는 이유로 일선에서 물러나지 않고 있기 때문이란다. 세상에 부자는 많지만 그 친구 같은 태도를 지니기란 쉽지 않다.

가난한 친구도 부자 친구 못지않게 행복한 삶을 살고 있다. 일진이 안 좋은 날에도 집에서 사랑하는 아내가 기다리고 있다는 사실이 그를 즐겁게 한다. 그는 식사를 마치고 아내가 부르는 노래에 맞춰 얼후(二胡, 호금(胡琴)의 일종)를 즐겨 연주한다. 비록 남들보다 가난하지만 어여쁜 아내와 이렇게 좋아하는 연주를 하며 사는 것에 만족한다. 그는 베이징에도 못 가봤지만, 삼륜차에 아내를 태우고 노래를 부르며 신나게 페달을 밟는 것에도 만족한다. 한번은 방송국에서 촬영을 온 적이 있었는데 그들 부부를 '낭만 유랑단'이라고 소개했다. 그는 웃으며 즐겁게 살면 그만이라고 말했다.

부자와 빈자의 행복은 무엇이 다를까? 가진 돈을 기준으로 한다면 물론 큰 차이가 날 것이다. 부자는 돈으로 행복이라는 꼬리표가 붙은 모든 것을 살 수 있지만 빈자는 그럴 수 없기 때문이다. 하지만 정신을 기준으로 한다면 차이는 없을 것이다. 양자가 느끼는 행복의 크기는 서로 비교할 수 없기 때문이다.

양쪽의 삶 모두 어떤 마인드를 갖느냐에 따라 근사한 인생이 될 수 있다. 인생은 한 번뿐이고, 오늘 하루의 매 순간이 놓칠 수 없는 소중한 풍경임을 깨닫는다면, 누구나 최고의 인생을 살 수 있다.

바쁘다고 서둘러 지나치지 말고 인생이라는 길의 아름다운 풍경을 즐겨보자. 가을을 기다리느라 봄날의 포근함을 놓치지 말라. 겨울이 되어서야 푸르렀던 여름을 그리워하지 말라. 오늘 하루, 매 순간을 소중히 여겨라. 행복은 바로 그 안에 있다.

••• 03
절대적 편안함은 없다

한 동자승이 마당 청소를 맡게 되었다. 매일 아침 낙엽을 청소하는 일은 생각보다 쉽지 않다. 바람이 세게 부는 날에는 낙엽이 사방으로 날려 깨끗이 청소하려면 많은 시간과 노력이 필요했다. 동자승은 일을 좀 더 쉽게 할 방법이 없을까 고민했다. 그때 똑똑하기로 소문난 다른 동자승이 말했다.

"청소하기 전에 나무를 흔들어 낙엽을 다 떨어뜨리면 다음 날 청소할 때 편하지 않을까?"

그 말을 들은 동자승은 정말 좋은 방법이라고 생각했고, 다음 날 아침 즉시 행동으로 옮겼다. 나무를 흔들어 미리 낙엽을 떨어뜨린 동자승은 다음 날부터 낙엽 청소를 하지 않아도 된다는 생각에 절로 웃음이 나왔다.

하지만 다음 날 아침, 마당을 확인한 동자승은 수북이 쌓인 낙엽을 보고 깜짝 놀랐다. 마침 마당을 지나가던 주지 스님은 시무룩한 표정

의 동자승을 발견했다. 그리고 자초지종을 들은 스님이 말했다.

"어리석구나. 오늘 네가 아무리 애써도 낙엽은 내일 또 쌓이게 되어 있단다."

우리의 고민, 책임, 그리고 해야 할 일들은 나무에 달린 낙엽과 같다. 많은 사람이 동자승처럼 어리석은 생각을 한다. 낙엽이 한꺼번에 다 떨어지길 바라듯이 고민이 사라지길 바라고, 해야 할 일이 끝나길 바라며, 돈을 충분히 벌길 바란다. 그리고 평생 놀고먹길 바란다. 그럴 거면 빨리 죽어버리는 게 낫지 않을까? 살아 있는 한 고민과 문제는 끊임없이 생길 게 분명하니까 말이다. 한 문제를 해결하면 또 다른 문제가 터지고, 오늘 할 일을 처리하면 내일 새로운 일이 생기게 마련이다. 인생에 절대적 편안함은 없다. 인생은 항상 상대적인 균형 상태를 유지한다.

진정한 행복을 원한다면 오늘의 일을 내일로 미루지도 말아야 한다.

영화 〈음식남녀(飮食男女)〉에 이런 대사가 나온다.

"인생은 요리와 달라서 모든 재료가 준비될 때까지 기다릴 수 없어."

이 말처럼 내일을 지나치게 기대하며 살 필요는 없다. 내일은 내일의 고민이 있고, 오늘의 맛과 내일의 맛은 다르기 때문이다. 내일 무슨 일이 일어날지, 어떤 하루가 펼쳐질지는 아무도 모른다. 하릴없이 내일이 오기만을 기다리는 사람은 소중한 오늘을 낭비하는 것과 같다. 내일을 위해 헛되이 보낸 오늘이 쌓이면 무료하고 무의미한 인생, 번뇌에 휩싸인 실패한 인생을 살게 될 것이다.

행복은 미리 알 수 없다. 바로 오늘만이 실제로 존재하는 순간이다. 어제의 성공과 실패는 이미 지나간 과거에 불과하며, 내일은 아무것도 결정되지 않은 미지의 세계다. 오늘, 지금 이 시간을 잡아야 한다. 오늘의 비옥한 토지에 행복의 씨앗을 심어야 내일 행복한 열매를 맺을 수 있다.

· · · 04
좋아하는 일을 하라

2001년 3월 15일, '21세기의 그랜드마 모지스' 전시회가 워싱턴 국립 여성 예술가 박물관에서 개최되었다. 전시 주최 측에서는 모지스의 작품 외에도 세계 각국의 수집가들로부터 기증받은 소장품을 함께 전시했다. 그중에서 가장 주목을 끈 것은 모지스가 1960년에 한 일본인에게 보낸 엽서였다. 전시회에서 최초로 공개된 엽서에는 헛간 그림 옆에 모지스가 친필로 쓴 글이 적혀 있었다.

'당신이 좋아하는 일을 하세요. 신도 즐거운 마음으로 성공의 문을 열어줄 겁니다. 당신이 여든 살 노인이라도 말이에요.'

모지스는 왜 이런 엽서를 보냈을까? 와타나베 준이치(渡辺淳一)라는 일본인은 어릴 때부터 글쓰기를 좋아해서 어른이 되면 작가가 되고 싶다고 생각했다. 하지만 대학을 졸업한 뒤부터 정형외과 의사가 되어 바쁘게 사는 자신을 발견하고 뭔가 잘못됐다는 생각이 들었다. 서른을 앞둔 그는 미래에 충분한 부를 보장해주는 의사를 그만두고 자신이 좋아하는 작가가 될 것인지 고민에 빠졌다.

당시 화가로서 명성을 떨치던 모지스는 일본에서 온 와타나베 준이치의 고민 상담 편지를 받고 흥미를 느꼈다. 그때까지 그녀나 그녀의 작품을 추앙하는 칭찬 일색의 편지만 보던 모지스는 진심으로 인생 고민을 털어놓으며 겸손하게 조언을 구하는 일본인에게 도움을 주고 싶었다. 이미 100세를 넘긴 나이였지만 그녀는 즉시 답장을 쓰기 시작했다. 많은 사람이 그 엽서가 모지스의 마지막 작품이라고 생각했지만, 그녀를 아는 지인들은 그렇지 않다고 확신했다.

모지스는 미국 버지니아주에서 농사를 지었는데, 76세 때 관절염이 심해져 일손을 놓으면서 그림을 그리기 시작했다. 그리고 80세에 뉴욕에서 전시회를 열어 선풍적인 인기를 끌었다. 그녀는 101세에 생을 마치기 전까지 1,600여 작품을 남겼고, 마지막 1년 동안에도 40여 작품을 그렸다.

그렇다면 그 엽서가 세간의 이목을 사로잡은 이유는 무엇일까? 모지스가 보낸 엽서 한 장으로 어느 일본인의 인생이 달라졌기 때문이다. 유명 화가의 답장과 격려에 힘입은 와타나베 준이치는 병원을 그만두고 작가로 사는 인생을 시작했다. 훗날 그는 일본 최고의 작가가 되었다.

전시회 해설자는 엽서에 담긴 사연을 소개하며 이렇게 말했다.

"진정으로 하고 싶은 일이 있다면 지금 바로 시작하세요! 현재 자신의 나이나 하고 있는 일에 얽매이지 마세요. 하고 싶은 일을 하는 사람만이 진정한 즐거움과 행복을 느낄 수 있습니다. 그것이 인생을 성공으로 이끄는 출발점입니다."

사실, 인생이란 아주 단순한 것이다. 사람들에게 어떻게 살고 싶은지 물어보면, 좋아하는 일을 하고, 좋아하는 사람들을 보며, 평범하게 살고 싶다고 대답한다. 그러나 현재 자신의 삶에 만족하는 사람은 별로 없다.

왜 자신의 삶에 만족하지 못할까? 누구도 현재의 직업, 일, 배우자를 선택하라고 목에 칼을 들이대며 강요하지 않았다. 바로 용기가 부족한 자신이 선택한 삶이며, 자기의 목소리에 귀를 기울이지 않은 결과에 불과하다.

어느 날, 내 아이가 어떻게 살아야 하는지 묻는다면 단호한 목소리로 이렇게 말해주고 싶다.

"네가 좋아하는 일을 하렴."

인생은 짧은 여행이다. 유한한 인생은 그래서 더 소중하다. 인생의 여행길에서 열정을 품은 것들에 관심을 쏟고 흔적을 남겨보자. 훗날 지난날을 되돌아보며 이렇게 말할 수 있을 것이다.

"나는 모든 일을 열정적으로 했으며, 결코 부끄러운 삶을 살지 않았다. 언제나 당당했기에 나는 정말 행복했다."

・・・ 05

타인을 부러워하지 말고, 자신의 삶을 살아라

샤오펑과 샤오샤오는 같은 해, 같은 달, 같은 날 태어난 친구로 엄마들이 친자매처럼 지냈듯이 두 사람도 사이좋게 지냈다. 샤오펑은 성격이 급해서 뭘 하든 빨리빨리 하는 편이었지만, 샤오샤오는 느긋한 성격으로 무슨 일이든 서두르는 법 없이 신중했다. 고등학교 시험을 앞두고 샤오펑은 시내 명문 고등학교에 지원했지만, 성적이 비슷했던 샤오샤오는 다른 학교를 지원했다. 이후 두 사람은 서로 다른 인생을 살게 되었다.

샤오펑은 이를 악물고 버티며 앞만 보고 살았다. 그 덕에 명문대학교와 대학원을 거쳐 베이징으로 상경했고, 몇 년 동안 쉬지 않고 필사적으로 노력하여 마침내 유명 외국계 기업에 들어갔다. 그녀는 중국 최고의 브랜드 포츠(Ports) 의상을 걸치고 당당하게 화려한 사무실에 들어가며 성취감을 느꼈다. 하지만 그녀는 끊임없이 자기계발을 하고 모든 일을 완벽하게 처리하기 위해 최선을 다해야 했다. 그녀의 청춘은 활시위를 떠난 화살처럼 전속력으로 나아갔지만, 목표는 언제나 그보다 한 걸음 앞에 있었다.

한편 샤오샤오는 흥미를 살려 이류 중의학과로 진학했고 졸업 후 고향의 작은 병원에 취직해 적당한 연봉에 만족하며 살았다. 그리고 초등학교 교사를 만나 일찍 결혼해 슬하에 남녀 쌍둥이를 두었다.

보통 사람들 눈에 비친 두 사람의 인생은 하늘과 땅 차이여서 샤오펑은 천국에 살고 샤오샤오는 지옥에 사는 것처럼 보였다. 실제로 샤오펑도 그렇게 생각했다.

그러던 어느 해 설날, 샤오펑은 BMW를 몰고 고향을 방문했고, 샤오샤오는 아이들을 데리고 그녀를 만나러 왔다. 샤오펑은 어색하게 자른 아줌마 머리를 하고 통통해진 몸매에 펑퍼짐한 운동복을 입은 샤오샤오의 모습에 형편이 어려운가 싶어 안쓰럽다는 생각을 했다. 샤오샤오가 돌아가자 샤오펑의 부모는 핀잔을 늘어놨다.

"봐라, 샤오샤오의 애들이 저렇게 클 동안 넌 결혼도 안 하고 우리랑 멀리 떨어져 살고 있구나."

샤오펑은 펄쩍 뛰며 이렇게 말했다.

"됐어요. 시골생활이 뭐 재미있다고요. 그게 그거죠! 중요한 건 그녀의 연봉이 제 한 달 월급보다 작다는 사실이에요. 전 하루도 지체할 시간 없이 바쁘게 살고 있어요!"

그녀는 샤오샤오를 동정하며 가엾게 여겼다.

이튿날, 샤오펑은 결혼하라는 부모님의 잔소리를 피해 샤오샤오가 다니는 병원 근처를 산책하며 시간을 보냈다. 겉으로 매우 볼품없어 보였던 병원 안에는 넓은 정원이 펼쳐져 있었다. 그리고 정원은 울창한 나무와 활짝 핀 월계화로 꾸며져 있었다. 병원 안은 아주 조용했고 창밖 너머로 지저귀는 새소리가 들려왔다. 샤오샤오는 마침 노인을 진찰하고 있었는데 그녀 뒤로 높은 수납장이 놓여 있고, 칸마다 개미취, 청대(青黛, 옛날 중국에서 여인들이 눈썹을 그리는 먹으로 사용했으며 청색을 띤다 하여 붙여진 이름), 유기노(劉寄奴, 중국 남조 국가 중 하나인 유송의 왕 기노(寄奴)의 이야기에서 나온 말. 그가 어릴 때 억새풀을 베러 신주(新洲)에 갔다가 뱀에 물려 죽을 고비에 처했을 때 장차 왕이 될 자라 하며 신이 약초를 이용해 목숨을 살려주었는데, 그 약초를 유기노초(劉寄奴草)라고 부르게 되었다), 서장경(徐長卿, 당태종 이세민이 사냥을 갔다가 독사에 물려 생명이 위태로워졌을 때, 서장경이라는 사람이 채집한 약초로 살려냈다 하여 붙여진 이름), 자화지정 등의 약초 이름이 적혀 있었다.

 샤오펑은 오래된 잎과 뿌리에 이렇게 시적인 이름이 붙여져 있다는 사실이 뜻밖이면서도 참 재미있다는 생각이 들었다. 또한 샤오샤오 앞에서 지금까지의 병력을 하나하나 이야기하는 노인의 눈빛에서는 어린아이와 같은 순수함과 상대방에 대한 신뢰가 엿보였다. 샤오샤오는 신중하게 그런 환자의 병세를 보고, 듣고, 물으며 맥을 짚었다. 샤오펑

은 속으로 생각했다.

'몇 년 뒤면 흰 가운을 입은 백발의 의사 샤오샤오가 우아한 자태로 저기에 앉아 있겠구나.'

퇴근 후, 샤오샤오는 자전거에 샤오펑을 태우고 자기 집으로 데려갔다. 샤오샤오의 집에는 작지만 마당이 딸려 있었다. 앞뜰에 길게 늘어진 포도 넝쿨을 보니 기분이 좋아지고, 뒤뜰에 심어놓은 알록달록한 채소를 보니 눈이 즐거워졌다. 벽에는 보라색 편두화가 가득했다.

"제대로 된 전원생활을 하고 있구나!"

샤오펑은 감탄했다. 샤오샤오는 웃으며 대답했다.

"동료들은 거의 신관으로 이사했는데 우리는 이 마당 때문에 떠나지 못하고 있어. 여기에서 평생 살고 싶어."

오후가 되자 낚시를 갔던 쌍둥이가 아빠와 함께 집으로 돌아왔다. 아이들은 집에 들어오자마자 신발을 벗어 던진 채 맨발로 쿵쾅거리며 신나게 뛰어 다녔다. 그러고는 손바닥만 한 생선 몇 마리를 두고 볶아서 졸이는 '훙샤오'로 요리할지 간장을 넣지 않고 푹 고아서 먹는 '칭둔'으로 요리할지 가족끼리 모여 열띤 토론을 벌였다. 이후 샤오샤오가 태연히 생선을 정리하기 시작하자 남편은 시렁에 올라가 포도를 따오고, 아이들은 정원에서 나비를 잡느라 집 안은 어느새 웃음소리로 가득 찼다. 샤오펑이 물었다.

"아이들이 똑똑해 보이는데 왜 일찍 공부를 시키지 않니?"

샤오샤오가 말했다.

"한창 좋은 시기이니 이렇게 보내는 게 더 낫지. 서둘러 봄을 보내고 여름을 맞이할 필요는 없잖아. 공부할 시간은 앞으로 얼마든지 있으니까."

샤오샤오는 두 아이를 토양에서 천천히 꿈을 꾸고 태양과 바람을 맞으며 싹이 트기를 기다려야 하는 보리 씨앗에 비유하며 성급히 잎을 잡아 뽑을 필요가 없다고 말했다.

저녁 식사가 끝나고 두 사람은 대나무 의자에 앉아 바람을 쐬었다. 얼마 후 목욕을 마친 아이들이 샤오펑에게 달려오더니 포도 잎의 갈라진 틈 사이로 보이는 별을 가리켰다. 아이들은 별을 보며 저 별은 오빠 것, 이 별은 동생 것이라고 하고는 이어서 아빠, 엄마, 할아버지, 할머니, 삼촌, 이모 것도 소개해주었다. 쌍둥이 남매는 착하게도 작은 별을 샤오펑에게 선물하며 꽃이라는 의미의 '화얼'이라는 이름도 붙여주었다. 샤오펑은 고맙다고 말하며 깊은 생각에 빠졌다.

'정말 아름다운 밤이구나. 별을 본 게 언제였더라? 베이징에 있었다면, 반짝이는 별들이 아니라 모니터 불빛을 보고 있었겠지?'

시간은 그녀의 손에서 푸드덕거리는 새처럼 날갯짓하며 밤낮없이 높은 하늘을 향해 황급히 날아갔다. 그녀는 일분일초까지도 자신의 이름을 알리고 빛내기 위해 노력하며 살았다. 하지만 샤오샤오의 시간은 천천히 흘러간 것 같았다. 똑, 딱, 똑, 딱……. 여유로운 시간은 그녀의 삶에 특별함을 선사해주었다. 샤오펑은 깨달았다.

"샤오샤오, 넌 정말 행복하구나. 가여운 사람은 바로 나였어."

샤오샤오가 말했다.

"나도 네가 부러운 적이 있었어. 그런데 남편이 이런 말을 하더라고. 누구도 낙담할 필요는 없다고, 저마다 사는 방법이 다른 것이라고……. 우리는 단지 사는 방식이 다를 뿐이야. 물잔과 그릇이 다른 것처럼 말이야. 그러니 서로 비교할 필요도 없지."

지금 어떤 생각이 드는가? 아직도 자기보다 잘나가는 사람, 좋은 옷을 걸친 사람이 부러운가? 그 남자 또는 그 여자가 잘난 모습으로 나타날 때마다 스스로를 깎아내리며 자신의 청춘을 부끄러워했다면, 이제 더는 그럴 필요 없다. 밤하늘에 빛나는 별들이 각자의 색과 방향이 있는 것처럼 사람들도 저마다 다른 세계를 살고 있다는 사실을 명심하자. 모두가 자신의 인생을 거부하지 말고 자기에게 맞는 생활 방식을 찾는 것이 무엇보다 중요하다.

다른 사람들과 보폭을 맞추고, 똑같은 선택을 하고, 똑같은 결과를 얻기 위해 자신을 몰아세우지 말라. 저마다 듣는 모든 노래에는 각각 다른 악보가 있게 마련이다. 자신에게 잘 맞는 노래가 듣기에도 가장 좋다. 각자의 세계에서 자신에게 들리는 음악에 맞춰 마음 가는 대로 한번 걸어가자.

・・・ 06

실망하지 말라, 완벽한 인생은 없다

결혼에 관한 책을 쓰면서 이런 말을 한 적이 있다.

'완벽한 결혼생활은 없으며, 인생도 마찬가지다. 신은 모두에게 공평하다. 우리는 모두 신이 한 번 베어 문 사과처럼 결함을 가지고 살아간다.'

어느 날, 방랑자가 자기 운명에 불만을 품고 신전을 찾아가 다른 사람의 운명과 바꿔달라고 청했다. 신이 말했다.

"네가 바꾸고 싶은 운명을 찾는다면 그렇게 해도 좋다."

그 말에 신이 난 방랑자는 바로 길을 떠났다. 하지만 도시와 시골 할 것 없이 세상을 떠돌아다녀도 만족스러운 운명을 가진 사람을 찾지 못했다. 만나는 사람마다 그들의 운명에 대해 얘기해달라고 하면 하나같이 한숨을 쉬며 불만을 쏟아냈다. 심지어 사람들이 부러워하는 고관대작, 부호, 권위 있는 명사들조차도 자신의 운명에 만족스러워하지 않았다.

사실, 우리가 보는 것은 타인의 겉모습에 불과하다. 내면의 아픔과 사연은 자신만 볼 수 있다. 겉으로는 남들이 부러워할 만한 인생을 사는 사람들도 그들 나름의 아픔과 사연이 있었던 것이다. 방랑자는 결국 원하는 운명을 찾지 못하고 자신의 운명을 짊어진 채 세상을 떠돌았다.

정교하게 포장된 사회에서 사람들은 화려하게 빛나는 겉모습만 보고 타인의 삶을 부러워하며, 자신의 결점을 부끄럽게 생각한다. 하지만 세상에 완벽한 사람은 없으며, 단점이 없는 사람도 없다. 서로 사랑하며 수십 년을 함께 살았지만 아이가 안 생겨 고민하는 부부도 있고, 뛰어난 재능과 외모를 갖췄지만 진실한 사랑을 찾지 못하는 사람도 있다. 재산은 많지만 불효자식 때문에 속앓이를 하는 사람도 있고, 완벽한 운명을 타고난 것 같지만 머리가 나빠 평생 콤플렉스를 가지고 사는 사람도 있다.

누구나 결점이 있다. 원하든 원하지 않든 그것은 평생 따라다닐 것이다. 나도 예전에는 내 결점에 불만이 많았지만, 지금은 자연스럽게 받아들이기로 했다. 그것은 등에 박힌 가시처럼 시시때때로 나를 겸손하게 만들고 타인을 이해할 수 있도록 일깨워준다. 그로 인해 나는 겸손한 자세로 사람들과 교감할 수 있었다.

인생은 완벽하지 않기에 때로는 나의 결점이 타인에게 행운을 가져다주기도 한다. 이 얼마나 놀라운 일인가? 따라서 모든 것을 다 가진 완벽한 사람이 되기 위해 노력할 필요는 없다. 남의 인생과 비교할 필요도 없다. 그저 자신이 가진 것을 소중하게 여기면 된다.

어느 성공한 여류 기업가가 일흔이 넘어 불문에 귀의하면서 남긴 말이 기억난다.

"평생 알고 지낸 사람 중에는 지위와 명성이 높은 인사들이 많습니다. 그런데 겉으로 보면 누구나 부러워할 만한 삶을 사는 것 같지만, 그들도 저마다 말하기 어려운 사정이 있고 힘든 일을 겪고 있답니다. 그러니 남의 인생일랑 더는 부러워하지 말고 하늘이 준 소중한 삶에 감사하세요. 사람은 누구나 장단점을 가지고 태어납니다. 자신의 단점이 사랑스러워 보이지 않더라도 그 역시 나의 일부라는 사실을 받아들인다면, 좀 더 행복한 삶으로 나아갈 수 있습니다."

요즘 이런 질문을 하는 독자들을 자주 만난다.

"왜 당신은 매일 밝고 아름다운 이야기를 들려주는데, 내 삶은 고통스럽기만 하죠?"

그들에게 나는 이렇게 대답한다.

"방금 당신의 입으로 고통스러운 삶을 산다고 말하지 않았다면, 난 당신이 질투가 날 정도로 부러운 삶을 산다고 생각했을 겁니다."

누구나 저마다의 행복과 불행을 안고 살아간다. 단지, 자신의 불행을 떠벌리며 사는 사람과 묵묵히 침묵을 지키는 사람이 있을 뿐이다.

불행한 사람이 많은 이유는 자신의 부족한 면만을 보기 때문이다. 그들은 겉으로 보이는 타인의 행복을 부러워하고 자신과 비교하길 좋아한다. 남들은 언제나 행복하고 자신은 불행하다고 생각하며 스스로 낙담하고 좌절하기도 한다. 하지만 행복한 사람도 보이지 않는 아픔과 슬픔을 가지고 있다.
평생 자신의 단점에 불평불만을 하며 살지, 단점이 무엇이든 상관없이 침묵을 지키며 살지는 스스로의 선택에 달렸다.

· · · 07

행복하면
아무리 힘들어도 웃을 수 있다

프랑스의 어느 작은 마을에 어떤 질병이든 치료할 수 있다고 소문난 영험한 샘물이 있었다. 하루는 한쪽 다리가 없는 퇴역 군인이 지팡이를 짚고 마을을 지나가는데 마을 주민이 불쌍하다는 시선을 보내며 물었다.

"이런, 정말 안됐네요. 신에게 건강한 다리를 돌려달라고 기도하지 그래요?"

퇴역 군인은 가던 길을 멈추고 말했다.

"저는 건강한 다리를 달라고 기도하지 않을 겁니다. 그 대신, 한쪽 다리로도 제대로 된 삶을 살 수 있게 도와달라고 기도할 생각입니다."

그는 신에게 완벽한 삶을 달라 요구하지 않고 불완전한 삶을 지탱할 힘을 달라고 기도했다.

사람들은 신에게 완벽한 삶을 바라기에 아무것도 얻지 못한다. 하지만 퇴역 군인처럼 불완전한 삶을 지탱할 힘을 달라고 기도하는 사람은 신의 은총을 받는다. 가난해서 불행한 사람은 부자가 되어도 행복하지 않다. 반면, 행복한 사람은 아무리 힘들어도 웃을 수 있다.

얼마 전, 내 자산관리사가 미국 본사의 표창대회에 참석하고 돌아와 감동적인 이야기 하나를 들려주었다. 미국 시애틀의 활력 넘치는 어시장에 관한 이야기였다.

어시장에는 고약한 생선 비린내도 나지 않았고 생선 장수들의 웃음소리로 가득했다. 만면에 미소를 띤 생선 장수들은 호흡이 잘 맞는 야구선수들처럼 냉동 생선을 공중으로 던지고 받으며 이렇게 외쳤다.

"여기 열빙어 다섯 마리가 미네소타로 날아가요!"

"게 여덟 마리가 캔자스로 날아가요!"

그들의 재치 있는 구호 속에서 손님들은 즐거워했다. 궁금해진 자산관리사는 지나가던 생선 장수에게 물었다

"어떻게 이런 힘든 일을 하면서도 즐거울 수 있나요?"

이에 생선 장수가 놀라운 이야기를 들려주었다. 사실, 몇 년 전까지만 해도 어시장에는 활력은커녕 원망의 목소리만 가득했다고 한다. 하지만 힘든 일을 원망하기보다 일의 질을 높여야 한다는 사람들의 의견이 많아지면서 변화가 시작되었다. 그들은 생선 장사를 고된 노동이 아니라 하나의 예술로 생각하기로 했다. 그렇게 창의력이 더해지고 웃음소리가 늘어가면서 어시장의 기적을 일궈냈다. 생선 장수는 말했다.

"다 함께 오랫동안 노력한 결과죠. 지금은 곡예단 단원이라고 해도 손색이 없습니다. 그리고 이런 어시장의 달라진 분위기는 주변 직장인들의 발길을 이끌었습니다. 많은 사람이 장을 보기 위해 이곳을 찾았고, 즐거운 마음으로 돌아가게 되었죠."

직원들의 사기를 끌어올리는 비결을 알아내기 위해 이곳까지 한달음에 달려온 사람들도 많았다.

"어떻게 생선 비린내가 진동하는 시장에서 고되게 일하면서도 이렇게 즐거울 수 있나요?"

그러면 이런 질문에 익숙한 듯 생선 장수는 명쾌하게 말했다.

"삶이 우리를 힘들게 하는 것이 아니라, 과도한 욕심이 삶의 본질을 가로막고 있다는 점을 알아야 합니다."

때로는 어시장에 온 손님이 생선 장수 대신 생선을 던지고 받는 놀이에 참여하기도 한다. 비린내가 밸까 걱정하던 사람들도 어느새 손으로 생선을 받으며 즐거워하는 자신의 모습에 행복해진다. 근심과 걱정으로 괴로워하던 사람도 어시장에 오면 넘치는 정과 웃음 속에 활력을 되찾고 떠난다. 그렇게 어시장은 내 자산관리사의 일과 인생에 대한 태도를 완전히 바꾸어놓았다.

행복은 돈, 환경과 무관하다. 행복을 바라면 지옥에 있어도 천국처럼 느껴질 것이고, 마음이 증오로 가득하다면 천국에 있어도 지옥처럼 느껴질 것이다. 선택은 신이 아니라, 스스로 하는 것임을 잊지 말자.

08

내가 변해야
세상도 변한다

사람은 누구나 주변 환경을 통제하고 싶어 한다. 이러한 통제 욕구가 타인의 삶으로 확장되면 상대방의 생각까지 마음대로 조종하려고 든다.

영국의 웨스트민스터 대성당 지하 묘지에는 세계적으로 유명한 사람들이 잠들어 있다. 그곳의 묘비 중 화강암으로 만든 평범한 묘비가 있다. 그것은 좋은 재질의 암석을 사용하여 정교한 기술로 조각된 헨리 3세(Henry III)부터 조지 2세(George II) 등 20여 명의 영국 국왕과 아이작 뉴턴(Isaac Newton), 찰스 다윈(Charles Robert Darwin), 찰스 디킨스(Charles Dickens) 등 유명인사의 묘비에 비하면 매우 보잘것없어 보인다. 그 묘비에는 이름은 물론 생몰년도 없으며, 묘비 주인을 추측할 만한 그 어떤 문구도 적혀 있지 않다. 그러나 웨스트민스터 대성당을 방문한 사람이라면 세상을 호령했던 유명인들의 묘비는 보지 않더라도 이 묘비만큼은 반드시 보고 간다. 그리고 이 평범한 묘비를 본 사람들은 하나같이 그 위에 새겨진 문구에 감동한다.

> 내가 젊고 자유로워 상상력에 한계가 없었을 때,
> 나는 세상을 변화시키겠다는 꿈을 꿨다.
> 그러나 좀 더 나이가 들고 지혜를 얻었을 때,
> 나는 세상이 변하지 않으리라는 것을 알았다.
> 그래서 시야를 좁혀
> 내가 살고 있는 나라를 변화시켜야겠다고 결심했다.
> 그러나 그것 역시 불가능한 일이었다.
> 황혼의 나이가 되었을 때,
> 나는 마지막으로
> 나와 가장 가까운 내 가족을 변화시키겠다고 결심했다.
> 그러나 아무것도 달라지지 않았다.
> 이제 죽음을 맞이하기 위해 자리에 누운 나는 문득 깨닫는다.
> 만약 내가 나 자신을 먼저 변화시켰더라면,
> 그것을 보고 가족이 변했을 것을.
> 또한 그것에 용기를 얻어
> 내 나라를 더 좋게 바꿀 수도 있었을 것을.
> 그리고 누가 아는가, 세상까지도 변했을지!

세계 각국에서 온 수많은 정치인과 유명인사가 이 묘비를 보고 전율을 느꼈다. 이를 두고 인생의 교훈이라고 칭송하는 사람도 있고, 영혼의 자기반성이라고 표현하는 사람도 있다. 실제로 넬슨 만델라(Nelson Rolihlahla Mandela) 또한 청년 시절에 이 묘비 글을 보고 깨달음을 얻어 남아프리카공화국과 세계를 바꿀 방법을 찾아냈다. 그 덕분에 폭력으로 인종차별 문제를 해결하려 했던 그는 먼저 잘못된 자신의 생각을 바꾸고 가족과 주변 사람들의 생각까지 변화시킨 뒤, 수십 년의 비폭력 저항운동을 통해 나라를 변화시키는 데 성공했다.

　세상을 변화시키기 위해서는 국가도, 민족도, 주변 사람들도 아닌 자기 자신부터 거듭나야 한다.

세상을 바꾸고 싶다면 자신의 마음을 바꾸는 것부터 시작하자. 세상을 들어 올리려면 자신의 영혼을 받침대로 삼아야 한다.

09
수신의
최고 경지

약산(藥山)대사는 문하에 도오(道吾)와 운엄(雲嚴)이라는 제자를 두었다.

어느 날, 교외로 나가 참선을 하는데 잎이 풍성하고 녹음이 우거진 나무와 가지가 말라 시들시들한 나무가 눈에 들어왔다. 약산대사는 두 제자의 수행 수준을 가늠해보기 위해 질문을 던졌다.

"풍성한 나무가 좋으냐, 시들한 나무가 좋으냐?"

도오가 답했다.

"풍성한 나무가 좋습니다!"

운엄이 말했다.

"저는 시들한 나무가 좋습니다!"

약산대사는 마침 그곳을 지나던 동자승에게도 같은 질문을 했다.

"그대는 풍성한 나무가 좋은가, 시들한 나무가 좋은가?"

동자승이 대답했다.

"풍성한 건 풍성한 대로, 시들한 건 시들한 대로 좋습니다."

같은 질문에 셋은 전혀 다른 대답을 했다. 여기서 도오가 풍성한 것이 좋다고 한 것은 그의 열정적이고 진취적인 성격을 드러낸다. 운엄이 시들한 것이 좋다고 한 것은 그의 담백하고 조용한 성정을 보여준다. 마지막으로 동자승이 풍성한 것과 시들한 것이 나름대로 다 좋다고 한 것은 자연에 순응하고 각각의 인연을 소중하게 생각하는 태도를 말해준다. 이로써 약산대사는 도오와 운엄, 동자승이 각자 자신에게 맞는 방법대로 수행하고 있음을 확인했다.

사람들은 저마다 다른 성격을 가지고 태어난다. 진취적인 사람도 있고, 보수적인 사람도 있으며, 자연에 순응하며 살아가는 사람도 있다. 이때 무엇보다 중요한 것은 서로 존중하고 포용하며 균형을 유지하는 것이다.

도오와 운엄이 각각 풍성한 나무와 시들한 나무를 좋다고 한 것은 축적된 지식으로 사물을 구분한 것이다. 사람들이 평소에 얘기하는 옳고 그름, 선과 악, 장점과 단점도 마찬가지다. 하지만 동자승은 도의 무차별성을 깨달았기에 '풍성한 것은 풍성한 대로, 시들한 것은 시들한 대로' 그 가치를 높게 평가했다.

마음 수련의 최고 경지는 사물을 구분하지 않고 집착하지 않는 것이다. 우리가 눈으로 인식하는 세계의 모습은 실제가 아닌 끊임없이 변하는 세계다. 심지어 우리가 집착하는 선과 악도 절대적이지 않다. 아무 이유 없이 사람을 때리는 주먹은 악이 되지만, 남을 돕고자 등을 두드려주는 주먹은 선이 되는 것처럼 말이다. 악하다고 생각했던 주먹이 선으로 바뀔 수 있는 것처럼 선과 악의 절대적 기준은 없다. 주먹 자체만 놓고 생각하면 선과 악을 구분할 필요가 없다. 이런 모든 것은 인간이 만들어낸 차별이자 집착에 불과하다. 나는 나이고, 너는 너이듯 각자의 길이 있고 방법이 있다는 사실을 기억하자.

Chapter 4
느리게 더 느리게,
삶의 향기를 맡다

지나치게 높은 목표를 설정하는 사람들은 필사적인 노력에도 아무런 성과를 얻지 못한다. 그럼에도 불구하고 그들은 자신이 선택한 길이 허황된 망상이라는 것을 절대 인정하지 않는다.

이제 다시 한 번 삶을 둘러보자. 헛된 망상은 내려놓고 천천히 걸으며 삶의 향기를 맡아보는 건 어떨까?

・・・ 01

걸어서
저 하늘까지

하느님이 사람 세 명을 창조한 뒤 그들에게 물었다.

"인간 세상에 가면 어떻게 살겠느냐?"

첫 번째 사람이 말했다.

"인생을 창조하겠습니다."

두 번째 사람이 말했다.

"인생을 즐기겠습니다."

마지막 세 번째 사람이 답했다.

"인생을 창조하고, 즐기기도 하겠습니다."

하느님은 첫 번째 사람과 두 번째 사람에게 각각 50점을 주고, 세 번째 사람에게는 100점을 주었다. 그리고 세 번째 사람을 가장 완벽하게 빚은 사람이라고 평가하고 그와 똑같은 사람을 더 만들었다.

우리가 사는 세상에는 첫 번째 부류의 사람이 많다. 대부분 국가와 가족을 위해, 나와 남을 위해 치열하게 일하며 바쁘게 살아간다. 여기서 간과하지 말아야 할 것이 있다. 바로 일에 파묻혀 열심히 산다고 다 행복해지는 것은 아니라는 사실이다.

다이어트 뷰티센터의 광고를 보면 흔히 이런 광경을 묘사한다. 남자가 주를 이루는 회사에서 도시 여성이 동료들에게 뒤처지지 않으려고 밤낮없이 일에 몰두한다. 하지만 계속된 야근에 잘 쉬지도 못하고 일한 여자는 결국 몸속 분비 조절 기능이 약화되어 건강에 적신호가 온다. 광고는 의미심장한 카피 문구로 대미를 장식한다.

'열심히 일한 여자여, 진정 행복하십니까?'

나 또한 카피 문구를 응용해 이렇게 묻고 싶다.

"열심히 일한 그대, 진정 행복하십니까?"

누군가 이런 말을 남겼다.

"요즘에는 미친 듯이 일만 하는 워커홀릭을 평범한 병으로 인식하고 있다. 그러나 우리는 일하기 위해 사는 게 아니라, 살기 위해서 일하는 것이다. 인간은 일하기 위해 태어난 존재가 아니다."

인생에는 예행연습이 없기에 매 순간 열심히 살아야 한다. 하지만 그저 바쁘고 치열하게 사는 것으로 자신의 존재를 증명하려 할 뿐 망중한을 즐기지 못하고 있다면 잠시 가던 길을 멈추고 무엇을 위해 바쁘게 살고 있는지 돌아볼 필요가 있다. 평생 쉬지 않고 일만 하는 사람은 생각할 줄 모르는 '로봇'에 불과하다.

때로는 열심히 일한 사람보다, 계획적이고 다양한 방식으로 즐길 줄 아는 사람이 더 행복한 삶을 산다.

타이완의 유명한 작가 린칭쉬엔(林淸玄)이 가장 좋아하는 동물은 거북이다. 그가 거북에 흥미를 느낀 이유는 거북이 보기 드문 장수 동물이기 때문이다. 그렇다면 거북의 장수 비결은 무엇일까?

린칭쉬엔은 오랜 관찰과 연구 끝에 그 나름대로의 해답을 찾았는데, 바로 거북이 느림보이기 때문이란다. 거북은 한 번 호흡을 하는 데도 아주 오랜 시간이 걸리며 특히 숨을 내쉴 때 더 오래 걸린다. 해서 거북의 호흡법을 '귀식대법(龜息大法, 단순히 호흡을 멈추는 게 아니라 심장 박동까지 정지시키고 체온을 하강시킴으로써 인기척을 없애는 수법으로, 주로 잠복할 때 활용한다)'이라고도 부른다. 한편 과학자들의 연구에 따르면 인간은 평소 호흡할 때 폐의 3분의 1만 사용한다고 한다. 그래서 린칭쉬엔은 거북을 흉내 내어 숨이 단전까지 닿을 수 있도록 느리고 깊게 호흡했다.

사람들은 세상에 나올 때 편도 티켓만 가지고 왔다. 즉, 인생은 한 번뿐이고 끝나면 다시 돌아올 수 없다. 그렇기에 살다 보면 할 일도 많고 어쩔 수 없이 해야 되는 일도 많지만, 건강을 최우선으로 생각해야 한다. 또한 무슨 일이든 맞서 싸울 수 있겠지만, 죽음 앞에서는 반드시 겸손해야 한다.

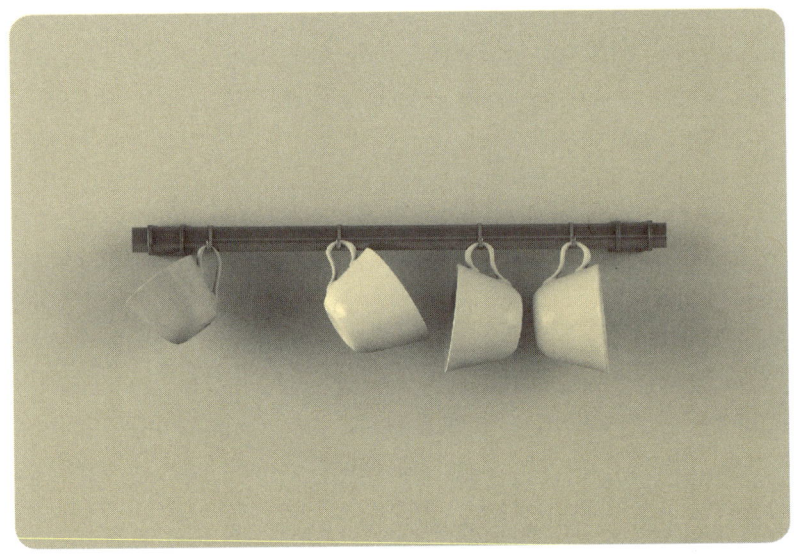

베이징대학의 리셴린(李羨林) 교수는 생전 술자리에서 이런 농담을 한 적이 있다.

"통계를 보니 베이징대학에서 내가 열다섯 번째로 나이가 많더군요. 그렇지만 내가 나중에 죽어서 바바오산(八寶山, 베이징의 혁명 공동묘지가 있는 곳)으로 가더라도 꼭 줄은 서겠습니다. 절대 새치기하지 않을게요."

최근 유행하고 있는 '느리게 살기' 운동은 사람들에게 천국에 걸어서 가는 방법을 가르쳐주는 데서 시작했다. 빈센트 반 고흐(Vincent van Gogh)는 이렇게 말했다.

"정상적으로 죽으면 천당에 걸어서 가고 에이즈나 콜레라에 걸려서 죽으면 기차를 타고 천국에 간다. 평소대로라면 최신 교통수단을 선택해야 하지만, 천국으로 갈 때는 걸어서 가는 게 가장 좋다."

하지만 사람들은 자신의 '부주의함'으로 바라던 꿈을 망쳐버리고 있다. 삶과 죽음의 경계에서 사람들은 누구나 오래 살기를 바라지만, 패스트푸드를 비롯해 뭐든지 빠른 것만을 추구하는 태도는 자신을 훨씬 빨리 죽음의 문턱으로 데려가곤 한다. 이는 천국에 비행기를 타고 가는 것과 같다.

물질이 풍요로워지고 의학 기술이 발달할수록, 사람들의 수명은 더 단축되고 있다. 더는 예전처럼 정신적인 만족에 관심을 두지 않으며, 물질적인 향유에만 빠져 있기 때문이다. 이는 영원히 벗지 못하는 빨간 구두를 신은 것이나 마찬가지다. 한 번 빨간 구두를 신으면 영원히 춤춰야 하는 것처럼 인간의 욕망은 끝이 없다. 그리고 이에 대한 결과는 육체 피로와 정신적 스트레스로 나타난다. 또한 인간관계와 돈에 대한 고민, 사회 부조리에 관한 문제는 많은 사람을 돌연사로 내몬다.

이런 현상은 문화·예술계를 포함한 모든 직종에서 발생하고 있다.

사실 정신적인 면으로만 보면, 문화·예술계 종사자들의 삶은 비교적 행복하다. 실제로 과거, 문화·예술인들은 대부분 장수했다. 비록 다양한 문제로 갖은 폭력과 협박에 시달렸지만 단명하지는 않았다. 하지만 요즘엔 툭하면 일찍 세상을 뜬다. 이는 사회 전반적으로 흐르는 조급함과도 관련이 있다.

바쁘게 돌아가는 일상에서 신이 창조한 만물을 자세히 들여다본 적이 있는가? 몇 년이 지나면 일상에서 놓쳐버린 것들이 안타깝게 느껴질 때가 올 것이다. 느리게 걷는 여행자만이 천국으로 걸어 들어갈 수 있다. 천천히 발걸음을 늦추고 길가에 피어 있는 꽃의 향기를 맡아보자.
인생이란 복잡한 일상들이 얽히고설키면서 재미를 더해간다. 그러니 마치 울긋불긋한 꽃들이 활짝 핀 화원처럼 그 사이를 한가롭게 거닐어도 좋고, 총총거리며 바쁘게 뛰어다녀도 좋다. 그러면 언제나 즐거운 기분이 온몸으로 퍼져 나갈 것이다.

... 02

기다리지 말고
지금 고기를 낚아라

하늘은 푸르고 바닷바람은 잠잠한 어느 날, 한 노인이 한가롭게 바닷가에 앉아 차를 마시며 바다를 감상하고 있었다. 옆에는 그의 것으로 보이는 고깃배가 떠 있고, 노인의 표정은 근심 걱정 없이 자유롭고 평온해보였다. 그때 부자가 노인에게 다가와 물었다.

"날씨가 이렇게 좋은데 왜 여기에 앉아 차만 마시고 있나요?"
"날씨가 이렇게 좋은데 당신은 왜 앉아서 차를 마시지 않소?"
"날씨가 이렇게 좋은데 이렇게 앉아서 차만 마실 수는 없죠!"
"그럼 내가 뭘 해야 된단 말이오?"
"바다에 나가 고기를 잡아야죠."
"고기는 이미 새벽에 나가 잡아 왔다오. 며칠은 족히 먹을 거요."
"그래도 다시 바다에 나가 고기를 더 잡아야 하지 않을까요?"
"그다음엔?"
"매일 그렇게 고기를 많이 잡아야죠."

"그다음엔?"

"돈을 많이 벌어서 더 큰 배를 사야죠."

"그다음엔?"

"더 많은 돈을 벌어서 배를 더 사고, 또 돈을 벌어야죠."

"그다음엔?"

"성공하면 여유롭게 해변에 앉아 차를 마시면서 인생을 즐겨야죠!"

"지금 내가 뭘 하고 있는 것 같소?"

"……."

이 이야기는 시사하는 바가 크다. 요즘처럼 치열한 경쟁이 난무하는 시대에 현대인들은 온갖 스트레스를 받으며 피곤에 찌들어 하루하루를 버겁게 살아간다.

'우리는 무엇을 위해 사는가?'라는 질문에 많은 이가 돈을 벌어 큰 집을 사고, 명성을 얻기 위해 산다고 말할 것이다. 이처럼 현대인들은 성공의 열매를 맛보기 위해 찬란하게 빛나는 하루를 고된 노동, 번뇌와 맞바꾼다. 아마도 대부분의 사람이 인생의 끄트머리에서 이렇게 말할 것이다.

"행복해지려고 평생을 고생했어!"

"여유로운 휴식을 위해 평생을 미친 듯이 일했어!"

한 청년이 강 너머에 사시사철 시들지 않는 백합이 있다는 소문을 들었다. 그는 돈을 벌면 강을 건너가 백합을 구하기로 마음먹고 미친 듯이 일했다. 몇 년 뒤, 청년은 충분히 돈을 벌었다. 하지만 그는 애초에 열심히 일하게 된 이유를 잊은 채 매일 똑같은 하루를 살았다.

빠른 것만을 추구하는 요즘 사회에서 사람들은 한시도 쉬지 않고 앞만 보고 내달린다. 행복은 항상 멀리 있는 것이라 치부하고, 주변을 둘러볼 사이도 없이 찬란한 순간들을 놓치며 살아간다. 그러다 보니 생각할 시간이 부족해서 처음 꾸었던 꿈은 잊은 지 오래고, 삶의 의미조차 찾지 못한다.

심리학자들은 높은 효율만 추구하는 도시의 생활리듬이 사람들을 피곤하게 만든다고 주장한다. 자신의 마음을 돌아볼 시간에 인색한 사람들은 점점 자기가 무엇을 원하는지조차 알지 못한 채 삶의 목표와 의미를 찾아 헤맨다. 그렇게 시야가 흐려져 눈앞의 있는 삶에 만족하지 못한다. 행복은 언제나 먼 곳에 있다고 생각하며 살아가는 데 급급한 것이다.

자신한테 가혹하게 굴지 말라. 우리는 스스로 자신의 삶을 선택하고 결정할 능력을 갖춰야 한다. 고기를 잡기 위한 준비 단계에서 잠시 호흡을 고르면서 그것이 진정으로 자신이 원하는 일인지, 혼자서 책임을 질 수 있는 일인지, 반드시 몇 년을 기다려야 할 수 있는 일인지 곰곰이 생각해보자.
때로는 우리가 도달해야 할 종점이 현재의 출발점이 될 수도 있다. 행복은 손이 닿지 않는 먼 곳에 있는 게 아니라 아주 가까이에 있다. 내일의 행복을 붙잡기 위해 오늘의 행복을 놓치지 말라.

… 03

속도를 늦춰야
인생의 향기를 간직할 수 있다

어느 날 부자 노인이 아들을 불러 자수성가한 이야기를 들려주며 아들도 자기처럼 성공하기를 바랐다. 아버지 얘기에 감동한 아들은 홀로 보물을 찾아 나섰다. 그는 험난한 산을 넘고 바다를 건너 열대우림에서 마침내 희귀한 나무를 발견했다. 독특한 향기를 발산하는 나무는 다른 나무처럼 물에 뜨지 않고 가라앉는 특성을 가지고 있었다. 그는 이 나무가 무한한 가치를 지닌 보물임을 직감하고, 시장에 내다 팔기로 했다. 그런데 나무는 전혀 팔리지 않았다. 그는 깊은 고민에 빠졌다. 그때 옆 가게에서 불티나게 팔리는 숯이 그의 눈에 들어왔다. 그는 향기 나는 나무를 숯으로 만들어 팔아야겠다고 생각했다.

다음 날, 그는 바로 열대우림에서 어렵게 공수해온 나무를 전부 태워 숯으로 만들었다. 시장의 반응은 뜨거웠고 기분이 좋아진 아들은 즉시 집으로 돌아가 아버지에게 알렸다. 이야기를 들은 노인은 눈물을 흘리며 어리석은 아들을 꾸짖었다. 아들이 태워버린 나무는 세계적으로도 가치가 높은 침향나무였다. 나무 하나를 조각내서 팔기만 해도 숯 한 트럭과 맞먹을 정도였다!

사람들이 실수를 하는 이유는 인내력 있게 기다리지 못하고 너무 서두르기 때문이다. 주관적 억측에 기대거나 다른 사람들이 하는 방식을 그대로 모방하느라 많은 것을 놓친다. 또한 빠르게 변해가는 현대 사회에서는 반 박자만 느려도 곧장 무리에서 뒤처져 영원히 따라잡을 수 없기에 사람들은 매 순간 아름다운 풍경을 놓치며 살아간다.

정원이 딸린 집으로 이사를 간 친구가 있는데 이사를 하자마자 정원에 있던 잡초를 전부 뽑아버리고 새로 산 꽃을 심었다. 그러던 어느 날, 예전 집주인이 그곳을 지나다가 대문 안을 들여다보며 깜짝 놀라 친구에게 물었다.

"여기에 있던 모란은 어디로 갔나요? 정말 희귀한 종이거든요."

친구는 그제야 모란을 잡초인 줄 알고 뽑아버린 일이 생각났다. 그로부터 몇 년 뒤, 그 친구는 다시 이사를 갔다. 이번에는 지저분해 보이는 정원에 전혀 손대지 않고 그대로 두었더니 겨울에는 잡초처럼 보이던 식물이 봄이 되어 예쁜 꽃을 피웠다. 또한 보잘것없어 보이던 풀 무더기는 여름이 되자 아름다운 꽃밭으로 변신했고, 가을에는 반년이 지나도록 앙상해 보이던 나무에 울긋불긋한 단풍이 장관을 이루었다. 그렇게 사계절이 지나고 나서야 잡초를 뽑기 시작한 친구는 완벽한 정원의 모습을 유지할 수 있었다.

언젠가 빈틈없고 칼 같은 성격의 관리자를 본 적이 있는데, 그는 직원들이 약속 시간에 조금 늦거나 작은 실수만 해도 가차 없이 해고했다. 그러다 보니 불확실한 억측, 유언비어, 전임자의 왜곡된 평가 때문에 억울하게 불이익을 당하는 사람들이 많았다. 결국 그의 곁에는 '여우 짓'에 능한 직원들만 살아남았다. 훗날, 그가 자초지종을 파악했을 때는 이미 손쓸 수 없는 지경에 이른 뒤였다.

　무엇이 좋고 나쁜지 가려내기 위해서는 오랜 시간이 필요하다. 사람의 장점과 단점을 파악하여 알고 지낼 가치가 있는지 판단하기 위해서는, 도시의 숨결과 분위기를 파악하여 살 만한 곳인지 판단하기 위해서는 충분한 시간이 필요하다. 요리를 할 때도 너무 서두르면 아무리 좋은 재료를 쓰더라도 망치게 마련이다.

인생은 정원과 같다. 귀중한 나무는 꽃을 빨리 피우지 않고, 오랫동안 관찰하고 기다려야 비로소 눈앞에 모습을 드러낸다.
우리 역시 모두 '침향나무'로 태어났지만 때로는 평정심을 잃어 가치를 깨닫지 못하고, 심지어 다른 사람의 '숯'을 부러워하며 살아간다. 그러나 이렇게 눈앞의 이익에만 급급하여 본말이 전도되면 작은 티끌이 두 눈을 가린 줄도 모른 채 벼룩이 된 것처럼 이리 뛰고 저리 뛰며 허망한 세월을 보내게 될 것이다.

· · · 04

느긋하게
진짜 나를 돌아보다

요즘 TV 서바이벌 오락 프로그램에서는 사회자들이 참가자들에게 툭하면 외치는 말이 있다.

"용감히 돌진하라!"

물론 말 그대로 오락을 위한 프로그램이기에 보고 즐기면 그만이지만, 방송이 아니라 일상에서라면 말이 달라진다. 사실, 정신 수양을 위해서라도 무턱대고 돌진하는 태도는 그리 좋지 않다.

용호사(龍虎寺)라는 사찰의 학승(學僧)들이 벽에 용과 호랑이가 싸우는 그림을 그리고 있었다. 그림에서 용은 구름을 휘감으며 내려오고, 호랑이는 산 정상에 걸터앉아 앞으로 덮칠 자세를 취하고 있었다. 그런데 학승은 그림을 수차례나 수정했지만 어딘가 부족해 보이는 벽화 때문에 머리가 아팠다. 그는 마침 외출하고 돌아온 무덕(武德)선사에게 그림을 평가해달라고 부탁했다.

무덕선사가 말했다.

"용과 호랑이의 생김새는 잘 표현했구나. 그런데 두 동물의 특징에 대해서는 얼마나 조사했느냐? 실제로 용은 공격하기 전에 고개를 뒤로 젖히고, 호랑이는 위에서 아래로 덮친다. 그러니 용이 고개를 젖히는 각도를 더 크게 하고, 호랑이의 위치를 지면에 더 가깝게 그리면, 생동감 넘치는 그림이 될 것 같구나."

학승이 말했다.

"정말 핵심을 찌르는 말씀이십니다. 저희는 왜 그런 생각을 못했는지 모르겠습니다. 처음에는 용의 위치를 더 낮고, 호랑이의 위치를 더 높게 그렸습니다."

"처세와 참선 수양도 마찬가지니라. 한 보 후퇴해서 준비해야 더 멀리 도약할 수 있고, 겸손하고 반성할 줄 알아야 더 높이 오를 수 있다."

"후퇴하는데 어찌 앞으로 나갈 수 있고, 겸손한 자가 어찌 더 높아질 수 있다는 말씀입니까?"

무덕선사는 혼란에 빠진 학승에게 시를 읊어주는 것으로 대답을 대신했다.

"푸른 모 손에 들고 논에 가득 심다가, 고개를 숙이니 문득 물속에 하늘이 보이네. 마음이 청정하니 비로소 도를 이루고, 후퇴하는 것이 곧 전진하는 거라네."

무덕선사의 가르침에 학승들은 큰 깨달음을 얻었다.

사람들은 문제에 봉착하면 그것을 돌파하여 한 단계 더 뛰어넘을 수 있길 바란다. 그런데 그럴 때면 몸과 마음이 피곤해지면서 삶에 활력이 없어지고 쉽게 절망하여 눈앞에 깜깜한 어둠을 마주하게 된다. 이는 노력이 부족해서가 아니라 지나친 노력 탓에 긴장하여 방향을 상실했기 때문이다. 이때 필요한 것은 바로 여유로움이다. 느긋하게 자신을 돌아보며 휴식을 취하는 게 무엇보다 중요하다. 세계적으로 성공한

사람들의 공통점도 바로 이런 여유로움에서 찾아볼 수 있다.

테니스 월드 챔피언 샤쉔저(夏煊澤) 역시 힘들 때마다 여유로움을 갖고자 노력했다. 저장 지역 출신으로 학업 성적도 좋았던 샤쉔저는 사색을 즐기는 선수였다. 그는 차를 즐겨 마셨는데, 차에 대한 독특한 철학도 가지고 있었다.

"저는 차 자체도 좋지만 시음하는 과정도 좋아해요. 차를 시음하는 것은 시고, 달고, 쓰고, 매운 인생을 맛보는 것과 비슷하거든요. 제 테니스 인생과도 비슷한 것 같고요. 애송이 시절에는 체력이 왕성해서 저돌적인 플레이밖에 할 줄 몰랐어요. 그래서 그때는 체력만 소진하고 경기에서는 번번이 물을 먹었죠. 부상도 자주 입었고, 차를 마실 때도 벌컥벌컥 들이키느라 맛을 음미할 여유도 없었습니다. 그런데 나이가 들고 체력이 떨어지기 시작하자 체력을 많이 소모할 필요가 없는 두뇌 플레이를 배우게 됐죠. 그리고 마침내 승리를 거머쥐게 되었어요. 지금의 저를 있게 한 것은 바로 다도예요. 다도를 통해 마음을 다스리고 조용히 차 맛을 음미하면서 인생의 참맛도 느낄 수 있었어요."

건장하고 원기 왕성할 때는 목표를 달성하지 못했던 샤쉔저는 '체력이 떨어지기 시작할 때'쯤 자리에 앉아 차를 마시면서 성공의 맛을 음미할 줄 알게 되었다.

'느리게 살기'는 우아하고, 매력적이며, 낭만적인 태도이다. 조금만 속도를 늦추고, 잊고 지냈던 삶의 사소한 것들을 음미하다 보면 새로운 가능성을 발견할 수 있다. 반대로, 불철주야 미친 듯이 빠른 속도로 살다 보면 자신에게 소홀해지기 십상이다. 육체가 눈코 뜰 새 없이 바쁘면 대뇌의 사고 능력에 영향을 미치고, 결국 '나'를 잊은 나는 바쁜 생활 속에 파묻혀 살아가게 된다. 그렇게 생각하면, 빠른 것은 게으른 것과 같고, 느린 것이야말로 진짜 '나'로 살아갈 비결이다.

나 자신에게 시간을 주자. 사람들로부터 떨어져 나와 마음을 가라앉히고 나면 진정한 '나'와 마주하게 될 것이다. 갇혀 있던 영혼을 끄집어내고 정신을 자유롭게 풀어주자. 그러면 평온함과 정적은 번뇌와 욕망을 걸러내고, 무감각해져 있던 영혼은 활력을 되찾을 것이다. 혼탁했던 물이 깨끗해짐과 같은 이치이다.

・・・ 05

빨리 자란다고
좋은 나무로 성장하는 것은 아니다

난산으로 태어나 불길하다는 평가를 듣고 자란 아이가 있었다. 아이가 세 살이 지나서도 말을 잘하지 못하자 부모는 아이가 벙어리가 될까 걱정되어 병원에 데려갔다. 다행히 시간이 흐르자 조금씩 말문이 트였지만, 한 마디를 하는 데도 생각하는 시간이 길었다. 초등학교에 입학할 나이가 되어서도 말투는 유창해지지 않았고, 또래 아이들에 비해 언어 발달 속도가 느렸다.

"지능이 낮고 교칙을 잘 지키지 않아요."

담임선생은 아이를 부정적인 시각으로 바라보았고, 친구들도 아이와 함께 어울리길 꺼렸다. 심지어 선생은 부모에게 이런 말까지 했다.

"앞으로 이 아이는 성공하기 어려울 겁니다."

그 말을 들은 아이는 크게 상심하여 학교 가기를 싫어했다.

어느 날, 아버지가 기분 전환도 할 겸 아이를 교외로 데려갔다.

"저기 보이는 나무가 뭔지 아니?"

"몰라요."

"키가 큰 것은 사바나무(중앙아메리카·남아메리카 북부가 원산지로, 발사나무라고도 불린다), 작은 것은 전나무란다. 둘 중 어떤 게 더 좋은 나무처럼 보이니?"

"그거야 뭐 사바나무겠죠. 키가 엄청 크잖아요."

"틀렸다! 나무란 빠르게 자라면 목질이 푸석푸석해지고, 느리게 자라면 목질이 단단해져서 가치가 더 올라간단다. 그저 키만 큰 나무는 좋은 목재가 되지 못해. 게다가 사바나무는 심자마자 위로 쭉쭉 솟아오르지만, 3년 뒤부터는 속도가 느려지기 시작하거든. 그래서 사바나무 중 십 미터 이상의 것을 본 적이 없지. 반대로, 전나무는 어린 수목일 때는 성장이 느리지만 시간이 지날수록 빨라진단다. 수명도 아주 길어서 만년이 흘러도 끄떡없지."

아버지는 아이와 함께 나무 앞으로 다가갔다. 하늘 높이 치솟은 천 년 묵은 전나무는 풍성한 가지를 자랑하며 왕성한 생명력을 뿜어냈다. 아이는 아버지를 올려다보며 말했다.

"저도 이 나무처럼 되길 바라시죠? 속도는 느리지만 영원히 하늘로 치솟는 전나무처럼요."

아버지는 미소를 지으며 고개를 끄덕였다. 그날 이후 아이는 한 번도 학교에 가지 않겠다는 말을 하지 않았다.

하루는 아이가 학교 목공 수업 시간에 낑낑대며 작은 의자를 완성했는데 아무도 거들떠보지 않았다. 그러나 아이는 비웃는 친구들에 아랑곳하지 않고 아버지에게 자랑스럽게 작품을 보여주었다. 아버지는 볼품없는 의자였지만 아이가 이것을 만들기 위해 얼마나 애썼을지 생각하며, 포기하지 않고 끝까지 완성했다는 사실에 아낌없이 칭찬해 주었다. 이 아이가 바로 세계적인 과학자 알베르트 아인슈타인(Albert

Einstein)이다.

'발묘조장(拔苗助長)!'

'빨리 자라라고 모를 뽑는다'는 이 말처럼 사람들은 일을 서두르다 오히려 그르치기 일쑤라는 사실을 잘 알고 있다. 그럼에도 요즘은 눈앞의 이익에 급급하여 자연법칙을 거스르려는 사람들이 많아지고 있다. 패스트푸드를 즐겨 먹고, 만난 지 얼마 되지도 않았는데 번갯불에 콩 볶아 먹듯이 결혼하는 등 뭐든지 '빨리빨리'를 추구한다.

사실, 빨라서 좋은 건 별로 없다. 예컨대 성장 촉진제를 투여한 수박은 맛이 없고, 호르몬 분비를 촉진시켜 빠르게 성장한 닭고기의 육질은 그 맛이 크게 떨어진다. 키 크는 보조제를 무분별하게 먹은 아이는 성조숙증이 나타나고, 속전속결로 결혼에 골인한 커플은 심각한 갈등에 직면한다.

요즘 사람들에게는 백숙을 끓이거나 한약을 달일 때처럼 적절한 시간과 더불어 인내가 필요하다. 자비로운 마음으로 자연과 생명의 법칙을 존중하며 성장 속도를 늦출 줄 아는 자세를 가져야 한다.

자극과 반응 사이에는 빈 공간이 존재하며, 그 공간에서 우리는 어떤 반응을 보일지 자유롭게 선택할 수 있다. 사람들은 이런 과정을 통해 성장한다.

• • • 06

바쁘다는 핑계는 이제 그만, '슬로' 열풍에 동참하라

미국 드라마 〈섹스 앤 더 시티(Sex and the City)〉에서 여주인공이 뉴욕을 찬양하는 말에 동의하는가? 고객의 요구에 맞춰 오후 네 시에 신선한 브런치를 제공하는 도시는 뉴욕뿐이다.

자유로움과 효율을 추구하던 뉴욕에는 911 테러 사건 이후 작은 변화가 일어났다. 911 테러 사건으로 깊은 상처를 입은 뉴요커들에게 유럽의 느긋하고 여유로운 분위기가 '릴렉스(Relax)'의 중요성을 상기시키기 시작한 것이다. 일례로 최근 뉴욕에서는 애완동물을 키우는 사람의 비율과 커피숍을 이용하는 비율이 10년 만에 최고치를 경신했다. 비바람을 맞은 뉴요커들이 빠른 걸음을 늦추기 시작한 것이다. 이들은 '멈추는' 순간 더 많은 풍경을 볼 수 있다는 사실을 깨달아가고 있다. 오늘의 풍경과 내일의 풍경은 분명히 다를 테니까 말이다.

전 세계적으로 느리게 살기 열풍이 불고 있다. 그동안 현대 사회에서 살아남기 위해서는 '선점'을 모토로 빠르게 움직이는 삶에 적응해야 했다. 하지만 최근 패스트푸드의 생활이 초래한 부정적 결과가 눈앞에 드러나면서 사람들은 점차 예전의 여유로운 시간들을 그리워하기 시작했다.

'슬로(slow)'라는 단어는 서구 사회의 다양한 모습까지 투영한다. 예컨대 시간 연구, 시간관리자, 긴장 완화 훈련 등과 같은 신조어가 출현했다. 미국에는 '슬로 타임 협회'까지 등장하여 현재 700여 개의 단체와 동맹을 체결했다. 그들은 스톱워치를 들고 거리의 행인을 관찰하다가 30초 동안 50미터 이상을 걷는 사람들을 발견하면 천천히 걸으라고 권한다.

각 대기업에서도 '속도를 높이면 목표를 달성하지 못한다'는 기본 이념으로 직원들에게 노동 시간과 휴식 시간을 적절히 제공하고 있다. 세계적인 기업 언스트앤영(Ernst & Young) 역시 직원들에게 주말에 메일 확인을 하지 못하게 하고, 일본 토요타(Toyota)는 연차를 다음 해로 미루지 않고 그해에 쓰도록 하고 있다. 또한 오스트리아의 한 방송국은 '슬로 방송국' 설립을 추진하고 있다.

이러한 슬로 열풍은 현대 사회의 전문가 집단에서 확산되기 시작했다. 이로써 새로운 라이프 스타일에 대한 관심이 증가하면서 레저 산업이 각광받았고, 문화·예술과 취미·여가생활이 유행하게 되었다. 그렇게 자유로운 생활 방식이 퍼져나가고 행복한 삶을 추구하게 되면서 문화·예술계를 비롯한 다양한 집단의 공감을 불러일으켰다. 그러면서 자유롭게 자기만의 독특한 라이프 스타일을 만들어가기 시작했다.

'슬로 라이프'란 과연 어떤 삶일까? 이를 정리해보면 다음과 같다.

- **느리게 먹기** : 슬로 라이프를 꿈꾸는 사람들은 패스트푸드를 먹지 않는다. 좀 더 느긋한 환경에서 정성 들여 요리를 하고, 휴대전화로

통화를 하거나 정보 검색을 하지 않으면서 식사를 해야 한다고 생각한다. 실제로 이탈리아의 '슬로족'은 점심 식사에 두 시간을 할애하고, 프랑스에서는 하루 세끼를 코스 생략 없이 전부 챙겨 먹는다. 또한 미국에서는 정원에 텃밭을 만들어 직접 가꾼 식재료로 요리를 해먹는 사람들이 점점 많아지고 있다.

- 느리게 걷기 : 대학 캠퍼스에 가면 시속 20킬로미터 이하로 서행하라는 경고 표지판을 쉽게 찾아볼 수 있다. 이는 안전사고를 예방하기 위한 목적으로 세워진 것이다. 하지만 이탈리아의 소도시 브라(Bra)에 세워진 표지판은 경고를 위한 목적이 아니다. 이것은 시속 20킬로미터로 천천히 살자는 메시지를 담고 있다.

- 느리게 일하기 : 현대 사회의 빠른 업무 속도는 슬로족의 라이프스타일에 맞지 않다. 프랑스에서는 이를 개선하기 위해 기업관리자의 3퍼센트가 자택 근무를 하고 있다. 그 결과 슬로족은 자택 근무를 통해 업무에 지장을 주지 않으면서도 약 20년 동안 출근하지 않고 집에서 가족과 함께 시간을 보낼 수 있게 되었다. 이 밖에도, 슬로족은 여러 개의 일을 동시에 처리하기보다는 하나의 일에 시간을 집중적으로 사용해야 한다고 강조한다. 예컨대 의사는 회진을 도는 일보다는 환자 한 명을 진찰하는 데 시간을 많이 할애해야 치료 효과를 높일 수 있다.

- 느리게 운동하기 : 운동은 '속도와 열정'을 상징하지만, 슬로족은 이것마저 느리게 하고 있다. 그들은 태극권, 요가 또는 상당히 느린 동작으로 이루어진 운동을 하며, 평소 조깅이나 마라톤보다는 산책을 즐긴다. 전문가들은, 신체에는 적당히 느린 운동을 지속적으로 하는 것이 격렬한 운동을 간간이 하는 것보다 건강에 유리하다고 말한다.

- **느리게 놀기** : 현대인은 휴식을 취할 때 한 번에 몰아서 미친 듯이 놀다가 금방 뿔뿔이 흩어지지만, 슬로족은 이를 제대로 된 휴식이라고 보지 않는다. 미국 텍사스의 양돈농장 주인 해리스는 매일 저녁 여덟 시 반이 되면 휴대전화 전원을 끄고 독서를 하거나 일찍 잠자리에 든다. 주말에는 어떤 약속도 잡지 않고 가족이나 친한 친구들과 야외로 나가 낚시 등 다양한 여가생활을 즐긴다.
- **느리게 사랑하기** : 슬로족은 '원 나잇 스탠드'를 경멸한다. 이들은 특수한 상황, 특수한 감정 때문에 일어난 '욕구'를 지나치게 '동물적인 본능'으로 생각한다.

이처럼 슬로 정신은 이미 생활 곳곳에 침투해 있다. 지금부터 이러한 슬로 라이프 대열에 동참해보는 건 어떨까?

신체 단련이나 정신 수련을 하지 않는 사람들에게 이유를 물어보면 대부분 이렇게 말한다.

"매일 야근하느라 죽을 맛이에요. 스트레스는 쌓이고, 밥맛은 없지, 심지어 숨 쉴 힘도 없는데, 수련 같은 걸 할 시간이 있겠어요?"

하지만 이는 핑계에 불과하다.

어느 날, 기자가 음악을 하는 어느 변호사를 취재하러 갔다.

"변호사로서 할 일이 많을 텐데 음악에 투자할 시간이 있나요?"

"좋아하는 일을 할 시간은 항상 있습니다. 남들이 밥 먹고 자는 시간에 저는 덜 먹고 덜 자며, 작곡 또는 악기 연습을 합니다."

마음만 먹는다면, 느리게 생각하고 느리게 쉬는 것은 간단하다. 수련할 시간이 없다고? 독서할 시간이 없다고? 글 쓸 시간이 없다고? 천만에, 그것은 이유가 될 수 없다. 정말 미친 듯이 하고 싶은 일이라면

어떻게든 할 것이다.

 사람들은 너무 쉬운 일이라서, 또는 필요하지 않은 일이라서, 그만큼 가치가 없는 일이라서, 불편한 일이라서 하지 않는다는 핑계를 댄다. 그러나 하고 싶은 일을 하는 데 그런 핑계들은 중요한 이유가 되지 못한다.

 사람들은 사랑이 부족하거나 노력이 부족할 때, 이유 아닌 이유를 만들어 핑계를 대며 자신을 방어한다. 헬스장에 갈 시간이 없다면 출퇴근할 때 좀 더 많이 걷는 건 어떨까? 사람들을 만날 시간이 없다면 한 달에 한 번 여행을 가보는 건 어떨까? 시작은 힘들지만 첫걸음을 떼기만 한다면 선순환하며 발전할 수 있을 것이다.

 느리게 사는 슬로 라이프는 게으른 생활 방식이 아니라, 대범하고 여유롭게 사는 삶의 방식이다. 마음을 편안하게 안정시킴으로써 복잡하고 무질서한 도시생활에서 영혼을 자유롭게 해방시키고, 안락하고 여유로운 영혼의 휴식처를 제공하는 것이다.

다시 말해 슬로 라이프는 게으르고 나태한 것이 아니며, 할 일을 뒤로 미루는 것도 아니다. 삶 속에서 균형을 찾아가는 것이다. 이는 아래와 같은 특징을 가진다.

- **적절한 긴장과 이완** : 적절한 긴장과 이완이 유지되어야 한다. 패스트푸드 방식의 생활에 길들여진 사람은 체력과 두뇌를 조금만 사용해도 즉시 피로를 느낀다. 그래서 담배나 술 등 뇌를 자극하는 방법으로 심리적 피로감을 줄이려 한다. 하지만 정신노동자도 체력을 강화해야 과학적인 두뇌 사용이 가능하며, 심리적 갈등도 줄일 수 있다. 두뇌를 효율적으로 사용하기 위해서는 생체리듬을 따르고 두뇌를 장시간 강제적으로 사용하여 과부하가 걸리지 않게 유의해야 한다. 정신노동자의 심리적인 피로감을 줄이기 위해서는 업무 환경과 조명의 밝기 요구에 부합해야 한다.
- **적당한 속도 조절** : 슬로족은 업무 흐름을 잘 파악하고 시간관리를 효율적으로 할 줄 안다. 회사에서 일이 잘 풀릴 때는 분위기를 타서 용감히 전진하고, 일이 잘 풀리지 않을 때는 속도를 늦춘다. 이처럼 빠를 때는 빠르게, 느릴 때는 느리게 속도를 적당히 조절하다 보니 그들은 평소 피로감을 느끼지 않는다. 또한 일단 계획을 세우면 신속히 추진하고 나중에 속도를 늦춰 균형을 잡는다. 그러면 육체적 스트레스가 점차 줄어들어서 전체 업무에 대한 부담은 감소하고 성취감은 서서히 올라가기에 그들은 결국 일을 성공적으로 이끈다.
- **무의미한 손실 제거** : 슬로 라이프를 지향하는 사람들은 마음이 넓은 편이다. 그러나 정신적·육체적 노력을 기울이는 대상에 대해서는 인색하다. 그들은 업무를 제외한 일로 고민하지 않으며, 동시에 여러 가지를 생각하지 않는다. 사실, 인간은 영원히 하나의 시공간

에 머물며 한 가지 일만 처리할 수 있다. 그렇기에 조급하게 서두를 필요가 없다. 마음이 편해지면 시간에 '저당 잡힌' 시간의 노예가 되지 않을 것이다.

슬로 라이프에 대한 오해를 풀고, 지금부터라도 패스트푸드를 끊고 행복한 인간으로 거듭나보자. 느리게 먹고, 여유롭게 일하며, 편안히 쉬자. 타인의 말에 귀 기울이고, 따뜻한 인간관계를 맺고, 진정한 사랑을 시작해보자. 그러면 행복이 꽃처럼 활짝 피어날 것이다.

슬로 라이프는 돈이 많든 적든 상관없이 누구나 즐길 수 있으며, 나태해질까 봐 두려워할 필요도 없다. 느리다는 것은 하나의 태도이며, 우아하고 매력적이고 낭만적으로 세상을 대하는 방식이다. 슬로 라이프는 인생을 더 효율적이게 만들어줄뿐더러 더 행복한 내일로 이끌어준다. 그러니 오늘부터 슬로 라이프를 해보자.

Chapter 5
단순한 삶이 가장 근사하다

'빼기'는 이미 하나의 인생철학으로 자리 잡았다. 그런데도 현대인은 쉽게 걸음을 멈추지 못한다. 그러나 '더하기'를 통해 Good도 얻고 Better도 얻지만, Best가 어디 있는지는 찾지 못한다.
빼기의 생각 전환을 통해 삶을 단순화해보는 건 어떨까? 물질생활에 대한 인간의 요구가 줄어들면 정신생활의 자유로움은 좀 더 커질 것이다. 빼기는 삶을 단순화하여 우리를 행복한 미래로 이끈다.

01
단순하게 살아라,
욕망이 커질수록 즐거움은 줄어든다

구글과 바이두(百度)는 미국과 중국에서 가장 성공한 포털사이트로, 초기 화면이 깔끔하고 여백이 크며 단순한 검색창을 가졌다는 공통점이 있다. 반면, 다른 포털사이트는 초기 화면에 내용이 꽉 차 있거나 광고창이 팝업되기도 한다. 물론 구글이나 바이두의 텅 빈 페이지를 보고 공간을 낭비한다고 말하는 사람들도 있다. 이에 대해 구글에서는 하얀 도화지 같은 초기 화면의 디자인은 상업적 고려를 마친 결정이라고 발표했다. 실제로 조사에 따르면, 사람들은 인터넷에서 12초 안에 자신이 필요한 정보를 찾지 못하면 인내심이 바닥나 바로 다른 사이트로 가버린다고 한다. 이때 깔끔한 초기 화면은 이용자가 검색 서비스에 집중할 수 있게 도와준다.

사실, 우리의 세계를 이루는 바탕도 아주 단순하다. 빨강, 노랑, 파랑 3색에서 출발하여 오색찬란한 세상이 만들어졌다. 인간 역시 단순한 수정란에서 시작하여 10개월의 임신 기간을 거쳐 세상에 나왔다.

이처럼 천지 만물이 단순한 것에서 출발한다.

'도(道)는 하나를 낳고, 하나는 둘을 낳고, 둘은 셋을 낳고, 셋은 만물을 낳는다.'

요컨대 단순한 것이 모든 것의 어머니이자 만물의 근원이다.

'사람 인(人)' 자는 단순한 구조로 이루어져 있다. 앞서 언급했듯 다른 획 없이 삐침 하나와 파임 하나만으로도 사람(人)을 만들어낸다.

중년이 되면 인생은 생각보다 더 복잡하다고 말한다. 그리고 죽음을 앞둔 노인이 되면 인생은 생각보다 단순하다는 걸 깨닫지만, 때는 이미 늦는다. 사람은 생각이 너무 많아서 탈이다. 생각이 많은 사람은 눈앞에 있는 단순한 진리를 알아채지 못한 채 그저 인생을 더 복잡하고 혼란스럽게 살아간다.

한때 중국에서 엄청난 인기몰이를 한 청춘스타 왕뤄단(王珞丹). 그녀는 '뺄셈 인생'을 실천하고 있는 대표적 인물이다. 그녀는 수많은 여배우 중 지속적으로 인기를 유지하며, 편하게 숙면을 취하고, 항상 즐거운 마음으로 사는 몇 안 되는 이들 중 한 명이다.

물론 몇 년 전까지만 해도 그녀 역시 스스로 이렇게 변할 거라고는 상상하지 못했다. 당시 베이징영화학원에 재학 중이었던 그녀는 복잡하고 어지러운 세상에 살고 있었다. 그녀는 유명해지기 위해 영화·광고·뮤직비디오를 찍고, 음반을 내고, 프로그램의 사회를 맡는 등 종횡무진으로 뛰어다녔다. 그런 탓에 그녀에게는 '슈퍼우먼'이라는 별명이 붙었다.

그녀의 원래 꿈은 베이징 교외에 있는 별장을 사고 벤츠 SLK 컨버터블을 타는 것이었다. 그 꿈을 위해 그녀는 필사적으로 돈을 벌었다. 그렇게 저축통장에 찍힌 숫자가 커질수록 그녀는 기분이 좋아졌다.

그녀는 인맥관리 차원에서 각종 모임과 파티에 참석하며 유명인사들과의 관계를 넓혀나갔다. 그러다 보니 하룻밤에 여러 개의 모임을 잡아놓고 이쪽저쪽을 누비며 시간을 보내는 일도 허다했다.

하지만 바쁜 나날이 이어질수록 여유는 없어졌고, 잠깐 쉴 틈이 생기면 오히려 불안하고 초조했다. 그런 날에는 뭔가 나쁜 일이 일어날 것 같은 기분에 시달렸고, 갑자기 울고 싶어졌고, 누구든 붙들고 대화를 하고 싶은 충동이 일었다. 하지만 천여 장에 가까운 명함을 뒤져봐도 허심탄회하게 마음속 이야기를 나눌 사람은 딱히 없었다. 그때부터 밤에 잘 자지 못하고, 갑자기 살이 빠지면서 피부 트러블도 심해졌으며, 심장박동이 빨라지는 일이 자주 일어났다.

그녀는 술을 마시기 시작했다. 친구에게 도움을 청했지만, 돌아오는 대답은 "지나친 욕심 때문에 불안해하는 것 아니냐?"는 말뿐이었다. 그렇게 시간이 흐르면서 그녀는 점점 무너져갔다. 그러던 어느 날, '뺄셈 인생'이라는 단어에 흥미가 생긴 그녀는 그것을 실천하기 위해 별장과 스포츠카는 물론 옷과 화장품도 최소한의 것만 남기고 전부 처분했다.

그녀는 소유하고 있던 사치품을 단호히 버리고 검소하게 살았다. 집에서 밥을 해먹고, 꿀과 달걀로 직접 팩을 만들어 피부관리를 했다. 무엇보다 그녀는 자신의 본업인 연기에 집중했다. 좋은 배역이 있으면 보수가 낮더라도 기꺼이 참여했다. 그게 집에서 술이나 마시는 생활보다 훨씬 낫다고 생각했다. 한편으로 그녀는 시간을 쪼개 가족을 만나고 부모님을 알뜰히 살폈다. 한번은 부모님을 모시고 여행을 갔는데 만족해하시는 부모님을 보자 그녀도 기분이 좋아졌다.

그녀는 두꺼운 명함 수첩도 내버렸다. 천 명이 넘는 인맥보다 한 명의 친구가 더 소중하다는 것을 깨달았기 때문이다. 인맥을 넓히기 위해 모르는 사람들과 억지로 시간을 보내는 것보다 좋아하는 친구와 차를 마시며 수다를 떠는 게 더 즐거웠다. 그녀는 감정적인 면에서 과한 것보다는 모자라는 것이 더 낫다는 사실을 깨달았다. 그러면서 단순해지기 위해 더는 문어발식 친구 사귀기를 하지 않았고, 자신이 원하는 게 무엇인지에 집중하면서 자연스러워지려고 노력했다.

뺄셈 인생은 그녀의 삶을 가볍고, 건강하고, 즐겁게 만들어주었다. 불면증이 사라져 아기처럼 편하게 숙면을 취했고, 매일 아침 상쾌한 기분으로 잠에서 깼다. 스트레스가 없어지자 얼굴 표정도 편안해지고 피부 또한 다시 깨끗해졌다. 그렇게 마음이 편해진 그녀는 휴식을 취하며 맡은 배역을 연구하고 직접 필요한 준비를 했다. 스크린에서 생동감 넘치는 연기를 할 수 있게 되자 그녀의 활동 영역도 자연히 넓어졌다. 그녀는 말했다.

"제 인생의 불필요한 욕망을 빼고 나니, 그 틈으로 숨을 쉴 수 있었어요. 자유롭게 호흡할 수 있는 인생이야말로 행복한 인생 같아요."

사람은 많이 가졌기 때문이 아니라, 적게 생각하기 때문에 행복하다. 욕심 없는 사람은 건실하여 중심을 잘 잡지만 욕심 많은 사람은 부실하여 쉬이 흔들리고 쉽게 쓰러진다.

염세주의에 빠져 재미없는 인생을 사는 청춘이 많다. 중국 온라인 커뮤니티 '톈야(天涯)'에서 설문 조사를 했는데, '당신에게 선택권이 주어진다면 다시 태어나겠습니까?'라는 질문에 응답자 98퍼센트가 '아니오'라고 답했다. 이런 결과는 아마도 지나친 욕심에서 비롯된 것이 아닐까 싶다. 욕심은 스트레스를 부르고, 스트레스는 다양한 심리적 갈등을 유발한다. 이러한 패턴이 반복되면 평생 고달픈 인생을 탄식하는 비관적 염세주의자로 살아갈 수밖에 없다.

생명은 신이 주신 소중한 선물이다. 과한 욕심으로 시작되는 험난한 길을 가지 말고, 즐기는 인생을 선택하자. 인생을 가시밭길로 만들지 꽃길로 만들지는, 욕망을 대하는 태도에 달려 있다.
자신의 삶을 돌아보고 '뺄셈 인생'을 시작해보자. 너무 조급해하지 말고, 너무 바쁘게 살지 말고, 너무 피곤해지지 말자. 계속 뺄셈을 하다 보면, 잃은 것은 아무것도 없고 오히려 더 많은 것을 얻었음을 깨닫게 될 것이다.
세상은 원래 단순하고 평범한 것인데, 복잡하고 다채롭다고 말하는 순간 어지러워지기 시작한다. 그러니 복잡한 것을 단순화하는 방법을 익히고 삶의 진면목을 되찾아야 한다. 물론 단순하다고 해서 조악하고 허술한 것은 아니다. 이는 세계의 출발점이자 인생의 정수(精髓)이다. 이 단순함의 진리는 물질보다는 정신에서, 육체보다는 마음에서 찾을 수 있다.

... 02

소유하는 것은
곧 소유를 당하는 것이다

'소유하는 것은 곧 소유를 당하는 것이며, 책임지는 것이다.'

무협소설 작가 김용(金庸)이 작품에서 활용한 이 말은 불교철학의 핵심에서 가져온 것이다. 다소 딱딱하게 느껴지지만 인생 지침으로 삼을 만한 아주 유용한 말이 아닐 수 없다.

지인 중 한 친구는 얼마 전에 자동차를 샀다. 사실, 그녀에게 자동차는 그다지 필요한 물건이 아니었다. 집에서 회사까지 지하철을 타고 몇 정거장이면 편하게 이동할 수 있기 때문이다. 하지만 자가용을 타고 출퇴근하는 동료들과 비교하다 보니 심리적으로 위축되었다. 결국 그녀는 가난해서 지하철을 타고 다니는 게 아니라는 사실을 드러내고 싶어 차를 샀다.

그런데 차를 산 그날 이후부터 그녀는 매일 불평불만을 입에 달고 살았다. 동네 주차비가 너무 비싸다, 회사 주차장이 너무 좁다, 운전하기 귀찮다, 차를 빌려주었는데 조심해서 타지 않는다, 정기적으로 점검받는 게 번거롭다 등등 그녀는 만날 때마다 툴툴거렸다. 그러던 어느 날, 그녀는 사람을 치어 소송에 휘말렸다. 차에 치인 사람이 엄살을 피우는 바람에 거액의 배상비를 날린 그녀는 차를 샀더니 오히려 불편하고 귀찮은 일들이 생기더라며 한숨을 쉬었다.

물건을 소유하면 주인 또한 물건에 얽매이게 마련이다. 돈이 많아질수록 사람들은 돈을 위해 더 많은 시간과 공간을 소모한다. 그리고 한계에 도달하면 그제야 돈을 많이 가지고 있다는 사실을 번거롭게 여긴다.

한때 9평짜리 집에 세 들어 산 적이 있었는데, 10분 남짓이면 청소를 마칠 수 있었고, 정리만 잘해도 금방 깔끔해졌다. 반면, 돈을 벌어 큰 집으로 이사한 요즘 제대로 청소하려면 반나절이나 걸린다. 특히 마루의 광택을 유지하기 위해서는 상당히 많은 노력과 시간이 필요하다. 그렇게 넓은 집을 청소하다 보면 절로 예전에 살던 작은 집이 생각난다. 그때는 글 쓰고, 노는 일이 다였는데 큰 집에 사는 지금은 하루 한 시간 이상을 청소하는 데 소비하고 있다.

또 처음 큰 집으로 이사했을 때는 가전제품과 장식품을 사며 집을 꾸몄는데, 시간이 지나고 나니 그것들을 청소하고 관리하는 일에 많은 노력이 필요했다. 나는 자유를 빼앗긴 기분이 들었다.

또한 예전에는 여행을 갈 때마다 닥치는 대로 쇼핑을 하는 버릇이 있었다. 어떻게든 가방에 쑤셔넣어 온 물건들을 위해 선반을 비우고 예쁘게 정리하고 나면 가슴이 뿌듯했다. 하지만 얼마쯤 시간이 지나면 색이 바래고 왠지 집 분위기와 어울리지 않아 보인다. 그러자면 때때로 확 치워버리고 싶은 충동이 솟구치곤 한다.

지금은 저가의 휴대전화를 2년 이상 쓰는 편이다. 가격 부담이 없어서 그런지 떨어뜨리거나 흠이 생겨도 그다지 신경 쓰지 않는다. 반면,

예전에 고가의 휴대전화를 사용할 때는 조심하느라 전전긍긍했다. 한번은 휴대전화 때문에 서비스센터를 방문한 적이 있는데 직원들의 불량한 태도 때문에 언성을 높이며 따졌다. 비싼 휴대전화를 쓰면서 불필요한 감정을 낭비해야 하는 상황이 매우 불편했다. 아무리 기능이 뛰어나고 화려하게 장식되어 있어도 결국 휴대전화는 휴대전화일 뿐이다. 광고에 홀려서 충동적으로 구입한 고가의 휴대전화는 애물단지가 되어버렸다.

수행하는 승려들은 평생 같은 색깔의 가사를 걸치지만 그것을 보고 유행에 뒤처진다는 생각을 하는 사람은 없다. 그들처럼 의연하게 소유를 내려놓고 가볍고도 소박한 일상을 살아보는 건 어떨까?

사람들은 엄청난 불행이나 재난 때문이 아니라 사소하고 작은 일 때문에 좌절한다. 사소한 일에 시간과 정력을 많이 소모하는 사람은 정작 중요한 일을 완성하지 못한다. 무엇이 중요하고 중요하지 않은지, 무엇이 필요하고 불필요한지 심사숙고하여 생활의 사족을 하나씩 떼어버리자.

··· 03
물질적 욕망을 줄일수록
정신은 자유로워진다

　인간은 목석이 아니기에 욕망이 없을 수 없다. 그렇다면 욕망을 어떻게 처리해야 하는 걸까? 과연 인간의 욕망을 제거하는 것이 가능할까? 사실, 인간의 욕망을 없애는 것은 불가능하며, 반드시 그럴 필요도 없다. 욕망은 재앙이 아니기 때문이다. 단, 욕망을 가지치기하는 법을 알아야 할 필요성은 있겠다.

　방콕 서쪽 지역에 있는 한 사찰은 외진 곳이라서 사람들의 발길이 드물었다. 그곳의 주지가 별세하자 수티낙(索提那克)이라는 법사가 새로운 주지가 되었다. 처음 이 사찰에 도착한 법사는 주변을 둘러보던 중 사찰 뒤쪽으로 우거진 야생관목 숲을 발견했다. 이리저리 어지럽게 뻗은 관목은 자유분방하고 무질서해보였다. 법사는 시간이 날 때마다 원예용 가위로 가지치기를 시작했고, 반년쯤 지나자 관목은 반원 모형으로 정리되었다. 승려들은 그가 왜 열심히 가지치기를 하는지 알지 못했다. 아무리 이유를 물어도 법사는 그저 웃을 뿐 아무런 말도 해주지 않았다.

그러던 어느 날, 사찰에 손님이 찾아왔다. 깨끗한 옷차림의 그는 범상치 않는 분위기를 풍겼다. 법사는 손님에게 인사말을 건네고, 자리를 권한 뒤 차 대접을 했다. 손님은 이곳을 지나던 중에 차가 고장이 나서 지금 수리를 하고 있다며, 그 사이 잠시 사찰을 구경하러 왔다고 했다. 법사는 그에게 사찰을 소개해주었다. 손님이 법사에게 물었다.

"인간의 욕망을 없애려면 어떻게 해야 합니까?"

법사는 미소를 짓더니 그를 사찰 뒤쪽의 관목 숲으로 데려갔다. 그리고 자신이 가지치기한 나무를 보여주었다. 법사는 손님에게 가위를 건넸다.

"저처럼 이곳에서 가지치기를 하다 보면 욕망이 사라질 겁니다."

손님은 반신반의하는 눈길로 가위를 건네받고는 숲으로 들어가 가지치기를 시작했다. 차 한 잔 마실 정도의 시간이 지나자 법사가 그에게 기분이 어떤지 물었다. 손님은 웃으며 말했다.

"몸이 가뿐해지긴 했는데 가슴에 꽉 차 있던 욕망이 사라지지는 않습니다."

법사는 고개를 끄덕였다.

"처음에는 다 그렇습니다. 자주 하다 보면 좋아질 겁니다."

손님은 사찰을 떠나면서 열흘 뒤에 다시 오겠노라 약속했다. 법사는 손님이 방콕의 유명한 부자라는 사실을 알지 못했다. 사실, 그 부자는 최근 사업에서 전례 없는 위기에 직면해 있었다.

열흘 뒤, 부자가 다시 사찰을 찾았다. 그리고 보름 뒤, 3개월 뒤에도 사찰을 다녀갔다. 부자는 올 때마다 틈틈이 가지치기를 해서 무성한 관목을 새의 모양으로 만들었다. 법사가 물었다.

"이제 욕망을 없애는 법을 아시겠습니까?"

"제가 정말 우매했습니다. 이곳에서 가지치기를 할 때만큼은 여유로워지고 근심이 사라지는 것 같습니다. 그런데 집으로 돌아가면 언제 그랬냐는 듯이 잠자고 있던 욕망이 다시 고개를 듭니다."

그 말에 법사는 그저 말없이 미소를 지었다.

또다시 부자가 가지치기로 새의 모양을 완성했을 때, 법사는 다시 같은 질문을 던졌지만 그의 대답은 변하지 않았다. 법사가 말했다.

"제가 왜 가지치기를 권한 줄 아십니까? 가지치기를 하면 그 부분에서 다시 가지가 자랍니다. 우리의 욕망도 그러합니다. 아무리 잘라내도 완전히 사라지지 않습니다. 단지 최선을 다해 그것을 아름답게 만들 뿐이죠. 욕망은 제멋대로 자라나는 관목 같아서 그대로 방치하면 추악한 몰골로 변해버립니다. 하지만 자주 가지치기를 해주면 아름다운 풍경으로 바뀔 수 있답니다. 욕망도 도에 어긋남 없이 취하면 나쁜만 아니라 다른 사람들까지도 이롭게 할 수 있으며, 마음의 족쇄가 되지 않을 것입니다."

법사의 말에 부자는 크게 깨달았다.

욕망은 결코 사라지지 않는 존재다. 욕망은 인간을 이기적이고 탐욕스럽게 만들며, 자연을 망가뜨리고, 동족을 고통스럽게 하는 등 온갖 악행을 야기한다. 하지만 동시에 인간을 해방시키기는 역할도 한다. 즉, 욕망이 인간 세상 발전의 원동력이 되기도 하는 것이다.

그렇다면 욕망을 잘 관리할 방법은 무엇일까? 이성적 태도로 선과 사랑을 통해 사악한 생각을 제어하고, 타인의 이익을 해치지 않고 외부 환경에 영향을 주지 않는 선에서 자기 이익을 취해야 한다.

옛사람들과 현대인들을 비교하면 누가 더 행복할까? 행복이 물질적 만족에 있다면 대답은 간단하지만, 때로는 정반대의 상황이 나타나기도 한다. 가난함과 부유함은 행복과 불행의 분수령이 된다.

옛사람들 중 쌀 다섯 말을 위해 허리를 굽히지 않고, 관직에서 물러난 인물이 있다. 그는 동쪽 울타리 밑에서 국화를 꺾어 들고, 멀리 남산을 바라보았다. 그는 가난했지만 인생을 즐길 줄 알았다. 변두리 시골을 지상낙원으로 생각했고, 어딜 가나 국화꽃을 감상하며 술을 마셨다. 바쁜 현대인이라면 누구나 바라는 자유로운 영혼의 주인공은 바로 도연명(陶淵明)이다.

어리석은 통치자 때문에 벼슬을 거절한 이도 있다. 주변에서 협박하다가 회유도 해보고, 허리를 굽혀 벼슬에 오르라고 간청도 해봤지만 그는 절대 응하지 않았다. 그는 음악을 좋아하고 가야금을 잘 탔다. 통치자는 죽음으로 협박하여 그에게 벼슬을 주려 했지만 거절당했다. 죽음을 앞둔 그가 원했던 것은 오직 '광릉산(廣陵散)'을 연주하는 것이었다. 행복은 이렇게 간단한 것이다. 그는 구차하게 목숨을 부지하여 부귀영화를 누리려 하지 않았고, 죽음을 맞이해 가야금을 탔다. 그가 바로 혜강(嵇康)이다.

벼슬길이 순조롭지 않아 외진 산골마을로 발령이 났지만 산수를 돌아다니며 인생을 즐긴 이도 있다. 구불구불하게 이어진 낭야산(琅琊山) 산길을 가다 보면 샘물 근처에 정자가 하나 있었다. 그는 친구들과 그곳에서 술 마시는 것을 좋아했다. 연배는 제일 높았지만 주량은 가장 적었던 그는 정자를 '취옹정(醉翁亭)'이라고 불렀다. 취옹정에서 그는 술을 마시며 그림 같은 낭야산 풍경을 즐겼다. 그는 정자에서 항상 취했지만, 사실 술보다는 사시사철 변하는 낭야산의 풍경에 더욱 취했다. 그가 바로 구양수(歐陽修)다.

정치길이 순탄치 않아 수년 동안 가족을 만나지 못했지만, 낙담하지 않고 달빛 아래에서 술을 마시며 노래를 부른 인물도 있다! 그는 바람을 타고 달나라 궁전으로 날아가 나풀나풀 춤을 추는 상상을 했다. 그리고 호탕하게 자신을 위로했다.

"달이 어두워졌다 밝아지고 차올랐다가 이지러지는 것은 어쩔 수 없는 일이다. 그저 가족 모두 평안하길 바라며, 천 리 먼 곳에 떨어져 있어 만나지는 못해도 아름다운 달빛을 함께 볼 수 있길 희망하네."

이 인물은 바로 소동파(蘇東坡)다.

예부터 현자들은 검소한 생활을 주장하며, 물욕을 줄여야 정신적 자유를 만끽할 수 있음을 알았다. 이런 점에서 쾌감을 추구하고 호화로운 것을 좋아하는 이는 어리석은 사람이다. 인생은 타인에게 보여주기 위한 쇼가 아니다. 인생은 직접 체험하며 느끼는 과정이다. 행복한지 불행한지는 오직 자신만 알 수 있다.

한 번 욕망의 노예가 되면 인생은 복잡해진다. 그러면 행복은 손에 닿을 수 없는 먼 곳으로 달아난다.

2007년 서브프라임 모기지론 위기가 발생하자 월가(Wall Street)의 화려한 불빛은 퇴색하기 시작했고, 선두를 달리던 회사들도 파산 위기를 피하지 못했다. 과거 스포트라이트를 받던 성공인사들은 낭떠러지로 추락하는 듯한 충격에 휩싸였다. 그제야 그들은 절약하는 삶, 소박한 삶이야말로 행복한 인생이라는 것을 깨달았다.

이런 문제에서 동서양의 가치관은 일치한다. 노자는 말했다.

"적으면 얻을 것이고, 많으면 미혹될 것이다."

제너럴일렉트릭(General Electric)의 CEO 잭 웰치(Jack Welch) 역시 '솔직함'과 '간명함'을 강조했는데, 실제로 이는 동서양이 함께 추구하는 지혜의 정수다.

바닷물이 밀려간 뒤에야 비로소 누가 벌거벗고 수영을 하는지 알 수 있는 것처럼, 위기가 닥쳐야 행복의 진면목이 드러난다. 인생의 본질은 바로 단순한 삶에 있다.

우리는 욕망과 통제라는 두 개의 칼을 머리 위에 이고 살아간다. 그래서 자칫 한쪽으로 기울어지면 위험한 것이다. 칼에 베이지 않으려면 둘 사이의 균형을 잘 유지해야 한다.

... 04

내가 단순해지면
세상도 단순해진다

복잡한 세상, 험악하고 흉흉한 인심……. 많은 이가 이러한 현실을 원망하고 있다. 언제 어디에서나 조심하고 무슨 일이 일어날지 모르는 상황에 대비하며 사는 것은 정말 피곤하다. 그런데 사실, 복잡한 것은 세상이 아니라 나 자신이다.

늦봄의 어느 해 질 무렵, 우전 지역의 오래된 거리를 여행하다가 독특한 액세서리 가게를 발견하고 들어갔다. 안에는 목걸이, 팔찌, 비녀 등의 액세서리가 진열되어 있었는데 정교한 디자인에 소박하면서도 우아한 분위기를 자아내는 작품이 많았다. 그중 연꽃 모양의 은팔찌가 유독 눈에 들어왔다. 나는 바로 점원과 흥정을 시작했고, 68위안에 타협을 보았다. 그리고 팔찌를 손목에 차고 100위안짜리 한 장을 내밀었다. 점원은 전대를 뒤지더니 웃으며 말했다.

"죄송한데 지금 잔돈이 부족하네요. 잠시 기다리시면 돈을 바꿔서 드릴게요."

점원은 가게를 나가 맞은편 골목으로 들어갔다. 그런데 몇 분이 지나도 점원은 나타나지 않았다. 그때 가이드가 어서 오라고 재촉했다.

"빨리 오세요. 팀에서 이탈하지 마세요!"

동행한 친구가 말했다.

"네가 기다려줄 시간이 없다는 것을 알고 일부러 늦게 나타나는 걸지도 몰라. 그냥 팔찌만 챙기고 나가자."

나는 점원을 나쁘게 생각하고 싶지 않았지만, 가이드가 친구의 말이 맞을 가능성이 크다고 거들자 한순간 동요되었다. 가이드는 비교적 정확한 정보를 주는 사람이니까! 나는 헛웃음을 지으며 발길을 돌렸다.

'오래된 거리라고 했는데 사람들은 순박하지 않구나!'

팀에 합류한 나는 가이드를 따라 다리를 건너 좁은 골목길로 들어갔다. 그때 뒤에서 누군가 부르는 소리가 났다.

"저기요, 손님! 잠깐만요!"

뒤를 돌아보니 아까 그 점원이 헐레벌떡 뛰어오고 있었다. 점원이 숨을 고르며 말했다.

"관광 성수기라서 잔돈을 바꾸는 데 시간이 많이 걸렸어요. 바꿔 오니까 이미 안 계시더라고요. 자, 여기 거스름돈 삼십이 위안입니다. 세어보세요."

"저는 그런 줄도 모르고……."

나는 겸연쩍은 웃음을 흘렸다. 점원은 내 마음을 읽기라도 한 듯 시원하게 말했다.

"설마요. 제가 이 거리 명성에 먹칠을 할 순 없죠."

땀을 뻘뻘 흘리고 있는 점원을 보자, 근거도 없이 그를 의심했던 내가 부끄러워 얼굴이 벌겋게 달아올랐다.

점원의 태도는 오래된 거리의 체면을 세워주고도 남았다. 나는 세월이 흘러 해 질 무렵이 되면 지금의 풍경이 떠오를지도 모른다는 생각이 들었다. 그리고 정말로 그때의 기억은 쉽게 잊히지 않았다.

한 노인이 이런 말을 했다.
"자신이 먼저 단순해진다면 세상도 단순해질 것이다."
인생에는 세 가지 경지가 있는데 해탈한 선승의 말을 인용해 표현해 보면, 첫 번째는 산은 산이라 하고, 물은 물이라고 하는 경지다. 두 번째는 산은 산이 아니라 하고, 물은 물이 아니라고 하는 경지다. 세 번째는 산은 여전히 산이고, 물은 여전히 물이라고 하는 경지다.

세상에 태어날 때는 누구나 순수하게 세상을 바라보고 모든 것이 새로우며, 눈에 보이는 대로 받아들인다. 그래서 누가 이것이 산이라 하면 산으로 받아들이고, 저것이 물이라 하면 물로 받아들인다.

그러다 나이가 들면 세상 경험을 쌓아가면서 많은 문제점을 발견하게 된다. 이 문제는 많아질수록 복잡해지며, 옳고 그름이 뒤섞인다. 이치에 맞지 않는 사람은 세상을 누비는데 이치에 맞는 사람은 오히려 한 걸음도 떼지 못하며, 착한 사람은 보상을 받지 못하는데 나쁜 사람은 부귀영화를 누리는 것처럼 보인다. 이 단계에서는 격정적이고, 걱정이 많고, 우울해하고, 의심과 경계심이 많아지고, 머리가 복잡하고, 뭐든 쉽게 믿지 못한다. 이때는 산을 봐도 탄식하고, 물을 봐도 한숨 쉰다. 다시 말해 이것을 가리키며 실제로는 저것을 욕하는 상황이 일어나는 것이다. 이때 산은 더는 단순한 산이 아니고, 물도 더는 단순한 물이 아니다.

이처럼 모든 것이 사람의 주관적인 생각에 달렸다. 그러니 계속 두 번째 경지에 머물러야 한다면 삶은 고통의 연속일 것이다. 이 산을 오르면 저 산이 높아 보이고, 저 산을 오르면 다시 다른 산이 높아 보인다. 끊임없이 비교하고, 어떻게 살아야 할지 고민하며, 온갖 지혜를 짜내고, 신경 써야 해서 영원히 만족할 수 없다. 세상은 하나의 원으로 이루어져 있는데, 사람 밖에 또 사람이 있고, 하늘 밖에 또 하늘이 있으니 계속 돌고 돈다. 하지만 인생은 짧고 유한한데 어찌 영원히 따지고 계산하겠는가? 그래서 많은 사람이 두 번째 경지에서 죽음을 맞이한다. 평생 목표를 향해 바쁘게 달려오며 스스로 자부심도 느끼지만, 결국 원하던 꿈을 이루지 못한 채 원망 속에서 살아간다.

하지만 자기 수양을 통해 세 번째 경지에 도달하는 사람도 있다. 이들은 깨달음을 얻고 자연으로 돌아간다. 이때는 최선을 다해 자신이 해야 할 일을 하고, 주변 사람을 대하면서 계산하지 않는다. 번잡한 속세에 있어도 시원한 바람과 맑은 달을 즐기며, 힘든 일에 직면해도 웃어넘기며 어떤 상황에서도 너그럽게 이해한다. 그리고 산을 보면 여전히 산으로 보고, 물을 보면 여전히 물로 본다.

요컨대 사람은 본래의 사람이고, 억지로 좋은 사람이 되려고 노력할 필요는 없다. 세상 역시 본래의 세상이고, 사회에서 너무 잘하려고 애쓸 필요도 없다. 그렇게 억지로 노력하지 않아도 사람들과 잘 어울려 살아갈 수 있다.

좋은 사람으로 살아가려면 어떻게 해야 할까? 사회생활을 잘하려면 어떻게 해야 할까? 넓은 마음가짐으로 세상을 바라보자. 사람들을 웃게 만들고 자신 또한 웃으며 생활하자. 망망대해를 건너서 다시 넓은 세상을 보자. 구름은 없고 바람은 잔잔한 것처럼, 태양이 뜨고 지는 것처럼 태연해지자.

• • • 05

마음에 쌓인
먼지를 털어내라

원은 애니메이션 회사에서 미술 편집 일을 하는데, 오늘은 일이 손에 잘 잡히지 않는다. 지난주 금요일 남편이 출장을 갔다 왔는데 남편의 옷에서 긴 머리카락이 발견되었기 때문이다. 일주일이 지났지만 그녀는 여전히 심란했다. 오후 세 시쯤 컴퓨터 속도가 갑자기 느려지자 그녀는 황급히 회사의 네트워크관리자인 샤오타오를 찾았다. 샤오타오는 컴퓨터를 점검하더니 신속하게 문제를 해결했다. 그녀는 컴퓨터에 무슨 문제가 있었는지 물었다. 이에 샤오타오가 말했다.

"아무 문제도 없었어요. 휴지통이 꽉 차서 깨끗하게 비워드렸을 뿐이에요."

원은 순간 머리가 맑아졌다. 쓰레기가 너무 많으면 컴퓨터 속도가 느려지는 것처럼 자신이 머리가 아픈 이유도 생각의 휴지통을 비우지 않았기 때문임을 깨달은 것이다.

퇴근 후, 그녀는 바로 집으로 가지 않고 공원 잔디밭에 앉아 마음에 쌓여 있던 먼지를 털어냈다. 그랬더니 두통이 사라지고 마음이 한결 편안해졌다.

집에 돌아가 저녁 식사를 마친 윈은 남편에게 말했다.

"여보, 앞으로 우리 일주일에 한 번씩 마음의 먼지를 털어내요."

남편은 다정하게 그녀를 품에 안았다.

방 청소를 하면 기분이 새로워지는 것처럼, 머리를 잘랐을 때 더 예뻐 보이는 이유는 많은 것을 쳐냈기 때문이다. 아이들이 항상 행복해 보이는 것은 걱정이 없고 불필요한 고민을 하지 않기 때문이다. 하지만 어른들 마음은 많은 생각과 고민으로 가득하다.

컴퓨터의 휴지통은 자주 비워주지 않으면 공간을 너무 많이 차지해 속도를 느리게 만든다. 사람의 머리도 마찬가지다. 버려야 할 것을 버리면 훨씬 가벼워질 것이다. 인생의 난이도 역시 여기에서 결정된다.

이탈리아 캄포디멜레는 장수마을로 유명하다. 마을에 사는 850명 중 100세 이상은 10명, 90세 이상은 50여 명이나 되며, 대부분이 80세를 넘긴 노인이지만 모두 정정하다. 20년 전, 마을에 병원이 있었는데 10여 년 동안 환자가 없어서 문을 닫았다고 하니 이 지역 주민들의 건강이 확실히 남다르다고 할 만하다. 그렇다 보니 많은 과학자가 주민들의 건강과 장수 비결을 알아내기 위해 이 마을을 찾는다.

세계적인 전문가들 중 일부는 장수마을의 비결이 깨끗한 공기와 음용수에 있다고 여겼다. 그리고 일부는 현지인의 건강한 음식 습관이 핵심이라고 주장했다. 이러한 분석과는 달리, 마을 주민인 104세의 장수 노인 파치아는 말했다.

"이곳에 장수 비결 따위는 없어요. 우리는 다만 깨끗한 공기와 맑은 샘물을 마시고, 건강한 음식을 섭취해요. 그리고 평화로운 일상을 즐기며 손주들과 함께 즐거운 나날을 보내지요."

95세의 마시라는 이렇게 말했다.

"장수의 비결이라고 한다면 그 비결은 단순한 생활에 있어요. 우리는 이천여 년 전의 생활 방식을 그대로 따르고 있거든요."

장수의 비결이 단순한 생활에 있다는 사례는 더 있다.

구소련의 캅카스, 파키스탄의 훈자, 에콰도르의 빌카밤바, 중국 신장위구르 자치구의 커라마이, 중국 광시성의 바마는 세계 5대 장수마을로 손꼽힌다. 이들 마을은 대부분 아주 외진 곳에 위치하며, 주민들은 척박한 환경에서 살아간다.

중국의 장수마을은 커라마이와 바마 지역 외에도 장쑤성의 루가오, 후베이성의 중샹, 쓰촨성의 러산, 랴오닝성의 싱룽이 있다. 이곳은 교통, 통신, 주거, 의료 조건이 타 지역보다 훨씬 낙후되었지만, 100세 이상 노인 인구가 많다. 중국의 100세 노인들을 관찰한 결과, 주로 도시에서 멀리 떨어진 농촌에 살았다. 그리고 도시의 100세 노인들 중에는

고학력자의 비율이 상대적으로 낮았다.

　이처럼 건강하게 장수하는 노인들의 특징은 검소하다는 데 있다. 그렇다면 장수와 절약하는 삶, 또는 청빈한 삶은 어떤 관련이 있을까? 장수 노인들은 현대 문명에 거스르는 삶을 살고 있다. 그러나 현대인들의 삶은 다음과 같은 특징이 있다.

　첫째, 모름지기 병은 마음에서 비롯된다는 말이 있다. 의학 연구에 따르면, 질병의 76퍼센트가 마음의 병이라고 한다. 이는 선뜻 받아들이기 어렵지만 이미 증명된 사실이다. 인생은 복잡하다. 사람들은 번뇌로 고통스러워하고, 나날이 증가하는 심리적 부담은 내부 에너지를 많이 소모하게 만들어 육체에 영향을 미친다.

　둘째, 요즘 사람들은 건강하게 오래 살길 원하며, 그러기 위해서는 넓은 집에서 영양가 높은 음식을 섭취하며 편히 쉬고 놀아야 한다고 생각한다. 그래서 사람들은 좋은 집, 명품 차, 화려한 식사를 위해 매일 일찍 일어나 출근하고 저녁 늦게야 집으로 들어오며, 눈코 뜰 새 없이 바쁜 하루를 보낸다. 하지만 원하던 목표를 달성하고 나면 '문명병'에 걸려 괴로워한다. 이는 평소 기름진 음식을 많이 먹고, 충분히 휴식을 취하지 못하며, 타인에 대한 의존도가 높고, 스스로 할 수 있는 일은 거의 없기 때문이다. 그렇다 보니 자연히 면역력은 떨어지고 온갖 질병에 노출될 수밖에 없다.

　불쌍한 현대 문명인들, 특히 부자들은 조금이라도 오래 살기 위해 금은보화를 갖다 바치고, 수많은 시간을 투자한다. 그럼에도 건강해지기는커녕 오히려 더 악화될 뿐이다.

　사실, 인생이란 원래 그런 것이다. 불필요한 물건을 많이 소유할수록 소중한 것들을 잃어버린다. 따라서 생활 방식을 단순화할 필요가 있다. 소박하게 먹고, 검소한 집에서 살며, 건강하게 쉬면 더는 질병으로 괴로워할 일은 없을 것이다.

　인생이라는 배에 지나친 물욕과 허영은 실을 수 없다. 필요 이상의 지방은 심장을 압박하고, 너무 많은 재물은 심리적 부담을 가중시킨다. 과도한 추구는 사람의 영혼을 힘들게 하고, 과한 생각은 사람의 인생을 파멸시킨다. 그래서 재물에 눈이 멀어 돈을 최고로 생각하는 사람은 심각한 심리적 압박으로 인해 마음에 치명적 상처를 입는다. 그러니 최대한 지나친 것으로부터 벗어나야 한다.

마음을 청소하지 않으면 먼지가 쌓인다. 먼지로 뒤덮인 마음은 회색으로 변해 잘 보이지 않게 된다. 우리가 살면서 겪는 많은 일은 그것이 즐거운 일이든 슬픈 일이든, 차곡차곡 마음에 쌓여간다. 그렇게 하나둘 쌓일수록 마음은 어지럽고 무질서하게 변해간다. 고통스러운 감정과 불쾌한 기억이 가득 차면 활력이 없어질 수밖에 없다. 한편 마음에 쌓인 먼지를 털어내면, 어두웠던 마음이 밝아지고 사물이 더 분명해지면서 고민이 사라진다. 불필요한 기억을 버리면 행복이 차지할 공간도 넓어진다.

Chapter 6
돈과 명예는
자유로워지기 위한 수단에 불과하다

한 번 돈과 명예의 옷을 입어본 사람은 평생 그 옷을 벗지 못하고 자유로움과 가벼움을 느끼지 못한 채 살아간다. 이렇게 물질을 많이 소유할수록 정신적인 즐거움과 자유를 모르는 산송장이 된다.
세상에 올 때 빈손으로 왔듯이 갈 때도 빈손으로 간다는 사실을 명심해야 한다. 처음부터 아무것도 가진 게 없었다는 사실을 깨달으면 마음이 편안해지고 해탈의 경지에 이를 수 있다.

・・・ 01

우리는 모두
지나가는 나그네다

어느 날, 감산(憨山)대사가 불법을 설파하러 다니다가 시간이 지체되어 사찰에 당도하지 못했다. 그는 어쩔 수 없이 인근 가정집에서 숙박을 해결해야 했다. 하지만 집주인은 하룻밤만 재워달라는 대사의 청을 거절했다.

"우리 집은 여관이 아닙니다."

감산대사는 당황하지 않고 말했다.

"제가 세 가지 질문으로 당신의 집이 여관이라는 사실을 증명할 수 있습니다. 그러면 하룻밤 신세를 져도 되겠습니까?"

의심 많은 집주인은 생각했다.

'이 집은 조상 대대로 물려받은 유산이야. 내 집이 어떻게 여관이란 말인가? 이 중이 미쳐도 단단히 미쳤군.'

그는 시원하게 대답했다.

"정말로 제 집이 여관이라는 사실을 증명한다면, 방을 내어드리지요."

감산대사가 첫 번째 질문을 했다.

"당신이 살기 전에 이 집에 누가 살았습니까?"

"제 아버지가 살았습니다."

"춘부장이 살기 전에는 누가 살았습니까?"

"할아버지가 살았습니다."

"당신이 세상을 떠나면 누가 살게 됩니까?"

"제 자식이 살겠지요."

감산대사는 웃으며 말했다.

"사실은 당신도 나도 모두 나그네에 불과하다오."

대꾸할 말을 찾지 못한 집주인은 대사에게 편안한 잠자리를 내어주었다.

우리는 모두 지나가는 나그네에 불과한데, 다툴 일이 뭐 있을까? 아무리 좋은 집과 좋은 차, 빼어난 외모를 가지고 있을지라도 한 번 살고 가면 끝이다. 눈앞에 보이는 좋은 물건의 주인은 과연 누구일까? 화살처럼 빠르게 지나가는 시간 앞에서 그 물건은 내 것이 되기도 하고 네 것이 되기도 한다. 집을 예로 들어보면, 사람들은 수십 년 동안 온갖 고생을 하며 번 돈으로 집을 사지만, 길어봤자 고작 70년간 소유할 뿐이다. 게다가 70년 동안 실제로 그 집에 머문 시간은 과연 얼마나 될까?

네 탓을 해가며 서로 할퀴고 싸워봤자 결국 한 줌의 흙과 먼지로 돌아간다.

비옥한 땅을 가진 구두쇠가 있었다. 땅으로 많은 돈을 번 남자는 논을 사들이기 시작했고 점차 논의 넓이를 늘려갔다. 그렇게 말을 타고 하루를 가도 다 둘러볼 수 없을 만큼의 논을 사들이는 사이 그도 어느

새 노인이 되었다.

어느 날, 살날이 얼마 남지 않았음을 직감한 그는 자신이 마지막으로 머물 곳을 살펴보았다. 마침내 최후의 안식처가 될 작은 묘지가 완성되자 그는 평생 동안 사 모은 광활한 땅을 둘러보았다.

"평생에 걸쳐 이렇게 많은 재산을 축적했지만 마지막에는 저 작고 보잘것없는 무덤에 갇히다니! 가난뱅이와 다를 바가 없구나!"

그는 수십 년간 온갖 풍파를 견디고 치열하게 살면서 거액의 재산을 모았지만, 죽을 때는 한 푼도 가져갈 수 없었다.

누구나 활력 넘치는 인생을 살고 싶어 한다. '우리는 너나없이 지나가는 나그네에 불과하다'는 말은 소극적 자세로 안주하는 삶을 살라는 뜻이 아니다. 부지런히 탐구하고 어떤 환경에서도 자신이 할 수 있는 최선을 다하고 하늘의 뜻을 기다리는 자세로 살라는 의미다. 자비로운 마음으로 적당히 멈출 줄 알며, 사랑해야 할 것은 사랑하고, 내려놓아야 할 것은 내려놓을 줄 아는 삶을 살아야 한다.

인생에서 우리는 돈과 명예를 위해 뛰어다닐 수도 있고, 의리와 사랑을 지키기 위해 고군분투할 수도 있다. 그러나 어쨌든 마지막에는 모두 한 줌의 흙으로 돌아간다. 이렇게 모든 생명은 시간이 흐름에 따라 바람에 흩날리는 먼지가 될 운명인데, 무엇을 더 고민하며 살아야 할까? 한 번뿐인 인생 여행이 힘들고 피곤해질지, 편하고 즐거워질지는 인생을 대하는 태도에 달려 있다.

인생의 최고 경지는 어디일까? 인생의 참된 지식은 무엇일까? 이는 인생의 최고봉을 거쳐 가장 밑바닥까지 체험하고, 온갖 사람을 만나보며, 삶의 쓴맛과 단맛을 전부 맛본 이만이 대답할 수 있는 질문이겠다.

소동파는 원래 한림(翰林)의 대학사(大學士)였다. 그가 정치싸움에 휘말리자 친구들은 그에게서 멀리 피신해버렸다. 마몽득(馬夢得)이라는 자만이 위험을 무릅쓰고 그에게 옛날 군대 주둔지였던 동쪽 황무지를 내주었다. 그때부터 그는 자신의 이름을 소식(蘇軾)에서 소동파로 바꾸었다.

소동파는 황무지를 개간해 농사를 지으며 시를 쓰기 시작했다. 그러면서 '내가 왜 궁에서 싸우며 살았던가? 왜 떳떳하게 살지 못했던가?'라는 생각에 빠져들었다. 그는 다른 삶을 살기로 마음먹었다.

어느 날, 그는 황주의 야시장에서 술을 마시다가 험상궂은 인상의 젊은이와 부딪혔다. 젊은이는 바로 소동파를 바닥에 내동댕이치며 말했다.

"이건 뭐야, 감히 나와 부딪쳐? 뜨거운 맛 좀 보여줄까?"

그는 상대가 누구인지 몰랐다. 바닥에 엎어진 소동파는 갑자기 피식 웃음이 새어나왔다. 그리고 집으로 돌아가 마몽득에게 편지를 썼다.

'나를 몰라보니 정말 즐겁다네.'

벼슬할 때는 모든 것을 하나의 목표에 맞춰야 했고, 감정을 돌볼 겨를이 없었다. 그러다 자리에서 물러나서야 진정한 자신을 발견하고 '장강은 동쪽으로 흐르고 물결 따라 다 흘러갔네', '다정한 사람은 나를 비웃겠지, 너무 일찍 머리가 셌다고'라는 아름다운 시구를 완성할 수 있었다.

그는 최고봉을 거쳐 나락으로 떨어지는 경험을 통해 깨달음을 얻었다. 소박함이야말로 인생의 참맛이라는 사실을 말이다. 그는 이런 유명한 시구도 남겼다.

'돌아보니 고요하구나. 비바람도 없고 맑지도 않네.'

이는 걸어온 지난날을 돌아보니 마음이 평온해지면서 이제 아무렇지도 않다는 뜻이다.

'지팡이에 기대 물소리를 듣네.'

이 시구에서는 시원한 바람이 불어오는 강가의 모습이 그려진다.

인생은 한세상이고, 풀은 한 계절이라는 말처럼 인생은 정말 짧다. 이러한 인생에서 위로는 제왕의 자리에 오른 자부터 아래로는 평범한 백성들까지 심지어 거리의 부랑자도 인생이라는 짧은 무대의 연기자이자 관객이다. 자신의 인생을 연기하면서 동시에 다른 사람의 인생을 관람한다. 한 생에서 사람들은 다양한 역할을 맡으며, 수많은 비극과 희극 연기를 한다.

인생은 덧없는 꿈같다는 말을 자주 한다. 인생이란 하나의 비극이라는 말들도 많이 한다. 천재든 바보든 똑같은 결론에서 벗어나지 못한다. 이때 통찰력이 있는 사람들은 피할 수 없는 처량한 인생에서 깨달음을 얻는다. 모든 고통을 뛰어넘어 외부의 사물을 너그럽고 거리낌 없이 대하고 세상을 담백하게 바라본다.

물론 삶을 유지하기 위해 생계를 도모하고 일도 해야 한다. 그리고 자신과 가족을 위해, 그리고 사회를 위해 도리에 어긋나는 일을 해서는 안 된다. 태양은 매일 떠오르고 삶은 계속된다. 따라서 하루하루를 소중히 생각하고 매 순간 충실하며, 나와 다른 사람에게 도움이 되는 삶을 살아야 한다.

정은 삶에서 가장 중요한 조미료이고, 담백함은 진정한 인생의 맛이다. 떠들썩한 가운데도 홀로 고요함을 유지하고, 진한 농담 속에서도 옅은 농담을 추구하는 것! 이것은 꽃이 피고 지는 여유로움과 같고, 봄이 가고 겨울이 오는 자연과 같다. 복잡한 인간 세상에서 이렇게 담백한 감정을 유지하고 담백한 삶을 살아갈 수 있다면 더할 나위 없이 좋을 것이다.

가지가 적으면 열매가 많고, 가지가 많으면 열매가 적다

길가에 복숭아나무 두 그루가 있었다. 하나는 울타리 안에서, 또 하나는 울타리 밖에서 자라고 있었다. 그중 울타리 안에 있는 나무는 보호를 잘 받으며 자라서 가지와 잎이 풍성했지만, 울타리 밖에 있는 나무는 지나가는 사람들이 잡아당기거나 꺾어서 가지가 적고 옆으로 휘었다. 봄이 되자 나무는 둘 다 붉은 꽃을 피웠고, 가을에는 노란 열매를 맺었다. 그런데 울타리 밖에 있는 나무는 매년 열매가 주렁주렁 열리는 반면, 울타리 안에 있는 나무에는 열매가 거의 열리지 않았다.

나는 그 길을 지날 때마다 울타리 안에 있는 나무를 보며 안타깝다는 생각이 들었다. 그러던 어느 날, 과수원을 방문했는데, 그제야 두 복숭아나무의 비밀을 알게 되었다. 즉, 가지가 적으면 열매가 많아지고, 가지가 많으면 열매가 적어진다는 사실이었다.

이러한 대자연의 오묘함은 인간의 삶과 유사하다.

두 명의 화가가 있었다. 한 명은 여기저기를 떠돌며 그림을 그렸고,

또 한 명은 국립미술협회 소속의 프로 화가였다. 떠돌이 화가는 도시에서 시골까지, 산촌에서 어촌까지, 나라 구석구석을 돌아다니며 그림을 그렸다. 그렇게 그는 먹고 입는 것만 해결되면 그림을 그렸는데, 학술회의나 해외 전시회에는 가본 적도 없고, 오로지 그리는 일에만 집중했다.

반면 프로 화가는 이사, 회장, 평론가, 자문, 지도교수 등 17개의 직함을 가지고 있었다. 그는 매년 다양한 모임에 참석하고, 그림을 그리고, 회의를 개최하고, 제자를 가르치고, 자선 바자회를 열고, 전시회에 참여하고, 평론을 하는 등 여러 일을 했다.

1998년, 양안(兩岸) 문화예술제에 두 사람의 그림이 전시되었다. 그런데 중국, 타이완, 홍콩, 마카오에서 온 참석자들로 성황을 이룬 예술제에서 떠돌이 화가의 모든 작품은 고가로 팔려나갔지만, 프로 화가의 작품은 하나도 팔리지 않았다. 속상한 프로 화가는 친구에게 하소연했다. 친구는 말했다.

"네가 여지껏 하고 있는 일을 줄였다면 이런 일은 일어나지 않았을 거야."

단순하고 끈기 있는 사람은 충실한 삶을 살고, 복잡하고 수선스러운 사람은 공허한 삶을 살게 된다. 그런데 이런 진리를 아는 사람은 그리 많지 않다. 특히 세속적인 길을 따라 멀리까지 간 사람들은 더욱 깨닫지 못한다. 돈과 명예를 가지면 황금 갑옷을 걸친 것처럼 자신의 몸값이 올라가고 만인에게 환영받지만, 이는 창의력을 가두고 창작의 원천을 고갈시킨다. 반대로 돈과 명예에 욕심이 없는 사람은 자유롭게 더 멀리 나아갈 수 있다.

세상에서 가장 향기로운 것은 무엇일까? 향수? 생화? 사랑하는 사람의 체취? 그 무엇도 진수(眞水), 즉 순수한 물을 따라가지 못한다. 그렇다면 세상에서 가장 높은 것은 무엇일까? 바로 진인(眞人), 즉 진리를 체득한 사람이다. 그들은 지식이 없고, 덕이 없고, 공로가 없고, 유명하지도 않다. 하지만 그들은 순수하며, 만물에 이롭다.

· · · 03

행복은
가진 것에 비례하지 않는다

 말초신경은 신체 모든 곳에 퍼져 있으므로 수술을 할 때 아주 작은 상처만 나도 환자는 고통스러워한다. 따라서 수술 중 민감한 신경을 마취시켜 환자의 통증을 줄이기 위한 방법을 찾는 것은 전 세계 외과 의사들의 숙원이었다.
 1946년, 미국의 한 의과대학 2학년생 모턴(Morton)은 실험을 하던 중 강력한 마취 기능을 가진 에테르라는 약물을 만들어냈다. 에테르의 발명은 외과 수술 역사상 획기적인 일이었다.
 에테르는 인체의 신경 체계에 강력한 마취 기능을 하며, 소량으로도 환자를 잠들게 했고, 수술 중 전혀 통증을 느끼지 못하게 했다. 지금까지도 에테르는 각종 수술을 할 때 사용하는 가장 중요한 마취용 약물이다. 하지만 무언가를 얻고 잃음에 따라 쾌락과 고통을 생성하는 사람의 또 다른 신경 체계는 강력한 에테르로도 마취되지 않았다.
 에테르를 발명한 모턴은 미국 정부에 특허를 신청하려 했는데, 그의

지도교수였던 웰치(Welch)와 그에게 실험실을 내어준 화학과 교수 잭슨(Jackson)에게 저지당했다. 서로 자신의 이름으로 특허를 신청하려던 세 사람의 싸움은 결국 소송으로 비화했다. 세 사람은 에테르를 발명하는 과정에서 자신이 가장 중요한 역할을 했다고 주장하며, 각자 자신이 에테르의 발명자라고 소리를 높였다. 에테르 발명자라는 명예를 잃을 수도 있다는 상실감에서 오는 통증은 시시각각 그들을 괴롭혔고, 몇 년이나 이어진 소송에서 양보하는 사람은 아무도 없었다. 결국 잭슨은 정신병에 걸렸고, 웰치는 자살로 생을 마감했으며, 모턴은 우울증에 시달리다가 뇌출혈로 사망했다.

세 사람은 명예를 잡으려다 생명을 잃었다. 환자의 고통을 줄이기 위해 힘을 합쳤던 세 사람은 환자의 신경을 마취시켜 통증을 없애주는 에테르를 발명했지만, 이 에테르는 세 사람의 명예욕까지 마취시키지는 못했다. 에테르는 그들에게 통증보다 더 처참한 인생의 비극을 가져다주었다.

그들에게 명예욕으로 인한 통증은 외과 수술로 인한 통증보다 훨씬 컸다. 수술할 때 느끼는 통증은 에테르로 제어할 수 있었다. 그러나 명예욕으로 인한 통증은 너무 강력한 탓에 아마도 죽을 때까지 지속적으로 나타날 것이다. 지금까지 명예욕을 마취시킬 수 있는 약물은 발견되지 않았다.

명예와 목숨 중 무엇이 더 중요한가? 명예를 택할 것인가, 목숨을 택할 것인가?

명예는 생명을 빛내는 보물이며, 생명은 명예를 유혹하는 힘을 가지고 있다. 일순위로 우리는 항상 생명을 사랑해야 한다. 명예는 생명의 일부에 지나지 않기 때문이다. 자연의 순리에 따라 본성을 지키고 욕망을 억제하면, 원하는 것을 얻을 수 있다. 하지만 순리를 따르지 않는다면 상처로 얼룩진 역사가 진정으로 원하는 게 무엇이냐고 따져 물을 것이다.

　어느 회사에서 직원 야유회를 갔다. 교외로 나가니 멋진 풍경이 펼쳐졌지만, 회장을 수행하는 비서들은 그의 시중을 드느라 줄곧 이리저리 왔다 갔다 했다. 신나는 야유회에서 가장 불행한 사람은 회장이고, 가장 기분이 들뜨고 행복한 사람은 청소부였다.
　젊은 나이에 백만장자가 된 회장은 평소 일 년의 절반 이상을 출장 때문에 자리를 비웠다. 직원들은 물론이고 가족들까지도 그의 얼굴을 보기 힘들 정도다. 그래서 야유회가 있던 날은 정말 오랜만의 휴일이었다.
　교외로 나와 깨끗한 공기에 취한 사람들은 신나게 낚시를 하고, 바비큐를 즐기고, 카드놀이를 하고, 춤을 췄다. 오직 회장만이 끊임없이 걸려오는 전화를 받으며, 때로는 실수한 직원들을 꾸짖고, 때로는 물건 대금이 늦어지니 기다려달라는 부탁을 하고, 때로는 관계 부서의 부당한 요구를 들어주느라 진땀을 뺐다. 마음 편히 쉬러 온 야유회였지만, 즐겁게 웃고 떠드는 소리와 아름다운 풍경 앞에서 그는 아무것도 듣지 못하고 보지 못했다. 초조한 표정으로 풀밭을 왔다 갔다 하는 회장의 모습은 마치 궁지에 몰린 짐승 같았다.
　그는 비서와 대화를 하며 기분을 풀어보려 노력했지만 여전히 초조하고 불안했다. 그는 보관 중인 원자재 가격이 급락하여 고객을 다른 회사에 뺏겼고, 창고에 화재가 발생해 막대한 손실을 입었으며, 아들이 대입 시험에 떨어졌다며, 마음대로 되는 일이 하나도 없다고 하소연했다. 그는 모든 것을 잊고 즐거운 시간을 보내고 있는 사람들을 보며 탄식했다.

"저들의 행복이 내게도 전염됐으면 좋겠네. 나를 뺀 모든 사람이 행복해 보이는군!"

한편 청소부는 직원들을 위해 즐겁게 고기를 굽고 있었다. 자신이 구워주는 고기를 맛있게 먹는 젊은이들의 모습에 절로 미소가 나왔고, 눈을 반짝이며 더할 나위 없이 행복한 표정을 지었다.

50세를 조금 넘긴 그녀는 전체 건물의 청소를 책임지고 있다. 매일 아침 여섯 시에 출근해서 바닥을 밀고, 계단 손잡이와 각종 기구를 닦은 뒤, 쓰레기를 치우는 일을 했다. 그녀는 매일 힘든 일을 하지만 아주 행복했다. 남편은 택배 회사에 다니는데 월급은 많지 않아도 그녀에게는 언제나 자상하다. 고3인 아들은 성적도 좋고 부모가 힘들게 일하는 것을 이해해주고 검소하게 생활한다. 시어머니는 건강이 안 좋은데도 집안일을 도와주고 항상 저녁을 차려놓는다. 그녀는 가족이 둘러앉아 정겹게 대화를 나누며 저녁을 먹는 시간이 가장 행복하다.

그런 그녀는 회장을 가장 성공한 사람이라고 생각한다. 그녀는 가난하게 사는 자신도 이렇게 행복한데 호화로운 주택에서 최고급 음식을 먹는 회장은 얼마나 행복할지 상상하곤 한다. 가고 싶은 곳이 있으면 언제든 갈 수 있고, 돈 때문에 골치 아플 일도 없을 테니, 근심이라곤 하나도 없을 거라고 생각한다. 회장이 얼마나 불행하게 살고 있는지는 전혀 모른 채 말이다.

행복에도 끓는점이 있다. 그런데 이 끓는점은 사람마다 달라 100도가 되어야 행복감을 느끼는 사람이 있고, 30도에도 행복감을 느끼는 사람이 있다. 회장은 물질적으로 풍족하고 막힘없이 성공한 인생을 살고 있지만, 행복의 끓는점이 아주 높다. 그래서 호화 주택에서 명품 차를 타고 세계 여행을 즐겨도 그의 행복은 끓는점에 도달하지 못하는 것이다. 반면, 청소부는 비록 가난하지만, 삶에 대한 요구가 높지 않아서 행복의 끓는점이 낮다. 그녀에게 행복은 맛있는 요리 한 접시나 식사를 마치고 남편과 산책을 하는 것에서 비롯된다.

행복은 결코 가진 것에 비례하지 않으며, 그것과는 전혀 상관없다. 리자칭이 마라탕(麻辣烫, 중국 쓰촨성의 매운 요리로, 대중적인 길거리 음식) 장수보다 50만 배, 500만 배의 돈을 가지고 있지만, 그만큼 행복하다고 말할 수 있을까? 물론 마라탕 장수보다 행복할 수는 있지만, 정확히 50만 배 행복하다고 말할 수는 없을 것이다. 그리고 어쩌면 마라탕 장수보다 불행할지도 모른다.

일이 잘 풀리지 않아 상심한 청년이 있었다. 그는 언제나 남들보다 가난하다는 생각에 빠져 있었다. 집 살 돈이 없어서 세를 얻어 살았는데, 월세는 매년 올랐다. 그는 차를 살 돈이 없어서 매일 만원 버스를 타고 출퇴근을 했다. 간신히 괜찮은 직장에 들어갔는데, 점심값이 부족해 빌딩 지하 식당에서 싸구려 밥을 먹어야 했다.

그는 이런 생활을 견디지 못해 기어코 자살을 선택했다. 하늘나라 입구에 이르자 하느님이 물었다.

"너는 왜 자살을 했느냐?"

"지독한 가난 때문에 사는 게 너무 힘들었습니다."

"가장 원하는 게 무엇이냐?"

"제 몸값이 일억이었으면 좋겠습니다."

"네 몸값은 그것보다 높다."

그 말에 청년은 믿지 않는다는 투로 물었다.

"저한테 농담하시는 거죠?"

하느님은 병으로 죽은 부자를 불러 이유를 설명하게 했다.

"저는 월가에서 잘나가던 투자자였는데 금융 위기 때 받은 충격으로 큰 병에 걸렸습니다. 병을 치료하기 위해 수백만 달러를 썼지만 죽음을 늦출 수는 없었죠. 저는 건강한 신체라면 최소한 이억의 가치가 있다고 생각합니다. 일이라는 숫자 뒤에 붙는 무수한 영으로 인생을 표현한다면, 일은 건강한 신체이고 뒤에 붙는 무수한 영은 지위, 권력, 재산과 같은 것들입니다. 그런데 어느 날 맨 앞에 있는 일이 사라진다면, 뒤에 남은 영은 아무런 의미도 없습니다."

청년은 그제야 하느님의 말을 이해했지만, 후회해도 이미 때는 늦었다. 그는 하느님께 약속했다.

"제가 다시 태어난다면, 절대 가난 때문에 걱정하지 않겠습니다."

자신의 생명을 하찮게 여기는 사람들이 있다. 이들은 항상 남들과 비교하며 가난하다는 열등감에 빠져 산다.

'남들이 고기를 먹을 때 나는 죽을 먹고, 남들이 자가용을 탈 때 나는 만원 버스를 타고, 남들이 비행기를 탈 때 나는 기차를 타는구나.'

하지만 다리 밑에서 구걸하는 거지를 포함해 모든 사람은 이미 5억 이상을 가지고 있다. 구체적인 내용은 다음과 같다.

- **건강한 신체 = 2억** : 세상에서 가장 큰 다이아몬드 반지를 주며 건강한 신체와 바꾸자고 하면 어떨까? 절대로 바꾸지 않을 것이다. 그러니 건강한 신체를 가진 당신은 행운아다.
- **안전하고 평화로운 국가 = 1억 4천** : 전쟁, 기아, 공포, 죽음의 위기에 처한 국가들에 비하면 안전하고 평화로운 국가에 사는 것도 행운이다. 지금 사는 나라를 완벽하다고 말할 수는 없지만, 안전하다면 이미 부자다.
- **"사랑해"라는 말을 듣는 순간 = 1억 8천** : 살면서 가장 행복했던 때가 언제냐고 묻자 대부분이 "사랑해"라는 말을 듣는 순간이라고

꼽았다. 고독한 세상에서 "사랑해"라고 말해주는 사람이 있다는 것은 춤을 추며 기뻐할 일이다. 점점 '사랑'이 사라지는 이 시대에 아직도 사랑을 느끼고 믿을 수 있다는 것은 얼마나 행운인가?

이미 5억 이상을 가지고 있다는 말에 수긍한다면 긴 탄식, 원망, 근심, 상실감은 이제 거두는 게 어떨까? 사실, 가진 것은 5억뿐만이 아니다. 부모의 사랑, 자식의 존경, 친구들의 관심을 더한다면 충분히 부자 아닌가? 더는 가난 때문에 열등감에 사로잡힐 이유가 없다.

인간을 창조할 때 신은 아무렇게나 빚지 않았다. 신은 모두 공평하게, 남자든 여자든 똑같이 하나의 머리와 두 팔, 두 다리를 주었다. 그러니 가진 것이 많든 적든, 사물을 정확하게 보고 세상의 이치를 따라야 한다. 음식을 마음껏 먹고 마실 때 위가 하나밖에 없다는 사실을 생각하라. 위가 고장 나면 신도 새로운 위를 만들어주지 못하기에 식욕을 절제할 줄 알아야 한다. 무분별하게 성을 탐할 때는 생식기가 하나밖에 없다는 사실을 생각하라. 남들보다 많은 생식기를 가진 것이 아닌 이상 남들보다 과한 성욕은 필요치 않다. 스스로 자신의 욕망을 억제할 줄 알아야 한다. 무분별하게 집과 땅을 사들일 때는 몸이 하나밖에 없다는 사실을 생각하라. 왜 하나밖에 없는 몸을 많은 곳에 의탁하려고 하는가?
행복은 가진 돈으로 결정되는 게 아니라, 마음속 끓는점으로 결정된다. 행복을 위해 끓는점을 조금만 낮춰보자.

· · · 04

잠자리 낚시로
행복을 낚다

며칠 전, 나는 바링허우(八零後, 1980년대 이후 세대) 신혼부부의 초대를 받고 집을 방문했다. 부자 동네로 알려진 지역에 위치한 집은 45평 면적에 방이 세 개나 딸려 있었고 가전제품은 입식 에어컨, 52인치 LCD TV, 전자동 파나소닉 세탁기 등 전부 최고급이었다. 안주인은 2만 위안이나 주고 구입한 한국산 양문 냉장고를 자랑스럽게 소개했다. 나는 같은 30대로서 상대적 상실감에 씁쓸한 기분마저 들었다.

하지만 인생은 눈에 보이는 게 다가 아니다. 신혼부부가 능력이 있어서 그렇게 산다면 괜찮지만, 그렇지 않다는 게 문제다. 부부의 수입은 그다지 좋은 편이 아니다. 남편은 공무원으로 임용된 지 이제 2년쯤 되었고, 여자는 연봉 4~5천 위안 수준의 평범한 직장인이다. 부부는 화려한 생활 뒤에서 경제적 부담으로 하루하루 허덕이는 삶을 살고 있었다.

역시나 과연 술이 좀 들어가니 남편이 먼저 우는소리를 시작했다.

집값의 3분의 2는 은행에서 대출을 받았고, 가전제품은 처가댁에서 사 줬다. 그리고 사정을 들은 친가에서는 평생 모은 돈을 아들의 장가 밑천으로 줬다는 것이다. 게다가 얼마 전에는 부인이 일제 자동차가 마음에 든다며 대출을 받아 차를 사자고 해서 말다툼까지 했다고 한다. 남편은 말했다.

"사는 게 너무 힘들어요! 매일 아침 눈을 뜨면 은행 이자를 어떻게 갚아야 할지부터 생각해요. 재산세, 종합토지세, 주민세 등등 내야 할 게 천지예요. 두 사람이 사는데 이렇게 큰 집이 왜 필요하고, 저렇게 큰 냉장고가 웬 말이냐고요! 텔레비전도 국산이면 충분하고, 회사는 셔틀버스를 타고 다니면 되니까 차는 몇 년 뒤에 사도 늦지 않은데 말이에요!"

남편의 말에 화가 난 부인은 말했다.

"정말 답답하다니까, 이 사람은 인생이 뭔지 몰라요."

남편이 다시 말했다.

"능력대로 살라는 말이 있잖아요. 이렇게 살다가는 늙어서 하우스 푸어(House Poor, 집을 보유하고 있지만 무리한 대출로 인한 이자 부담 때문에 빈곤하게 사는 사람들을 가리킨다), 카 푸어(Car Poor, 주거지는 비교적 열악한데, 고급차를 타는 사람들. 저축이나 결혼 등 알 수 없는 미래보다는 '현재를 즐기자'는 인식이 강한 사람들을 가리킨다)로 살게 될까 걱정이에요."

부인이 반박했다.

"정말 시대에 뒤떨어지는 생각 아니에요? 인생을 즐기며 살아야죠."

신혼부부의 공방전을 지켜보며 이런 말이 생각났다.

'참선은 실생활에서 실천하는 것이다.'

선종파는 물질을 추구하는 데에서 적당한 선에 멈추고, 만족할 것을 강조한다. 물질을 충분히 가졌든 부족하든, 모두 자연의 순리에 따라야 한다는 뜻이다.

참선은 실질적인 삶 속에서 실천해야 한다. 사람은 각자 능력을 타고난다. 황금 그릇을 가진 사람이 있고, 사기 그릇을 가진 사람이 있으며, 별장에 살며 자가용을 타는 사람이 있고, 셋방에 살며 자전거를 타는 사람이 있다. 이러한 각자의 능력에 따라 최선을 다하고 하늘이 부여한 삶을 받아들이면, 자신의 능력 범위에서 원만한 인생을 꾸릴 수 있다. 가족이 화목하고, 부모님과 아이들이 건강하며, 안정적인 직장이 있고, 마음을 터놓을 친구가 있는 사람의 인생이야말로 아름답지 않은가?

'참선은 실생활에서 실천하는 것이다'라는 말은 생활 속에서 살아 있는 참선의 진리와 지혜를 배우고, 직접 깨닫고 받아들이고 실천하라는 의미다.

어느 여름날 오후, 귀여운 여자아이가 베란다에 서서 붉은 실이 묶인 작은 막대를 잡고 있었다. 창밖으로 붉은 실이 바람에 날려 살랑거렸다. 그날은 맑은 날이라 잠자리가 낮게 날아다녔다. 나는 여자아이에게 뭘 하고 있는지 물었다. 여자아이가 답했다.

"지금 잠자리 낚시를 하고 있어요."

"낚싯바늘이 없는데 어떻게 잠자리를 잡지?"

"잠자리를 잡지 못해도 기분이 좋아요."

아이의 말에 나는 뒤통수를 한 대 얻어맞은 기분이 들었고, 이내 가슴 깊숙한 곳부터 따뜻해지기 시작했다. 그리고 어릴 적 기억이 떠올랐다.

어릴 때 나는 글로 표현하길 좋아하는 아이였다. 그래서 잠자리 낚

시를 하는 여자아이처럼 종종 베란다에 나가 턱을 괸 채 창밖의 풍경을 글로 묘사하곤 했다. 그렇게 나는 작가가 되고 싶어서 시간이 날 때마다 글을 썼다. 선생님이 일기 숙제를 내주시면 친구들은 한 편씩 쓸 때, 나는 두 편씩 썼다.

어느 날은 작문 선생님이 나를 불러 물었다.

"왜 그렇게 글쓰기에 푹 빠져 있니?"

"작가가 되고 싶어서요."

"이런, 그런데 글을 쓴다고 나중에 다 작가가 되는 건 아니란다."

선생님은 자상하게 말씀하셨다. 난 천진난만하게 대답했다.

"그래도 글을 쓸래요. 제가 좋아하는 일이니까요."

선생님은 나를 꼭 안아주면서 말씀하셨다.

"넌 아주 잘 살 거야."

그때 나는 인생에 대해 잘 몰랐지만, 어른이 되고 나니 선생님의 따뜻한 포옹과 내게 해주셨던 말씀이 영원히 잊히지 않는다.

"네가 좋아하면 됐어. 그것이 네 인생을 빛나게 해줄 거란다."

지금도 나는 여전히 글을 쓰는 습관을 가지고 있다. 하지만 내 목표는 더는 작가가 되는 것이 아니다. 글을 쓰면서 인생의 즐거움을 깨닫고 즐기는 데 있으며, 인생이라는 여행길의 풍경을 기록하는 데 있다.

'하늘에 날갯짓을 한 흔적은 없지만 나는 이미 날았네.'

내가 가장 처음 외운 시구로, 아직도 좋아하지만 지금까지 진정한 의미를 알지 못했다. 그런데 여자아이를 보면서 이 시구의 의미를 비로소 깨달았다. 하늘을 나는 목적은 흔적을 남기기 위해서가 아니라, 하늘을 날면서 자유로움과 행복을 느끼기 위해서다.

인생에도 우리가 살면서 행복했던 흔적은 남지 않겠지만, 행복했으면 그만이다. 여자아이에게 가장 아름다운 것은 잠자리이고, 그것만으로도 충분히 행복한 것처럼 말이다!

세상에 두 종류의 꽃이 있다. 하나는 열매를 맺고, 또 하나는 열매를 맺지 못한다. 하지만 장미와 튤립처럼 열매를 맺지 못하는 꽃은 열매를 맺는 꽃보다 더 아름답다. 장미와 튤립은 열매를 맺지 못한다는 이유로 아름다움을 포기하지 않는다. 사람도 마찬가지다. 꽃처럼 열매를 맺을 수 있는 사람은 일에서 성공하지만, 열매를 맺지 못하는 사람은 평생 어떠한 업적도 쌓지 못한 채 그저 평범하게 살아간다. 하지만 평범한 사람은 항상 행복하고 장미와 튤립처럼 얼굴에 미소가 떠나지 않아 많은 이의 사랑을 받는다.

평범한 사람들에게 참선이란 지향해야 할 행복을 의미한다. 이 행복은 평온하고 차분하며 억지로 무언가를 하지 않는 것이다. 인위적으로 쌓아놓은 여러 겹의 장애물을 뛰어넘으면 삶의 원형으로 돌아간 행복 본연의 모습을 볼 수 있을 것이다.

••• 05
영혼을 살찌우는 일에
관심 가져라

A는 내 절친한 친구다. 그는 나를 정신적 지주로 생각한다. 그는 정치가이고 나는 작가이다. 그는 내 삶을 부러워하며 나를 "들새"라고 부른다. 그는 어릴 때부터 나를 무당산(武當山)에서 태극권을 연마한 은둔 협객이자, 정신적으로 초탈한 사람으로 보았다. 우리는 자주 만나 차를 마시고 대화를 나누었다.

올봄, 그와 함께 신년 계획을 세웠는데 그때 그가 물었다.

"작업실을 내거나 회사를 차릴 생각은 없어? 자금이 필요하다면 내가 도와줄게."

나는 말없이 고개를 저으며 차를 따랐다. 그가 다시 물었다.

"돈에 원수라도 졌어? 뼛속부터 피어나는 재능을 왜 뽐내지 않는 거야?"

나는 잠시 침묵했다가 자리에서 일어났다.

"네게 보여줄 물건이 있어."

그리고 잠겨 있던 서랍을 열어 밑바닥에 있던 서류함에서 누렇게 바랜 일기장을 꺼내 그에게 주었다.

"이건 내가 법학을 포기한 날 저녁, 앞으로 어떻게 살지에 관해 구체적으로 적어놓은 거야."

나는 그에게 일기장을 주고 나갔다. 그런 뒤 서재에서 계속 글을 썼다. 그 후 A는 더 이상 내게 회사를 차리라는 말을 하지 않았다. 그리고 이렇게 글을 쓰는 일을 지지해주었다.

일기장에 쓴 내용이 궁금한가? 블로그의 글을 공유한다는 느낌으로 내 일기장을 여기에 공개해볼까 한다.

- 집을 공동으로 임대한 언니는 물 끓이는 것이 귀찮아서 매번 내 물을 얻어 마셨다. 처음에는 물통을 숨겨놨는데, 나중에는 숨기고 찾는 일이 번거로워 내 물통을 거실에 놓고 공용으로 쓰기로 했다. 언니의 행동을 감시하고 싶지 않고, 더욱이 사소한 일로 화를 내고 싶지 않다.
- 싼 물건이나 채소를 살 때는 흥정을 하지 않는다. 그러면 하루 평균 3마오, 1년에 100위안 정도 손해지만 이 정도는 받아들이기로 했다.
- 대중교통을 이용할 때 절대 자리를 강탈하지 않는다. 자리에 강탈하려면 사람들과 입씨름을 해야 하는데, 그러면 하루종일 기분이 좋지 않다. 그러느니 차라리 서서 가는 게 낫다.
- 남들이 물건을 빌려달라고 할 때는 최대한 빌려준다. 빌려준 물건을 돌려줘도 그만이고, 돌려주지 않아도 억지로 돌려달라고 닦달하지 않는다. 그러기에는 너무 피곤하다.
- 작업실을 만들지 않는다. 지금 글을 쓰는 것은, 글쓰기가 좋고 사람들과 내 감정을 공유하는 것을 좋아하기 때문이다. 그런데 만약 회

사를 차리게 되면 직원을 모집하고 사무실을 얻어야 하는데, 그러면 더는 즐겁게 글을 쓸 수 없을 것이다. 글쓰기가 부담이나 족쇄가 되는 걸 원치 않는다. 이는 무대에 섰는데 노래를 부르고 싶은 마음이 없어지는 것과 같다. 그런 일이 일어나선 안 된다.

이런 것을 인생철학이라고 한다면 내 인생철학은 자유롭게 하고 싶은 대로 사는 것이다. 나는 돈을 버는 일보다 영혼을 살찌우는 일에 더 관심이 많다.

A도 점점 내게 동화되었다. 올해 5월, 그는 자동차 여행을 떠나기 전에 고가의 프로용 DSLR 카메라를 구입했다. 그런데 사실, 카메라를 샀다는 걸 주변에서 알면 빌려달라고 할까 봐 숨겨놓고 필요할 때만 몰래 사용했다고 한다. 그런데 내 일기장을 본 후, 그는 카메라를 공개하고 원하는 사람이 있으면 마음껏 쓰도록 했다.

영혼을 살찌우는 일에 관심이 있는가? 그렇다면 좋아하는 일을 하고, 그렇지 않다면 자유롭지 못한 인생을 원망하지 말라. 그럴 자격이 없다. 길은 스스로 선택하는 것, 우리는 책임지는 법을 배워야 한다.

인간은 태어날 때 "전부 다 가질 거야"라는 의지를 보여주듯 주먹을 쥐지만, 세상을 떠날 때 "아무것도 가져갈 수 없다"고 말하듯 두 손을 편다. 돈과 명예를 추구하지 말고 더 높은 경지에 다다를 수 있도록 노력해야, 즐겁고 행복한 인생을 살 수 있다.

・・・ 06

지금 가지고 있는 모든 것을 잃었다고 생각하라

남을 잘 돕는 선한 남자가 죽어서 천사가 되었다. 천사가 된 그는 종종 인간 세상에 내려가 사람들을 도와주고 행복의 향기를 맡았다.

어느 날, 천사는 번뇌에 빠진 농부를 만났다. 농부는 천사에게 하소연했다.

"우리 집 물소가 죽었어요. 밭을 갈아줄 물소도 없이 어떻게 농사를 짓나요?"

천사가 건강한 물소를 내려주니 농부는 크게 기뻐했고, 천사는 행복의 향기를 맡을 수 있었다.

하루는 천사가 울상을 한 남자를 만났다. 그가 고백했다.

"가지고 있던 돈을 몽땅 사기당하는 바람에 고향으로 돌아가지 못하고 있어요."

천사가 고향에 돌아갈 여비를 내어주자 남자는 뛸 듯이 기뻐했고, 천사는 이번에도 행복의 향기를 맡을 수 있었다.

그러던 어느 날, 천사는 시인을 만났다. 시인은 젊었고, 잘생겼으며, 재능과 재산을 전부 겸비한 사람이었다. 게다가 예쁘고 마음씨 고운 아내와 살고 있었는데, 그럼에도 불구하고 그는 행복해하지 않았다.

"그대는 행복하지 않은가? 무엇을 도와주면 좋겠는가?"

"저는 모든 것을 다 가졌는데 딱 하나가 없습니다. 저를 도와줄 수 있나요?"

"물론! 필요하다면 뭐든지 주겠다."

"그러면 행복을 주십시오."

천사는 순간 당황했지만 곧 대답했다.

"알겠다."

천사는 시인이 가지고 있는 모든 것을 다 가져갔다. 그의 재능을 없애고, 잘생긴 얼굴을 망가뜨렸으며, 수많은 재산을 빼앗은 뒤 마지막으로 아내의 생명까지 거둬갔다. 그러고는 조용히 자리를 떠났다.

한 달 뒤, 천사가 다시 시인 앞에 나타났다. 그는 누더기 옷을 걸치고 바닥에 누워 굶주림에 시달리며 죽어가고 있었다. 그때 천사는 예전에 그가 가지고 있던 모든 것을 제자리로 돌려놓았다. 그러고는 다시 자리를 떠났다.

보름이 지나서 천사가 다시 시인을 찾았다. 시인은 마침내 행복한 삶을 살고 있었다.

사람은 언제나 가지고 있을 때는 소중함을 느끼지 못하고, 잃어버린 뒤에야 신이 얼마나 많은 사랑을 주었는지 깨닫고 후회한다. 영화 〈당산대지진(唐山大地震)〉에 이런 대사가 나온다.

"없어지고 나니까 그제야 무엇이 없어졌는지 깨달았어요."

그래서 다 잃어버린 후에 "만약에……" 하고 후회를 시작해도 실제로 '만약'이라는 가정은 쉽게 발생하지 않는다. 잃어버린 것은 그냥 잃어버린 것이다. 사람은 세상에 올 때 편도 티켓을 가지고 태어나므로 되돌리려고 해도 불가능하다. 그저 고개를 숙이고 패배를 인정하는 수밖에 없다.

오늘날에는 물질은 풍요로워졌지만, 남을 원망하는 사람이 많고 현실에 만족하는 사람은 적다. 사람들은 가지지 못한 물건을 손에 넣으려고 애쓰고, 지금까지 도달하지 못한 목표를 향해 달려든다. 잘 먹고 잘 입는 것의 소중함을 느끼지 못하고, 넓고 쾌적한 교실에서 공부할 수 있음을 감사하지 않는다. 친구와 대화하면서도 친구를 중요하게 생각하지 않고, 부모의 무한한 사랑과 관심을 받는 것의 가치를 깨닫지 못한다. 그러다 모든 것을 잃고 나서야 그것의 소중함을 깨닫는다. 사람은 본능적으로 자신이 느꼈던 행복과 기쁨, 그리고 아름다웠던 순간을 기억하려 한다. 끊임없이 다시 그때로 돌아가길 원한다. 하지만 그런 기회는 절대로 없다. 그렇기에 어쩔 수 없이 포기하며, 평생 미련으로 간직한다.

미련을 남기지 않기 위해서는 하루하루를 충실히 채워나가야 한다.

그리고 자신이 가진 모든 것을 소중히 여기는 현명한 사람이 되어야 한다. 잃고 나서 소중함을 깨닫고 발을 동동 구른다 해도 그때는 이미 늦었다.

중국 청(淸) 대의 소화집(笑話集) 『소림광기(笑林廣記)』에 이런 이야기가 나온다.

한 마귀가 환생할 때가 되자 염라왕은 그를 부자로 태어나게 해주겠다고 했다. 마귀가 말했다.

"저는 부자가 되고 싶지 않습니다. 단지 먹을 것, 입을 것 부족하지 않으면 바랄 게 없습니다. 맑은 향을 맡고, 차를 음미하며, 편안하게 살면 그만입니다."

염라왕이 말했다.

"수만 개의 은화를 줄 수는 있지만 여유롭고 편안한 인생은 줄 수 없다."

나는 이 이야기 속 마귀에게 감탄했다. 그는 품성이 깊고 마음이 넓으며 진정한 인생을 아는 것 같았기 때문이다. 마귀가 바라는 것은 부귀영화가 아니라, 욕심 없이 소박하고 평범한 삶이다. 그런데 염라왕은 그에게 은화는 얼마든지 줄 수 있지만 그런 행복은 줄 수 없다고 찬물을 끼얹는다. 처음 이야기를 접했을 때는 잘 이해가 되지 않았다. 그저 마귀는 바라는 것 없이 인간 세상으로 환생하고 싶을 뿐이지 않은가? 그런데 곰곰이 생각해보니 이해가 되었다. 염라왕은 혼란스러운 인간 세상을 정확히 꿰뚫고 있었기에 마귀에게 진정한 행복까지 줄 수는 없었던 것이다.

그렇다. 이 세상에서 부자란 티끌처럼 하찮은 존재고, 헛된 명성은 떠다니는 구름, 화려한 불꽃과 같아서 오래가기 힘들다. '먹을 것, 입을 것이 부족하지 않고, 맑은 향을 맡고, 차를 음미하며 사는 편안한 삶'이야말로 삶의 최고 경지다. 즉, 이는 바다에 푸른 파도가 넘실대고 시원한 바람이 부는 풍경처럼 겉으로는 평범해 보이지만, 가슴속에는 은은하고 달콤한 향이 풍겨서 진정한 행복을 느끼는 경지다.

염라왕이 쉽게 복을 주지 않는 것은 이를 얻는 데 수행이 필요하기 때문이다. 한편, 사람들이 전력으로 질주하며 필사적으로 하루하루를 사는 이유는 영혼의 행복이 아닌 세속적인 가치를 추구하기 때문이다. 그래서 재물을 가진 사람은 즐겁지 않고, 권력을 가진 사람은 행복하지 않다. 즐거움과 행복은 돈이나 권력이 아닌, 내면 깊은 곳의 안식과 안정에 있다.
소유한다는 것은 일종의 욕구이자 결핍을 의미한다. 무엇을 소유하든 그 자체로 행복하다는 사실을 알아야 한다. 하지만 사람들은 소유하고 있을 때는 소중함을 모르다가 잃어버린 후에야 비로소 소중함을 알게 된다.

・・・ 07

천사가
날 수 있는 이유

사람이 신에게 물었다.
"왜 저는 날 수 없나요?"
신은 대답하지 않고, 새에게 물었다.
"너는 어떻게 날 수 있느냐?"
새가 말했다.
"잘 모르겠습니다."
그 말에 사람은 화가 났다.
"전 이렇게 똑똑하고, 능력도 뛰어나 천문과 지리도 볼 줄 아는데 왜 날지 못하는 거죠? 저 멍청한 새는 하늘을 잘도 날아다니는데 말이에요!"
신이 사람에게 말했다.
"네가 날 수 없는 것은 스스로 자신을 대단히 중시하기 때문이다."
경쟁이 치열한 오늘날, 겸손한 사람을 찾기가 점점 힘들어지고 있다. 그저 똑똑하고 잘난 사람들만 눈에 띈다. 물론 스스로 잘났다고 생각하는 마음은 이해할 수 있다. 경쟁에서 더 많은 파이를 차지하고 더 높은 곳을 정복하기 위해서는 최대한 자신을 드러내야 하고, 절대로 경쟁자인 타인들에게 무시당하면 안 될 테니까 말이다. 그런데 스스로 잘났다고 생각하며 거들먹거리는 것은 자신감과는 다른 종류임을 알아야 한다. '천사가 높이 날 수 있는 것은 자신을 가볍게 비워냈기 때문이다'라는 말이 있다. 하지만 사람은 너무 무거워서 날 수 없다.

때로는 자신을 가볍게 여김으로써 신을 감동시키는 사람도 있다.

어느 날 샤오메이와 실습생 두 명이 유명한 병원 산부인과의 의사 모집 공고를 보고 지원했는데, 병원에서는 단 한 명만을 원했다. 세 사람은 같은 학교 출신으로 실력도 엇비슷했기에 누구를 뽑아야 할지 병원 측에서도 난감했다.

그런데 세 명의 지원자가 함께 결과를 기다리던 중 갑자기 긴급 호출이 왔다. 아기를 낳기 직전의 위급한 산모를 집에서 병원으로 호송해야 했기 때문이다. 세 사람은 부원장, 전문의, 간호사 두 명과 함께 응급차에 올라탔다. 긴급 상황에 세 사람은 모두 긴장했다.

응급차가 신속히 목적지에 도착했을 때 산모는 온몸에 땀을 흘리며 고통에 몸부림치고 있었다. 의사와 간호사들은 재빨리 산모를 들것에 실어 응급차로 옮겼다. 그런데 응급차에 자리가 없어서 산모의 남편이 타지 못하는 상황이 발생했다. 산모가 병원에 도착해서 응급 처치를 할 때 수속 처리를 하려면 가족이 반드시 동행해야 했다. 산모의 상태를 살피던 부원장이 크게 소리쳤다.

"어서 출발해!"

그때, 샤오메이가 차에서 내리더니 산모의 남편에게 자리를 양보했다. 그리고는 병원으로 뛰어갔다.

땀으로 범벅이 된 샤오메이는 마침내 병원에 당도했다. 병원 앞에는 부원장이 샤오메이를 기다리고 있었다.

"왜 응급차에서 내렸지? 내리지 않았다면 많은 것을 배웠을 텐데 말이야."

샤오메이는 흘러내리는 땀을 훔치며 대답했다.

"차에는 이미 의사, 간호사가 있었기에 제가 없어도 응급 상황에서 큰 영향을 미치지 않을 거라고 판단했습니다. 하지만 환자의 가족은 없으면 안 되니까요."

3일 뒤, 샤오메이는 병원으로부터 최종 합격통지서를 받았다. 원장은 그녀에게 말했다.

"사흘 전 응급 상황은 돌발 테스트였네. 앞으로 어느 곳에서 어떤 일을 하든지 이것 하나만 기억하게. 천사가 날 수 있는 이유는 자신을 가볍게 비웠기 때문이네."

인생길에서 멀리 나아가기 위해서는 자신의 위치를 바로잡는 것이 중요하다. 성공해서 이름을 떨치는 사람도, 높은 권력을 잡는 사람도, 평범하게 사는 사람도 겸손한 마음을 가져야 한다. 가슴을 활짝 열고 자신의 위치를 바로잡아 세상을 바라본다면, 어느 시골의 촌부에게서도 배울 점이 보일 것이다. 물론 학식이 뛰어난 사람에게서 부족한 점도 발견할 수 있을 것이다.

Chapter 7
인생은
덧없는 꿈과 같다

'소년 때는 누각에 올라 빗소리를 들으며
비단 장막에 어른거리는 촛불을 보았지.
장년 때는 나그네 뱃전에서 빗소리를 들으며
비구름 드리운 넓은 강물 바라보며
서풍에 우는 기러기 소리 들었지.
지금은 절간의 처마 밑에서 빗소리 듣는데
어느새 백발이 성성하구나.
슬픔과 기쁨, 만남과 이별도 전부 덧없고
섬돌 앞에서 날 밝을 때까지 빗방울 떨어지게 두네.'
인생은 활짝 핀 꽃송이, 오색 빛깔 무지개, 반짝이는 별처럼 아름답다. 인생은 하늘이 준 선물이기에 평생 일만 하면서 시간을 허비하는 우를 범하지 말아야 겠다.

01
목숨보다 중요한 일은 없다

한가한 나는 종종 동창들과 만나 밥도 먹고 여행도 간다. 그런데 내가 연락할 때마다 친구들은 이렇게 말한다.

"요즘 너무 바빠서 시간이 날지 모르겠어."

그러면 나는 이 말로 친구들 마음을 잡는다.

"여유를 가져. 너무 꽉 조이지 말고 느슨하게 풀어보는 게 어때?"

그러면 친구들은 머릿속의 복잡한 문제들은 차치하고, 하고 있던 일을 내려놓은 채 모임에 참석한다.

가죽이 없으면 털이 자랄 수 없다. 사람은 살기 위해 일하는 것이지, 일하기 위해 사는 게 아니다. 사람은 쉬기 위해 분주하게 움직이는 것이다. 일은 삶의 일부에 불과하다. 세상에 사람의 목숨보다 중요한 일은 없다.

이런 이치는 모두 알고 있다고 생각했는데, 학력이 높고 사회에서 성공한 우등생일수록 이를 이해하지 못하는 것 같다. '과로사'한 사람들 통계를 보면, 석사, 박사 학위를 받은 엘리트이거나 각종 자격증을 구비한 해외파들이 대부분이다.

글로벌 컨설팅 기업 프라이스워터하우스쿠퍼스(Pricewaterhouse-Coopers)의 상하이 지점에서 회계사로 일하는 25세의 판제는 상하이 교통대학에서 석사 학위를 받은 인재이지만 바이러스성 뇌막염에 걸려 세상을 떠났다. 생전에 그녀는 웨이보에 '일 때문에 바쁨', '연속 야근 중'이라는 말을 자주 올렸다.『오늘 내가 살아갈 이유(生命日記)』로 수만 명의 사람을 감동시킨 33세의 푸단대학 교수 위지안(于娟) 역시 죽음을 피해가지 못했다.

이런 비극적 이야기는 주변에서 쉽게 들을 수 있다. 사람들은 언제나 인생이 짧다고 탄식하지만, 일에서 성공하기 위해 이런 말을 쉽게 뱉는다.

"죽을힘을 다해야지!"

인생은 짧고 생명은 유한하다. 그러니 죽을힘을 아끼고 소중히 생각하며 진짜 행복을 위해 사용해야 한다. 일은 마라톤과 같다. 마라톤은 인내심을 가지고 최선을 다해야 도중에 포기하지 않고 끝까지 달릴 수 있다. 언제 천천히 달리고, 스퍼트를 내고, 추월할지를 잘 파악하고 있어야 한다. 쉬지 않고 악착같이 달리기만 하는 사람은 빛나는 결승점에 도달하기 전에 비참한 모습으로 경기를 끝내야 할지도 모른다. 그렇게 되기를 원하는가?

일은 생계를 유지하기 위한 수단이자, 자신의 가치를 입증해주는 도구이며, 삶을 풍요롭게 만들기 위한 필수조건이다. 하지만 건강, 행복, 여유 등의 가치와 절대 바꿀 수는 없다. 즉, 일은 삶의 일부에 불과하다. 지금, 인생에서 소중히 여겨야 할 것들을 다시 한 번 돌아보자.

내가 작가라고 말하면 대부분 이런 질문을 던진다.

"부엉이과죠?"

글쟁이들은 모두 하루를 오후 늦게 시작한다고 생각하는 것 같다. 미안하지만, 나는 그렇지 않다. 나는 아주 규칙적으로 생활한다. 해가 뜨면 일하고, 해가 지면 쉰다. 이렇게 대답하면 또 이런 질문을 한다.

"그렇게 규칙적으로 생활하면 좋은 작품이 나와요?"

세상이 놀랄 만한 작품을 쓰지 못한다 해도 나는 규칙적인 생활을 깨거나 야근할 마음이 없다.

예전에 회사에 다닐 때 나는 야근을 거절했다는 이유로 이상한 사람 취급을 받은 적이 있다. 당시 팀장은 그 주에 할당된 업무를 전부 끝내야 하니 팀원 모두 야근을 하라고 지시했다. 하지만 나는 이미 이틀 전에 할 일을 마쳤기에 밤늦게까지 사무실에 남아 있을 이유가 없었다. 결국 나는 그런 식으로 일하는 것을 참을 수 없었기에 단박에 사표를 던졌다. 그리고 그 주에 일한 내 보수를 정신적 보상비 명목으로 팀장에게 주었다. 내 이야기를 황당하게 생각하는 사람도 있을 것이다. 그리고 내가 손해라고 생각할지도 모르겠다. 하지만 나는 그렇게 생각하지 않는다.

야근은 중국 사회에서 관행처럼 이루어지고 있다. 친구들에게 바쁘냐고 물어보면 모두가 똑같이 대답한다.

"낮부터 밤까지, 다섯 시부터 새벽 두 시까지 업무 중이야!"

야근은 정말 필요할까? 야근하지 않는 직원은 정말 월급 도둑일까? 나는 절대 그렇지 않다고 말하고 싶다. 야근은 가장 억지스러운 업무 형태에 불과하다. 건축 회사에 다니는 친구에게 이런 질문을 한 적이 있다.

"회사에서 업무 시간에 매신저로 채팅하면 안 돼? 그렇게 엄격할 줄

이야. 매일 그렇게 쉬지 않고 바쁘게 일해야 될 만큼 일이 많아?"

친구는 긴 탄식을 하며 답했다.

"매일 바쁘긴 한데 사실 업무의 팔십 퍼센트는 불필요한 일이야. 대부분 어떻게 해야 다른 부서와의 싸움에서 이길 수 있을지에 대해 생각하지. 그리고 상사의 결재가 떨어지기를 기다리거나 회의를 열어. 그 외에 사실 정말 필요한 업무를 하는 데는 그렇게 많은 시간이 필요치 않아."

이에 관해 전문가는 이렇게 말했다.

"업무의 팔십 퍼센트는 이십 퍼센트의 노력만으로도 완성할 수 있습니다."

다시 말해, 전체 일하는 시간의 20퍼센트는 집중하지만 나머지 80퍼센트는 집중하지 않는다는 뜻이다. 그리고 20퍼센트의 시간에 열심히 일하면 나머지 80퍼센트의 시간에는 쉬어도 된다는 말이기도 하다. 그렇다면 매주 2, 3일만 일해도 되지 않을까? 이 얘기를 들으면 돈을 주는 사장들은 펄쩍 뛸 테지만, 나는 맞는 말이라고 생각한다.

석유 사업가 존 록펠러(John Davison Rockefeller)는 매일 오후에 30분씩 낮잠을 잤는데 그때는 대통령이 전화를 해도 받지 않았다고 한다. 자주 휴식을 취해야 맑은 정신으로 일을 할 수 있다. 업무 시간이 여덟 시간이라고 해서 처음부터 끝까지 미친 듯이 일할 필요는 없으며, 이는 신체리듬을 깨뜨리는 일이기도 하다. 중요한 건 적당한 긴장과 이완을 반복하는 것이다. 사실, 특수 업무를 제외하고 일반적인 업무에서 쉬지 않고 집중할 필요는 없다.

대개의 사장들이 이 얘기를 듣는다면 분명히 황당하고 터무니없다고 목소리를 높일 것이다. 하지만 인사 전문가에 따르면, 현재 중국에서는 '과로사'를 당해도 노동법의 보호를 받지 못한다고 한다(현재 한국에서는 과로사를 업무상 재해로 인정하고 있으며, 산업재해보상보험법 시행규칙에 과로와 관련이 있는 뇌혈관질병 또는 심장질병 등에 대해 그 기준이 마련되어 있다). 그러니 자신의 목숨은 스스로 지켜야 한다. 절대 사장에게 '살해'당하는 일이 일어나서는 안 된다.

맡은 바 책임을 다하기 위해 몸과 마음을 바쳐 일한다. 언제나 긴장한 채로 상사의 지시를 기다리고 일주일에 다섯 번씩 비행기를 타고 출장을 다닌다. 아침부터 저녁까지 꽉 막힌 빌딩에서 컴퓨터만 쳐다본다. 툭하면 야근이고, 목이 마르든 배가 고프든 상관없이 일에 빠져든다. 이처럼 도시의 화이트칼라는 온종일 눈코 뜰 새 없이 뛰어다닌다. 하지만 일이 계속 승승장구할 때쯤 되어 무심코 고개를 돌렸는데, 더는 되돌릴 수 없을 정도로 망가진 몸과 마음을 발견하게 될까 봐 두렵다.

생명은 하늘이 준 선물이라는 사실을 잊지 말고 잘 돌봐야 한다. 생명은 얇은 거문고 줄과 같아서 쉽게 끊어질 수 있기 때문이다.

모든 사람에게 공평한 것 하나가 있다. 바로 모두에게 똑같이 주어지는 하루 24시간이다. 일을 하는 데 지나치게 많은 시간을 할애한다면 충분히 휴식을 취할 수 없다. 쉬지 않고 몸을 혹사시키며 끌고 다닌다면 언젠가 몸이 심각한 문제로 카운터펀치를 날릴지도 모른다.

02
일의 가장 중요한 목적

자기 일에 불만이 많은 사람이 있다. 이들은 언제나 엄격한 상사, 낮은 임금, 고된 일 등이 마음에 안 든다면서 투덜댄다. 왜 이들은 항상 불평불만을 늘어놓을까?

한 커플이 있었다. 어느 날 여자는 남자가 가난하다는 이유로 이별을 선언하고 다이아몬드 사업으로 성공한 부자에게 떠나버렸다.

버림받은 남자는 충격을 받고 두 달 동안 넋이 빠진 채로 살았다. 그러던 어느 날 사찰을 찾아가 부처에게 애원했다.

"돈을 많이 벌 수 있는 일을 찾게 해주세요. 저를 버린 그녀가 후회하는 모습을 보고 싶어요. 그리고 그녀를 빼앗아 간 그 못생긴 대머리 녀석이 저를 우러러봤으면 좋겠어요."

부처는 남자의 기도를 들어주었다. 그는 연봉이 높은 소프트웨어 개발 회사에 들어갔다. 그는 새로운 프로그램을 개발하기 위해 야근을 밥 먹듯이 하며 실력을 닦았다. 그는 최대한 빨리 목표를 달성하기 위해 밤낮없이 일했고 주어진 일 외에도 필요하다고 생각되는 일들은 어떻게든 해냈다.

그는 바람대로 부자가 되어 고층빌딩의 호화 저택에 살면서 명품 차를 몰았고, 여자 친구를 뺏은 사내를 내려다볼 수 있게 되었다. 그런데 어떻게 된 일인지 자신의 모습이 대머리 부자와 똑같이 변한 게 아닌가? 계속된 야근에 머리가 일찍 빠져버린 것이다!

거울 속 자신의 모습을 본 그는 충격을 받고 사찰을 찾아가 부처에게 따졌다.

"사실, 다시 시작한 일은 아주 힘들었습니다. 고된 업무에 엄격한 사장, 상대하기 어려운 고객들 때문에 너무 힘들었죠. 애초에 제가 원한 것은 돈을 많이 벌 수 있는 일을 찾게 해달라는 것이지, 대머리가 되게 해달라고 기도한 적은 없잖아요!"

부처가 웃으며 말했다.

"그래, 너는 '돈을 많이 벌 수 있는 일을 찾게 해주세요'라고 기도했

지. 네 목적은 오로지 부자가 되는 것이었고, 외모에 대해서는 관심이 없었지 않았느냐? 나는 너를 속인 적이 없다. 네가 너 자신한테 속은 것뿐이다."

그는 순간 멍해졌다. 생각해보니 부처의 말이 다 맞았다.

무슨 일이든 순수한 목적으로 해야 순조롭게 흘러가고 행복해진다. 매사 무엇을 유일한 목적으로 생각하는가? 어떤 일을 시작하기 전에 순수하지 못한 목적으로 임하는 사람이 많다. 과연 무엇을 가장 중요하게 생각하는가?

일자리를 구할 때, 학습과 경험을 중요하게 생각한다면 돈에 얽매여서는 안 된다. 반면, 돈을 중요하게 생각한다면 고된 업무를 각오하며 외모는 고려하지 말아야 한다.

일에서 행복을 찾고 싶다면 자신의 '유일한 중요 목적'에 집중해야 한다. 예컨대 업무 강도가 약하고, 자유로우며, 스트레스가 적은 일은 연봉이 낮다. 이 일에서 행복을 느끼고 싶다면 낮은 연봉에 연연해하지 말고, 처음 가졌던 유일한 목적인 자유로움에 초점을 맞춰야 한다. 반대로, 연봉은 높은데 스트레스가 많고 자유롭지 못한 일에서 행복을 찾고 싶다면, 높은 스트레스보다는 자신이 받고 있는 엄청난 연봉에만 집중해야 한다.

사실, 정신노동은 신체세포를 피곤하게 만들지 않는다. 사람들이 피곤한 이유는 업무 과정에서 싫증이 나거나 걱정을 하는 등의 부정적 감정 때문이다. 그리고 이런 감정은 주로 인간관계에서 온다. 사람들은 보통 일보다는 인간관계에 더 심혈을 기울인다.

대학을 갓 졸업한 다웨이와 다강은 같은 회사 입사 동기로 둘 다 마케팅 부서에서 일을 시작했다. 다웨이는 인터넷에서 정보를 수집하는 일을 주로 했으며, 거래처와는 전화로 업무를 처리했다. 그는 말수가 적은 편이었기에 동료들과는 업무 관련 이야기만 나누었다. 반면, 다강은 뛰어난 사교성으로 남자 동료들과는 호형호제했고, 여자 동료들과는 패션 이야기를 하며 거리를 좁혀나갔다. 또한 쉬는 시간에는 비서들과 모바일 게임을 즐기며 인맥을 넓혔다. 그 결과 그는 누가 누구의 연줄로 회사를 들어왔고, 누가 얼마의 상여금을 받았다는 등 회사의 내막들을 쉽게 접했다.

시간이 지나자 다웨이의 업무 성과가 다강을 뛰어넘었고, 의견을 제출할 때도 사람들은 다강보다는 다웨이의 의견을 더 신뢰했다. 사장의 칭찬과 격려도 전부 다웨이의 몫이었다. 그렇게 얼마 후 다웨이는 승진했다. 입사 동기였지만 1년 후, 한 사람은 회사의 신임을 받으며 중책을 맡았고, 한 사람은 제자리걸음만 했다. 인사부 부장은 두 사람을 보며 이렇게 말했다.

"신입 사원에게 가장 중요한 것은 일을 열심히 해서 좋은 성과를 내는 데 있지, 상사나 동료들 험담하는 데 있진 않아. 그러니 일에 집중하고 남 일에는 신경을 꺼야 해."

남 일에 관심이 많은 것은 중국인의 특징이다. 청 대의 장편소설 『홍루몽(紅樓夢)』에서 임대옥은 남 일에 관심이 많았다.

'오늘은 가보옥이 왜 그런 말을 했을까?'

'내일은 설보채와 가보옥에게 무슨 일이 일어날까?'

'모레는 사 아가씨가 가보옥을 어떻게 놀라게 할까?'

그는 이런저런 생각을 하느라 밤에 잠을 못 잘 정도였다. 그래서 임대옥은 영리했음에도 남 일에 너무 신경을 쓰느라 인간관계에서 항상 긴장해야 했다.

남 일에 신경 쓰다 보면 얻는 것보다 잃는 것이 더 많아진다. 인간은 서로 다른 특징을 가진, 세상에서 가장 복잡한 동물이다. 인간은 언제나 자신을 교묘하게 숨길 줄 안다. 그리고 다양성을 가지고 있기에 아무리 연구해도 소용없다. 인간에 대한 이론은 아무리 완벽한 것이라 해도 언제든지 쉽게 붕괴될 수 있다.

직원이 매일 사장의 마음에만 신경 쓰고, 얼굴색을 관찰하고, 기침 소리만 들어도 반응한다면 정신적, 육체적으로 피곤해지는 게 당연하다. 안톤 체호프(Anton Chekhov)의 소설 『관리의 죽음(The Death of Small Civil Servants)』에서는 하급관리가 실수로 장군에게 재채기를 한다. 즉시 사과를 했고 장군은 괜찮다고 말했는데도 그는 계속 마음에 걸려 신경을 쓴다. 그는 마음속으로 장군이 괜찮다고 한 말에 대해서 무슨 의미인지 이리저리 생각하다가 결국 죽음을 맞이한다.

품행이 바른 이는 일에 집중할 것이고, 품행이 바르지 않은 이는 사람을 연구할 것이다. 남 일에 관심이 많은 이는 언뜻 보기에 적은 노력으로 큰 성과를 올리는 것 같지만, 사실 정반대일뿐더러 심지어 모든 것을 잃기도 한다.
쉬워 보이는 길을 가지 말라. 그 길이 가장 위험한 길이다.
일과 사랑은 비슷하다. 가장 중요한 목적이 순수한 사랑이라면 상대방과 좋은 관계를 유지하는 데 만족해야 한다. 이때 상대방 사랑의 양과 질을 비교하며 나와 같은지 신경 쓸 필요는 없다. 만약 순수한 사랑을 원하면서 불같은 사랑, 영원한 사랑도 원한다면 자문해보자.
"세상에 일어나는 모든 일이 완벽할 수 있을까?"

・・・ 03

옳은 방법을 찾으면 부담은 반으로 줄어든다

어느 날, 한 기업의 사장이 바쁜 시간을 쪼개서 앤드루 카네기의 사무실을 방문했다. 깔끔하게 정돈된 사무실을 본 사장은 정신없이 바쁜 자신의 사무실과 비교되어 물었다.

"처리하지 못한 서류는 어디에 두나요?"

카네기가 대답했다.

"처리하지 못한 서류는 없습니다."

"그럼 오늘 다 처리하지 못한 서류는 누구에게 맡기나요?"

사장은 추궁하듯이 물었다.

"저는 오늘 안에 모든 서류를 처리합니다."

사장은 놀란 표정을 감추지 못했다. 카네기는 웃으며 말했다.

"비결은 간단합니다. 하루에 처리해야 할 서류는 많지만 그래도 한 번에 하나씩 처리하면 됩니다. 서류를 중요도별로 나누고 순서대로 하나씩 처리하는 거죠."

"아, 이제 알겠네요. 감사합니다!"

사장은 총총히 자리를 떠났다.

몇 주 뒤, 사장은 카네기를 자신의 넓은 사무실로 초대했다. 일에 쫓기는 듯 보였던 그는 어느새 여유를 되찾은 얼굴이었다.

"제게 서류를 처리하는 좋은 방법을 가르쳐주셔서 정말 고맙습니다. 예전에는 서류 뭉치와 서신들 때문에 사무실에 책상을 세 개나 둬야 했어요. 그렇게 온종일 서류 뭉치에 파묻혀서 숨도 제대로 못 쉴 정도였고 매일 야근의 연속이었죠. 그런데 당신이 알려준 방법대로 했더니 정말 살 것 같아요. 처리하지 못한 서류는 하나도 없답니다."

사장은 카네기의 도움으로 효율적인 업무 방법을 찾았고, 지금은 미국을 선도하는 성공한 기업가가 되었다.

미국의 기업가들 사이에서는 이런 말이 유행한다.

'하늘은 열심히 하는 사람을 돕지 않는다. 하늘은 옳은 방법으로 일하는 사람을 돕는다.'

미국 기업들이 업무 방식을 얼마나 중요하게 생각하는지의 방증이겠다. 그들은 매사에 어떤 방식으로 일을 처리할 것인지를 먼저 생각한다. 그리고 생각을 확장시켜 가장 효율적으로 업무를 처리할 수 있는 최적의 방법을 찾아낸다.

'옳은 방법 찾기'는 직장인이 가장 중요시해야 하는 부분이다. 남들보다 백배의 열정과 천배의 노력을 가지고 있다 해도, 일의 순서와 방법을 모른다면 머리를 잃은 파리처럼 허공을 분주히 날아다닐 뿐이다. 그런 사람은 겉으로는 열심히 하는 것처럼 보이고 아주 고생하는 것 같지만, 결과를 놓고 보면 기대에 미치지 못한다. 그것은 옳은 방법을 찾지 못했기 때문이다. 적절한 방법을 알고 있었다면 업무를 훨씬 체계적이고 간단하게 처리했을 것이며, 업무의 효율과 질도 크게 향상되었을 것이다.

업무 처리 방식에는 관심도 없고 무슨 일이든 맹목적으로 밀어붙이기만 하면, 아무리 열심히 해도 만족스러운 결과를 얻을 수 없다. 일을 위해 흘린 무수한 땀방울도 헛수고가 되는 것이다.

작년 겨울, 홍콩에 있는 미국계 회사에서 일하는 사촌이 베이징에 연수를 와서 함께하는 자리를 마련했다. 당시 나는 기업들이 각종 직업 연수를 실시하는 이유가 궁금해졌다. 기업들은 왜 매번 한 무리의 직원들을 홍콩에서 베이징까지 보내 힘든 연수를 받게 하는 걸까? 그만큼의 가치가 있는 걸까? 사촌은 식사를 시작하기 전에 내게 흥미로운 질문을 던졌다.

"세상에는 네 가지 종류의 일이 있어. 중요하고 급한 일, 중요하지만 급하지 않은 일, 급하지만 중요하지 않은 일, 급하지도 않고 중요하지도 않은 일. 그렇다면 어떤 순서대로 일을 처리해야 할까?"

나는 세 살짜리도 쉽게 대답할 수 있는 문제라고 생각하며 이렇게 대답했다.

"우선 중요하고 급한 일부터 처리하고, 급하지만 중요하지 않은 일, 중요하지만 급하지 않은 일을 처리한 뒤, 마지막으로 급하지도 않고 중요하지도 않은 일을 처리하겠어."

사촌이 웃으며 말했다.

"대부분의 사람이 그렇게 대답하지. 그만큼 수동적인 자세로 미친 듯이 바쁘게 살고 있다는 증거야. 시간관리를 전혀 하지 않은 채 말이지."

시간관리학은 인간의 행동을 중요하고 급한 것, 중요하지만 급하지 않은 것, 급하지만 중요하지 않은 것, 급하지도 않고 중요하지도 않은 것으로 구분한다.

여기서 먼저 중요하면서도 급한 것이란 반드시 곧바로 혹은 빠른 시간 안에 완성해야 할 작업을 가리킨다. 이런 상황에서 직장인은 시간관리를 하는 데 거의 문제가 없고, 맡은 임무를 제대로 처리할 수 있다. 임무의 긴급성과 중요성이 다른 일보다 훨씬 크다는 것을 알고 있어서 시간을 지체하지 않기 때문이다.

그런데 사실 직장에서 능력을 검증할 수 있는 것은 시간관리학 제2의 상한이다. 대부분의 직장인은 제2 상한의 일에서 그다지 명석하게 처리하지 못하기에 불필요한 스트레스를 받을 수 있고, 항상 시간이 모자란다는 기분에 휩싸인다. 반면, 제2 상한의 시간관리를 잘한다면, 초능력 같은 능력을 발휘할 수도 있다. 긴급한 상황에서도 여유를 즐길 수 있고, 뛰어난 업무 성과로 직장에서 주목받을 수도 있다.

이때 제2 상한은 중요하지만 급하지 않은 일을 뜻한다. 일상생활과 직장에서 제2 상한에 속하는 일은 아주 많다. 이런 일들은 중요하지만 지금 할 수도 있고 나중에 할 수도 있으며, 심지어 마지막 순간까지 미

뤄둘 수도 있다. 하지만 중요한 사실은 제2 상한이 제1 상한인 중요하면서 급한 일과 서로 밀접하게 연관되어 있다는 점이다. 예컨대 기한이 일주일인 임무를 맡았을 때, 시간을 질질 끌면서 최종 기한에 이르러서야 일을 시작한다면 과부하가 걸릴뿐더러 실수할 가능성도 높아진다. 게다가 돌발 사건이라도 발생하면 황망함 속에서 속수무책이 될 수밖에 없다. 그러면 업무 효율은 현저히 떨어지고 상사로부터 능력을 의심받게 될 것이다.

실제로, 시간관리를 할 때는 급하지 않지만 중요한 일에 집중하는 것이 좋다. 시간관리 이론에는 2 : 8 원칙이 있다. 80퍼센트의 시간을 제2 상한의 임무를 처리하는 데 사용하고, 20퍼센트의 시간만 나머지 상한에 사용하는 것이다.

그리고 직장인들은 '급하지만 중요하지 않은' 제3 상한의 상황을 자주 직면한다. 제3 상한의 일은 즉시 처리해야 할 임무처럼 보이지만, 객관적으로 판단하면 차순위에 속한다. 이런 상황에서는 전화 음성메시지를 이용해서 어느 정도 문제를 처리할 수 있다. 음성메시지는 불필요한 전화를 걸러주고, 통화 시간을 줄여준다. 따라서 아주 급한 일이 아닐 때는 상대방에게 양해를 구하고 현재 하고 있는 일을 처리한 뒤 다시 연락을 취하면 된다.

거절하는 법을 배우는 것도 중요하다. 타인이 부탁을 하면 도와주겠다고 대답하는 사람들이 많지만, 사실 이는 개인의 시간과 업무에 영향을 미칠 수밖에 없다. 따라서 시간적 여유가 없다면 일의 효율을 위해 반드시 "노(No)!"라고 말할 수 있어야 한다.

요즘 인터넷이 빠르게 발전함에 따라 채팅 프로그램과 가십성 메일이 시간관리의 걸림돌이 되고 있다. 채팅을 하고 가십성 메일을 주고받느라 불필요한 시간을 낭비하는 직장인들이 점점 증가하고 있다. 만약 직장에서 채팅과 가십성 메일을 거절할 수 있다면 업무 시간을 충분히 확보하고 업무 효율까지 올릴 수 있을 것이다.

사람들은 종종 "시간은 금이다"라고 말하며 시간의 중요성을 강조하지만, 시간을 낭비하는 데 주저하지 않는다. 정말로 시간을 금처럼 생각하고 관리한다면 훨씬 더 효율적으로 사용할 수 있을 것이다.
세상에는 두뇌가 비상하고 가방끈도 긴데 성공하지 못한 사람들이 있다. 그것은 이들이 어릴 때부터 무조건 열심히 해야 된다는 잘못된 교육을 받았기 때문이다. 이들은 열심히 노력할 줄만 알고 그 방법이 맞는지에 대한 탐색은 하지 않는다.
항상 바빠 보인다고 해서 반드시 효율적인 것은 아니다. 사실, 자세히 보면 혼란에 빠져 있는 경우가 많다. 느려 보인다고 해서 반드시 뒤처진 것은 아니다. 오히려 성공을 눈앞에 둔 경우가 많다.

· · · 04
좋은 마음가짐으로 일하라

　예전에 신문사와 잡지사에 '즐거운 업무'라는 도서 제목을 제안한 적이 있는데, 회의에서 편집장에게 묵살을 당했다. 이처럼 일반적으로 일이란 힘든 것이라고 생각하는 사람들이 많다. 하지만 나는 그 말에 동의하지 않는다.
　사람들은 하루 중 대부분의 시간을 일하면서 보낸다. 그런데 일하는 시간이 너무 고통스러워서 연신 비명이 나온다면, 죽는 것만큼 힘든 삶을 어떻게 버티겠는가? 내가 말하고 싶은 것은 좋은 마음가짐으로 일해야 힘들지 않다는 점이다.
　나는 대학을 졸업하고 법률사무소에서 일한 적이 있다. 그때 일이 잘 맞지 않아서 나는 대단히 괴로웠다. 그렇게 두 달쯤 지난 어느 날, 나는 주임으로부터 일을 열심히 하지 않는다는 핀잔을 들었다. 당시 혈기 왕성했던 나는 주임과 몇 마디 대거리를 하다가 분에 못 이겨서 사무실을 뛰쳐나오고 말았다.

며칠 뒤, 어머니가 산등에서 나를 보러 올라오셨다. 내가 회사에서 있었던 일을 들려주었더니 어머니는 이런 말씀을 하셨다.

"소를 영원히 말뚝에 묶어둘 수는 없듯이, 너도 영원히 한곳에 머물지는 못할 거야. 하지만 무슨 일이든 최선을 다해야 해. 그리고 절대 네 마음을 아프게 할 필요는 없단다. 좋은 방법을 일러주마. 무슨 일이 생기든지 작은 목소리로 노래를 불러보렴."

내가 어릴 때, 어머니는 재봉 일을 하셨는데 방에는 매일 일감이 산더미처럼 쌓여 있었고 어머니는 자주 밤늦게까지 일을 하셨다. 그때 어머니는 손에 일감을 잡고 항상 작은 목소리로 노래를 흥얼거리셨다. 그렇게 어머니는 노래를 부르며 고된 일을 묵묵히 처리했고, 나는 그 옆에서 잠이 들곤 했다.

어머니의 충고로 나 또한 같은 습관을 가지게 되었다. 자전거를 탈 때도, 힘든 일을 하는 도중 휴식을 취할 때도 나는 가볍게 노래를 흥얼거린다. 누군가 항상 나를 지켜보는 사람이 있다면 아마도 내가 흥얼거리는 노랫소리를 들을 수 있을 것이다. 이것은 어머니가 내게 물려준 소중한 자산이다.

직장에서 보내는 시간은 하루에 3분의 1 이상을 차지한다. 그런데 불편한 마음으로 일한다면 인생의 3분의 1이 먹구름에 가려져 있는 것과 같다. 먹구름에 가려진 삶을 원하지 않는다면, 즐거운 마음을 가질 수 있도록 노력해보자. 이어폰으로 음악을 감상해보는 건 어떨까? 회사에서 음악을 들을 수 없다면, 마음속으로 노래를 불러보자. 방법은 많다. 이를테면 화장실에서 모델처럼 워킹을 해보거나 스트레칭을 할 수도 있고, 책상 위에 놓인 화분을 보며 우스꽝스러운 표정을 지어볼 수도 있다. 스스로 기분이 좋아질 수 있도록 노력한다면 최소한 고통스럽지는 않을 것이다.

05
모든 일은 하나씩
순서대로 하라

위단(于丹)은 고전문학으로 명성을 떨친 베이징대학 교수다. 그녀의 책은 현대인의 마음을 어루만지는 힘이 있다. 사람들은 그녀를 못하는 일이 없는 슈퍼우먼이라고 생각한다. 무릇 달인이라 함은 번뇌에 시달리지 않고 항상 균형을 유지하며 해탈한 사람을 말한다. 하지만 생활의 달인이라고 불리는 위단도 일 때문에 힘든 시기를 보낸 적이 있다.

어느 순간부터인지 위단의 일은 폭발적으로 늘어나기 시작했다. 학생들을 가르치고, 방송국에서 프로그램을 기획하며, 교재를 만드는 등 일들이 겹치면서 그녀의 몸과 마음은 급격히 지쳐갔고 숨 쉬는 일도 버겁게 느껴졌다. 하지만 그녀를 더 울상 짓게 하는 것은 새로운 일거리가 줄줄이 기다리고 있다는 사실이었다.

어느 날, 위단은 푸춘신(濮存昕)의 초청으로 함께 연극 〈바이루위안(白鹿原)〉을 관람했다. 연극이 끝나고 돌아가는 길에 위단의 안색이 좋지 않은 것을 본 푸춘신이 이유를 물었다. 위단은 크게 한숨을 쉬었다.

"너무 힘들어요."

그렇게 한바탕 푸념을 늘어놓은 그녀는 푸춘신에게 물었다.

"선생님은 언제쯤 보람을 느끼셨나요?"

그녀의 말을 들은 푸춘신은 이야기 하나를 들려주었다.

"문화대혁명 때 나는 농촌으로 내려가 하루에 밭이랑 여섯 줄의 작물을 수확했다네. 물론 처음부터 그 일을 하려던 것은 아니지. 난 단지 낫질을 하는 사람들을 감독하면 됐는데, 내가 특별히 아끼던 여자아이가 밭에서 일하는 모습을 보니 나도 모르게 도와주고 싶더라고. 그래서 두 줄만 도와주던 것이 어느새 일곱 줄이 되고, 여덟 줄까지 늘어났지. 만약 처음부터 그만큼 일해야 한다고 했다면 단 한 줄도 못했을 거네. 자네도 한 이랑씩 낫질을 해보는 건 어떤가?"

위단은 눈앞이 훤해지면서 갑자기 마음의 짐이 사라지는 기분이 들었다.

"말씀을 들으니 마치 십 년 치 책을 한 번에 읽은 것 같은 기분이에요. 낫을 가볍게 휘두르면서 전쟁터로 나가볼게요."

훗날 위단은 더 많은 명성을 쌓고 수많은 러브콜을 받았지만, 잠시도 쉬지 않고 앞으로 나아갔다. 푸춘신의 전화를 받은 그녀는 안부를 전하며 농담 섞인 말을 건넸다

"지금도 열심히 낫질을 하고 있어요."

북방의 대평원에 펼쳐진 밭에는 한 이랑의 길이가 2, 3리에 이르는 것도 많다. 이렇게 끝이 보이지 않는 밭에서 보리를 베고, 잡초를 뽑고, 땅을 다질 때, 언제 끝날지 미리 생각하면 절대 일을 시작할 수 없을 것이다. 대신 생각을 줄이고 고개를 숙여 묵묵히 순서대로 하나씩 하다 보면 한두 시간쯤 흘러 돌아봤을 때, 자신이 얼마나 많은 일을 했는지를 깨닫고 깜짝 놀랄 것이다.

일도 농사일처럼 한 번의 낫질에서부터 시작하면 된다. 직장에서는 하루가 정신없이 흘러가기에 때로는 초능력이 있으면 좋겠다는 생각이 간절하다. 특히 리더십이 부족한 상사를 만나면 미치기 일보 직전의 상황이 연출된다. 이때 대부분의 사람은 초조감으로 예민해지면서 물 한 잔 마실 시간도, 화장실에 갈 여유도 챙기지 못한다. 하지만 그럴 필요 없다. 어차피 일은 다 마치지 못했다면 조급해해봤자 소용없지 않은가? 단지 인내심을 가지고 현재 주어진 일을 하나씩 해나가는 자세가 필요하다.

무슨 일이든지 하나씩 순서대로 해나가는 자세가 필요하다. 시간이 부족하고 임무가 막중할수록 냉정해지자. 혼란에 빠지지 말고 일의 경중을 살피며 실마리를 풀어나가야 한다. 화를 내거나 조급해할 필요도, 서두를 필요도 없다. 하나씩 순서대로 일을 처리한다면 업무 효율은 향상되고 마음도 편안해질 것이다.

06
거문고의 현을 느슨하게 풀어라

부처에게는 명문 귀족 출신의 제자 혜현(慧賢)이 있었다. 오만한 성격의 혜현은 자신이 천부적인 지혜를 가지고 있다고 생각했다. 그래서 남들이 깨닫지 못하는 이치를 자신은 깨달을 수 있고, 또 그래야 한다고 생각했다.

그는 잠도 자지 않고 쉬지도 않으며 불경을 암송했지만, 조바심은 점점 커지고 번뇌도 늘어났다. 얼마 후, 그는 벽에 부딪힌 기분이 들면서 몹시 괴로웠다. 밤낮을 가리지 않고 불경 공부에 더 매진했지만, 아무런 성과도 얻지 못했다. 그는 자신감이 크게 떨어졌다. 이럴 줄 알았다면 출가하지 말았어야 했다는 후회까지 몰려왔다.

부처는 혜현이 잡념에 휩싸여 있음을 알아채고 불당으로 불렀다.

"너는 어릴 때부터 부모님의 두터운 신망을 받으며 거문고, 바둑, 서예, 그림을 배웠다고 들었다. 그중에서 가장 잘하는 게 무엇이냐?"

"거문고입니다."

"그러면 거문고 소리를 조절할 줄 알겠구나. 평소에 거문고 현을 느슨하게 해놓는 편이더냐?"

"너무 느슨하게 하면 소리가 나오지 않아 거문고를 튕길 수 없습니다."

"그럼 소리를 내려면 꽉 조일수록 좋은 것이냐?"

"아닙니다. 너무 조이면 귀에 거슬리는 소리가 나고 현이 쉽게 끊어질 수 있습니다."

"잘 알고 있구나. 지금 네 마음은 너무 팽팽하게 조인 거문고 현 같아서 좋은 음악을 연주할 수 없고, 끊어지기 직전의 현처럼 위태로워 보인다. 자고로 수행자의 마음은 거문고 현처럼 적당해야 한다. 너무 풀어져도 안 되고, 너무 조여서도 안 된다. 그러니 어서 마음을 추스르고 일상생활에서 육근문(六根門, 눈, 귀, 코, 혀, 몸, 마음을 뜻한다. 육근문을 잘 지키면 번뇌가 들어오지 못한다고 한다)을 잘 지키도록 하여라."

혜현은 부처의 말에 크게 깨닫고 마침내 득도했다.

이런 수행법은 공부, 일, 스포츠 경기 등에서도 일맥상통한다. 스트레스가 전혀 없으면 너무 가벼워지지만, 적당한 스트레스는 정신을 집중시켜 발전의 원동력이 된다. 하지만 지나친 긴장감은 마음의 현을 꽉 조인 것처럼 위기를 초래한다.

역사적으로도 위대한 인물들은 서예, 악기 연주, 수영 등 좋아하는 취미를 가지고 일과 휴식을 적절히 안배할 줄 알았다. 예를 들어 아인슈타인은 바이올린을 좋아했고, 마오쩌둥(毛澤東)은 등산, 수영, 시 낭송, 서예를 즐겨 했다.

일에 모든 열정과 에너지를 쏟아붓기 전, 마음의 현을 적당히 조절하라. 적당한 긴장감을 유지해야 최고의 능력을 발휘할 수 있다. 너무 느리거나 빠르지 않고, 너무 느슨하게 두거나 조이지 않아야 일에서도 일상생활에서도 최고의 상태를 유지할 수 있다.

    사과나무에 사과가 열렸다. 첫해에는 열 개의 사과가 열렸는데 아홉 개를 잃고 단 한 개만 남았다. 이에 화가 난 사과나무는 스스로 가지를 자르고 성장을 거부했다.
    이듬해에 사과나무에는 다섯 개의 사과가 열렸는데 네 개를 잃고 한 개가 남았다.
    "하하, 작년에는 십 퍼센트만 남았는데, 올해는 이십 퍼센트나 남았네."
    사과나무는 마음이 편안해졌다.
    사과나무는 더 크게 성장할 수도 있다. 예컨대 이듬해에 백 개의 사과가 열렸을 때 구십 개를 잃고 열 개가 남았든, 구십구 개를 잃고 한 개가 남았든 상관없다. 계속 성장하면 세 번째 해에는 천 개의 사과가 열릴 것이다.
    직장에도 스스로 성장선을 잘라버리는 사과나무 같은 직장인이 많다. 처음 회사에 들어갔을 때는 온갖 재주를 뽐내며 의욕적으로 일하고 스스로 '반드시 필요한 인재'라고 생각한다. 하지만 믿었던 사람에게 뒤통수를 맞는다거나, 회사에 공헌을 하고서도 주목받지 못한다거나, 입으로는 칭찬하지만 실질적 혜택을 받지 못한다거나 등 이런저런 일들을 겪고 나면, 열매를 많이 가져가지 못한 사과나무처럼 현실과 이상의 거리가 멀게 느껴진다. 그래서 사장을 잔인한 착취자라고 욕하고 원망하고 분노하며 더는 예전처럼 열심히 하지 않겠노라고 다짐한다. 그리고 몇 년 뒤 재능도 열정도 사라져버린 자신을 발견하고 과거를 반성한다.
    "나이 들더니 성숙해졌어."

우리는 이런 말을 습관처럼 하지만, 사실 그중에는 성장이 이미 멈춘 사람이 대부분이다. 사람들은 스스로 이미 다 성장했다고 생각하며 지금 열매가 맺혀야 한다고 착각한다. 그리고 그러한 일시적 이해득실에 지나치게 치중하느라 성장이 가장 중요하다는 사실을 까먹는다. 다행히 김용의 소설에서처럼 경맥이 전부 잘린 것은 아니니, 잘못된 착각에서 벗어나 계속 성장의 길로 나아가야 한다.

'아르바이트족'이라면 불합리한 관리 체계, 비합리적인 업무 환경, 이해할 수 없는 기업문화를 많이 겪었을 것이다. 그럴지라도 분노와 원망을 이기지 못하고 스스로 성장선을 잘라버리는 일은 하지 말아야 한다. 무슨 일이 있어도 영원히 성장할 수 있는 사과나무가 되려고 노력해야 한다. 자신의 성장만큼 중요한 것은 아무것도 없다.

사실, 몇 개의 열매를 얻느냐는 중요하지 않다. 중요한 것은 사과나무의 성장이다! 기다림 끝에 사과나무가 하늘 높이 우뚝 솟은 고목이 된다면 예전에 성장을 가로막았던 장애물은 더는 신경 쓰지 않게 된다. 그러니 절대 열매에 연연해하지 말라. 성장이 가장 중요하다.

... 07

직장의 스트레스를 해소하는 스무 가지 방법

직장인들의 과로사 문제가 대두되면서 건강에 대한 관심은 높아졌지만, 어제와 같은 오늘은 여전히 계속되고 있다. 물론 석 자 얼음이 하루 추위에 언 게 아니듯 직장생활도 하루아침에 변할 수는 없다.

다음에서 소개하는 스무 가지 스트레스 해소법 중에서 자신에게 맞는 방법을 선택하고 꾸준히 노력한다면 행복한 직장생활이라는 꿈도 요원한 것만은 아니다. 작은 실천이지만 습관으로 만든다면 위기에 처한 많은 직장인에게 큰 도움이 될 것이다.

① 종이 사진을 붙여라.

매일 컴퓨터 모니터만 보느라 종이 사진은 언제 봤는지도 기억이 안 날 것이다. 눈의 피로를 풀어줄 예쁜 사진 몇 장을 골라 가까운 곳에 붙여놓으면, 볼 때마다 기분 전환도 되고 잠시나마 답답한 사무실에서 해방되는 기분을 맛볼 수 있다. 한두 달에 한 번씩 새로운 사진으로 교체해주면 더 좋다.

② '스트레스 노트'를 마련하라.

예쁜 공책을 마련하고 스트레스가 쌓이거나 고민이 있을 때마다 적어보자. 노트를 보면 내가 왜 스트레스를 받았고 고민했는지를 확인할 수 있어서 이성적이고도 효과적으로 자신을 돌아볼 수 있다. 그리고 지난 일들을 돌아보며 힘든 과정을 잘 버텨냈다고 자부할 수도 있다.

③ 계단 오르내리기 운동을 하라.

피곤하고 긴장될 때 건물 계단을 오르내리는 운동을 하면 이점이 많다. 하는 일 없이 계단만 오르내리기가 민망하다면 서류를 들고 가는 것도 좋다. 주변에서 바쁘게 움직이는 모습을 보고 열심히 일한다고 칭찬해줄지도 모른다. 무엇보다 가장 큰 이점은 운동할수록 아름답고 멋진 몸매가 만들어진다는 사실이다.

④ 좋아하는 음악을 들어라.

음악 감상은 신체의 면역 계통을 자극하는데, 좋아하는 음악을 들어야 효과가 크다. 같은 음악이라도 누군가에게는 아름다운 선율이지만 누군가에게는 소음이 될 수도 있다. 따라서 자신의 마음을 위로해줄 음악을 고르는 게 가장 중요하다. 좋은 음악은 맛있는 음식처럼 뇌의 쾌락을 느끼는 부분을 자극하여 면역력을 높여준다.

⑤ 크게 웃어라.

화를 내거나 상심에 빠져 있으면 건강에 해롭고, 기분 좋게 웃으면 면역세포 활동이 활발해진다. 따라서 코미디 영상을 보거나 유머를 들으면 기분이 좋아질뿐더러 혈액순환과 소화가 촉진된다. 또한 혈압을 낮추는 효과가 있으며, 면역력이 증가하고 긴장된 근육이 이완된다.

⑥ 울고 싶을 때는 울어라.

의학 전문가들은 우는 것이 스트레스 해소에 큰 도움이 된다고 주장한다. 심리학 연구에 따르면, 성인 남녀의 혈압을 체크한 결과 정상 범위에 속한 성인의 87퍼센트가 자주 운다고 답했고, 고혈압 환자들은 대부분 눈물을 흘리지 않는 것으로 밝혀졌다. 감정을 발산하는 것이 가슴 깊숙이 묻어두는 것보다 훨씬 건강에 이롭다.

⑦ 잠시 업무 속도를 늦춰라.

바쁜 업무 때문에 한숨을 돌릴 틈도 없다면 잠시 속도를 늦추는 것이 좋다. 간간이 휴식을 취해주면 업무 효율이 더 올라간다.

⑧ 집중된 것을 분산시키고 '각개격파'하라.

일과 생활에서 받는 스트레스를 하나씩 열거하고, '각개격파' 식으로 하나씩 처리해나가면 스트레스가 점차 줄어들 것이다.

⑨ '화풀이 인형'을 이용하라.

집이나 적당한 장소에 '화풀이 인형'을 가져다놓고 스트레스를 받았을 때 힘껏 때려라. 휴대할 수 있는 테니스공이나 고무공 등을 이용해도 좋다. 사무실에서 스트레스를 받을 때마다 이것을 몰래 누르거나 꼬집는 것이 동료의 목을 조르거나 히스테리를 부리고 책상을 내려치는 것보다 훨씬 낫다.

⑩ 스트레스 해소에 좋은 음식을 섭취하라.

연구에 따르면 스트레스 해소에 효과적인 음식들이 있다고 한다. 연어, 참다랑어, 고등어에서 추출된 DHA를 함유한 생선 오일이 대표적이다. 그 외에 참치, 브라질 호두, 마늘에 함유된 셀레늄도 스트레스 해소에 탁월하다. 비타민 B 중에서 B_2, B_5, B_6가 많이 들어 있는 곡물을 섭취하는 것도 좋다. 또 일하는 틈틈이 아이스커피를 마셔도 기분이 좋아진다. 회식이나 접대가 많아서 규칙적인 식단관리를 할 수 없다면 비타민이나 오메가3지방산을 가지고 다니며 수시로 보충해주어도 괜찮다. 음식이나 비타민으로 스트레스를 줄일 수 있다고는 하지만 무엇보다 중요한 것은 장기적으로 섭취하고 이를 습관화하는 것이다. 최소한 달은 지나야 조금씩 효과가 나타나기 시작한다.

⑪ 모든 일에서 완벽해지려고 하지 말라.

고위 경영자들은 완벽주의를 추구하지만, 그들도 모든 일에서 완벽할 수는 없다. 일이 많으면 80점 정도에 만족해야 하며, 가장 중요하다고 생각되는 일만 100점을 추구한다.

⑫ 끊임없이 소통하라.

마음을 터놓고 친구들과 대화를 하고, 필요하다면 상사와도 허심탄회하게 이야기하라. 상대방의 관심과 격려를 받을 수도 있고, 때로는 좋은 조언을 들을 수도 있다. 그러면서 자연스럽게 스트레스를 풀 수 있을 것이다.

⑬ 좋은 향기를 맡아라.

유럽과 일본에서는 아로마 테라피가 선풍적으로 유행하고 있다. 일부 여자아이들의 경우 향기 나는 풀이나 기타 식물에서 추출한 향유를

맡고 취해 쓰러지는 사례도 있지만, 원래 향유는 후각신경을 통해 뇌 변연 계통의 신경세포를 자극하거나 안정시키는 역할을 한다. 따라서 긴장된 신경을 이완하고 심리적인 스트레스를 완화시키는 데 아주 효과적이다.

⑭ "노!"라고 말하라.

사람의 능력에는 한계가 있는데 항상 "예스(Yes)!"라고 한다면 그 사람의 능력이 무한하다는 착각을 불러일으킨다. 모든 사장은 직원들이 풀도 뜯지 않고 쉼 없이 달리는 말이 되어주길 바란다. 언제나 "예스!"를 외치는 당신에게 그런 말이 되어달라면 어떻게 하겠는가?

⑮ 스트레스를 주변 사람들과 나누어라.

행복은 나누면 N배로 늘어나고, 슬픔은 나누면 N분의 1로 줄어든다. 이 진리를 알고 있다면 바로 행동으로 옮겨라.

⑯ 『아큐정전(阿Q正傳)』에서 아큐가 실천하는 일종의 정신 승리법, '아큐정신'을 발휘하라.

때로는 시비가 분명하지 않은 일도 있다. 이럴 때는 아큐정신으로 위기를 돌파하라. 직장은 연극 무대처럼 매일 다양한 레퍼토리가 펼쳐진다. 이런 무대에서 어떻게 항상 주인공이 될 수 있겠는가? 때로는 조연일 때 전체 스토리를 파악하는 데 더 유리하다.

⑰ 심호흡을 하라.

심호흡은 폭발하기 직전의 감정들을 가라앉히는 역할을 한다. 코로 들이마신 숨을 서서히 복부를 거쳐 늑골로 보낸 뒤, 다시 천천히 코로 내뱉는다. 이렇게 하면 단 몇 초 만에 새로운 기분을 느낄 수 있다.

⑱ 따뜻한 물로 목욕하라.

온천에 몸을 담그고 따뜻한 물로 목욕하는 것은 아주 오래전부터 내려오는 진정 방법이다. 체온보다 높은 물에 몸을 담그고 10분 뒤 몸을 씻으면 온몸의 피로가 풀리고 정신이 상쾌해진다.

⑲ 혼자 산책하라.

최대한 점심 약속을 피하고 그 시간을 이용해 영혼을 쉬게 한다. 혼자서 천천히 식사를 한 뒤 가볍게 산책을 한다. 10분의 산책으로 긴장감이 해소되면 그 효과가 한두 시간까지 지속된다.

⑳ 혼잣말을 하라.

혼잣말은 파멸의 길을 가지 않도록 도와주는 좋은 수단이다. 자신과의 대화는 스트레스를 푸는 최고의 방법이다. 스스로 문제를 듣고, 묻고, 생각하는 과정을 통해 시야를 넓힐 수 있다.

이 밖에도, 자신의 취미를 고려해 적절한 스트레스 해소법을 찾을 수 있을 것이다. 단, 중요한 것은 지속적인 노력이다. 작은 노력이 훗날 큰 수확이 되어 돌아온다는 사실을 기억하라.

행복은 자신이 만드는 것이며, 번뇌도 자기 안에서 시작된다. 어쩔 수 없이 직장에 다녀야 한다면 즐거운 마음으로 일할 방법을 찾아내라.

Chapter 8
내가 행복하면
세상이 아름답다

사랑은 절벽에 핀 꽃과 같아서 차지하려면 용기가 필요하다. 꽃을 차지하려면 우선 사랑의 본질을 이해해야 한다. 사랑은 주는 것이고, 사랑은 완벽해지는 것이다. 또한 자신을 사랑해야 남도 사랑할 수 있다.
뭐든지 기꺼이 하는 마음은 어떤 경지일까? 아직 경지에 도달하지 못했다면, 먼저 내려놓는 법을 배워야 한다. 사랑했고, 아파했으며, 살아왔다면, 그것으로 충분하다.

... 01

나 자신을 사랑하고
그 안에서 답을 구하라

천칭자리 남자를 사랑한 황소자리 여자는 남자에게 자신의 마음을 보여주었다. 남자는 우유부단한 성격 외에는 흠잡을 데가 전혀 없었다. 남자는 너무 신중한 나머지 여자에게 확답을 주지 않은 채 이렇게 말했다.

"우선 좋은 친구로 지내면서 다시 생각해보자."

여자는 자유분방하여 때때로 사람들이 깜짝 놀랄 만한 일을 저지른다. 역시나 남자의 대답에 마음이 상한 여자는 술을 마시기 시작했고, 취한 채 울며 소란을 피웠다.

여자는 불량한 소녀라도 된 양 진한 화장을 시작했다. 여자는 다른 남자들과 데이트를 했다. 그들을 사랑하지는 않았지만 천칭자리 남자를 자극하고 싶었다. 그 밖에도 여자는 남자의 관심을 받기 위해 황당한 짓을 많이 저질렀다.

사실, 처음에는 여자에게 반감을 느끼지 않았던 남자는 여자가 망가지는 모습을 보자 두려워지기 시작했다. 생각이 깊은 남자는 자신을 사랑할 줄 모르는 여자라면 훗날 가정을 꾸렸을 때 좋은 부부관계를 유지하기 어려울 거라고 생각했다.

얼마 후, 여자는 자신이 무엇을 하든 남자의 마음을 훔칠 수 없다는 사실을 깨닫고 남자를 찾아가 가련한 표정으로 고백했다.

"너 없이는 안 될 것 같아."

하지만 지레 포기한 것 같은 여자의 행동은 남자의 동정심을 유발하기는커녕 반감만 불러일으켰다. 항상 우유부단한 태도를 취했던 남자는 그제야 여자에게 확실히 거절의 뜻을 밝혔다.

신이 남자와 여자를 만든 이유는 인간이 나머지 반쪽을 찾을 때까지 결핍과 고독, 그리고 목마름을 느끼게 하기 위해서다. 그래서 자신의 반쪽을 찾는 과정에는 환희와 실망, 기쁨과 고통의 감정이 뒤따른다. 두렵고 혼란스러운 이런 감정이 바로 사랑이다. 사랑에 빠진 남자와 여자는 서로에게 나머지 반쪽이자 최고의 선물이다. 따라서 상대를 정말로 사랑한다면 그 사람을 위해 반쪽인 자신을 사랑해야 한다.

사랑은 자신을 사랑하는 사람만이 누릴 수 있다. 자기조차 소중히 여기지 않는데 어떻게 사랑하는 사람을 돌볼 수 있단 말인가? 상대에게 짐이 되고 그 사람의 인생을 망가뜨린다면, 과연 사랑할 자격이 있을까?

사랑의 본질은 자신을 사랑하는 것이다. 자신을 아끼고 사랑하지 않는 사람이 어떻게 타인을 사랑하고 이해할 수 있을까? 사랑을 말하기 전에 먼저 자신을 사랑하는 법부터 배워라!

많은 사람이 나를 사랑하는 사람과 내가 사랑하는 사람 중 누구를 선택할 것인지 고민한다. 사실, 사랑을 주는 일과 사랑을 받는 일은 전부 행복하다. 다만, 어떤 선택을 하든지 그것은 자신의 몫이다.

어느 날, 바위가 자기 위에 앉아 수행 중인 부처에게 물었다.

"저를 사랑하는 여자와 제가 사랑하는 여자가 있는데 둘 중 누구를 아내로 맞이해야 할까요?"

"너 자신에게 물어보거라. 무릇 만물이 서로 다르듯, 생각하는 바도 제각각일 테니까 말이다."

"저를 사랑하는 여자와 살면 어떨까요? 또 제가 사랑하는 여자와 살면 어떨까요?"

"그 역시 너 자신에게 물어보거라. 너를 사랑하는 여자와 살면 기분이 어떨 것 같으냐? 또 네가 사랑하는 여자와 살면 기분이 어떨 것 같으냐?"

"저를 사랑하는 여자와 살면 따뜻하고 걱정 없이 행복하게 살 것 같습니다. 그리고 제가 사랑하는 여자와 살면 열정적이고 재밌게 살 수 있을 것 같습니다."

"그렇다면 왜 아직도 결정을 못하고 있는 것이냐?"

"저를 사랑하는 여자를 선택하면 걱정은 줄고 편안한 삶을 살 수 있겠지만, 스스로 발전하지 못할까 두렵습니다. 반대로 제가 더 사랑하는 여자라면, 그녀에게 잘 보이기 위해 열심히 노력하고 능력을 키울 것입니다. 하지만 정말 제가 사랑하는 여자와 살면 사랑에 푹 빠져 남자다운 투지를 잃을까 걱정됩니다."

"너를 사랑하는 여자와 오래 살다 보면 그 사랑에 감동할 것이다. 변하지 않는 관심과 보살핌을 받으며 그녀에 대한 신뢰가 쌓일 것이고, 그런 사랑에 보답하기 위해 열심히 노력하게 될 것이다. 그리고 네가 사랑하는 여자와 산다면 그녀에게 더 나은 삶을 제공해주기 위해 최선을 다하며 살게 될 것이다."

"저를 사랑하는 여자와 살면 처음부터 열정이 없었기에 시간이 지날수록 사는 게 재미가 없고 싫증이 날까 걱정됩니다. 반대로 제가 사랑하는 여자와 살면 그녀에게 신경 쓰느라 피곤하지 않을까요?"

"그녀를 진심으로 사랑하는 게 맞느냐?"

"다른 사람의 사랑이 어떤 것인지는 잘 모르겠지만, 그녀에 대한 제 사랑은 절대적입니다. 원한다면 제 생명까지 바칠 수 있어요."

"그렇다면 이미 마음속에 답이 있는 것이 아니겠느냐? 내게 다시 묻는 이유가 무엇이냐?"

"물론 그녀에 대한 제 사랑은 확실합니다. 다만, 그녀도 제가 사랑하는 만큼 저를 사랑해주었으면 좋겠습니다. 저는 이렇게 사랑하는데 그녀가 저를 사랑하지 않는다면 큰 상처를 받을 것 같습니다."

"아미타불. 먼저 네 마음을 잘 들여다본 뒤에 다시 물어보는 게 좋겠구나."

부처가 자리를 떠나자 바위는 홀로 남아 깊은 고민에 빠졌다.

많은 사람이 이런 비슷한 고민에 빠진다. 나를 사랑하는 사람을 택할 것인가, 아니면 내가 사랑하는 사람을 택할 것인가? 나를 사랑하는 사람을 선택하면 따스함과 편안함은 있겠지만, 열정과 재미는 떨어질 것이다. 반면, 내가 사랑하는 사람을 선택하면 열정과 재미는 있겠지만 상처받을 일이 많을 것이다. 결국 남녀의 사랑 게임에서는 더 많이 사랑하는 사람이 상대방에게 끌려다니게 되어 있다. 고무줄을 서로 잡아당기는 게임에서처럼 상처를 받는 쪽은 끝까지 손을 놓지 않은 사람이다.

우선 자신이 어떤 유형인지 알아야 한다. 편안한 관계를 추구하는 유형인가, 아니면 낭만적인 유형인가? 은혜에 보답하고, 적당한 선에서 타협할 줄 아는 부드러운 유형인가, 아니면 끈질기게 매달리고 집착하는 유형인가?

사랑을 주고 사랑을 받는 일은 모두 행복한 일이다. 따라서 나를 사랑하는 사람을 택하든, 내가 사랑하는 사람을 택하든 전부 행복해질 수 있다. 다만, 중요한 것은 부부의 정을 맺고 얼마나 성실하게 살아가느냐 하는 것이다.
사랑은 돌을 가는 것과 같다. 처음 돌을 주웠을 때처럼 만족스럽지 않을지도 모르지만, 사람은 다양한 경험을 통해 변할 수 있는 존재다. 진정한 사랑과 용기가 있다면 현재 가진 '수중의 돌'을 잘 갈 수 있을 것이다.
감정이 무뎌져서 나태해졌다고 생각하는 사람들이 많다. 하지만 사실은 나태해졌기에 감정이 무뎌진 것이다. 사랑한다고 말하기 전에 먼저 자신의 마음을 잘 들여다보자.

... 02

대가를 바라지 않는 사랑으로 세상이 아름다워지다

    물고기와 새가 서로 사랑했다. 부처는 사랑하는 존재와 함께하려면 서로 인연이어야 하는데, 둘은 인연이 아니니 하늘의 뜻에 따르라고 했다. 하지만 물고기와 새는 운명을 거스를지라도 열렬히 사랑하면 하늘 또한 감동할 것이라고 생각했다.

    물고기는 수면 위로 뛰어올라 바다의 속박에서 벗어나 새가 있는 하늘로 날아오르려 했다. 그리고 새는 하강을 반복하며 바다와 가까워지려 노력했다. 이렇게 물고기는 새가 되고 새는 물고기가 되어 영원히 함께하길 원했다. 하지만 물고기는 바다 위로 뛰어오를 때마다 곤두박질치기 일쑤였다. 가까스로 해안가 근처까지 간 적도 있었지만 말라 죽기 직전까지 갔고 밀물의 도움으로 겨우 목숨을 건졌다. 새는 바다로 하강할 때마다 날개가 젖었고, 언젠가는 익사할 뻔도 했는데 물고기의 도움으로 겨우 살아났다.

    둘은 필사적으로 노력했지만 매번 좌절했다. 물고기는 성한 피부가

한 군데도 없었고, 새 역시 온몸이 상처투성이었다. 그럼에도 그들은 여전히 사랑을 포기하지 않았다.

시간이 흐르자, 둘은 모두 나이가 들어 기력이 약해졌다. 상심한 물고기가 새에게 말했다.

"이제 포기하는 게 좋겠어요. 서로 각자의 세상에서 잘 살기로 해요."

새가 말했다.

"나는 포기할 수 없어요. 함께할 수 없다면 살 가치가 없어요."

물고기는 그들을 도와줄 이가 아무도 없다는 사실에 절망하며 슬피 울었다. 새는 아픈 가슴으로 물고기를 바라보며 마지막 힘을 다해 바다로 하강했다. 그 순간, 물고기도 바다 위로 뛰어올라 새를 껴안았다. 새는 바닷속으로 가라앉았다. 물고기가 새를 끌어올렸을 때는 이미 숨이 멈춘 뒤였다. 물고기는 새를 깊은 바닷속 바위 밑에 묻고 평생 곁을 지켰다.

시간이 흘러 세상은 천지가 뒤바뀌는 큰 변화를 겪었다. 그리고 박물관에는 하강하는 자세로 화석이 된 새가 전시되어 세간의 이목을 끌었다.

훗날 한 음악가가 물고기와 새의 이야기를 듣고 '새와 물고기(飛鳥和魚)'라는 노래를 만들었는데 많은 사람의 심금을 울렸다. 노래를 들은 사람들은 사랑에 빠졌을 때 자신도 새나 물고기와 같았다며 감탄을 금치 못했다.

평생을 살면서 인연이 아닌 사람과의 사랑은 결과를 기약할 수 없다. 새와 물고기처럼 전혀 다른 세계에 사는 사람들의 만남은 헤어질 수밖에 없는 운명으로 맺어져 있다. 그러니 발버둥치거나 낙담할 필요 없이, 놓아주는 법을 배워야 한다.

잘못된 시기에 나와 잘 맞는 사람을 만났거나 잘못된 장소에서 사랑하지 말아야 할 사람을 사랑하게 되었다면, 아무리 서로 잘 맞고 열렬히 사랑한다 해도 어쩔 수 없다. 때를 놓친 행복은 의미가 없고, 대가가 지나치게 큰 사랑은 비극으로 치달을 뿐이다. 인연이 아니라면 상대의 손을 놓아줄 줄도 알아야 한다.

어린왕자가 사는 작은 행성에 홀연히 아름다운 장미꽃이 피었다. 그때까지 이름 없는 꽃들은 많았지만, 그렇게 아름다운 꽃을 본 적이 없는 어린왕자는 장미와 사랑에 빠졌다.

어느 날, 어린왕자는 장미가 세상에 하나밖에 없는 꽃이며, 그의 행성에만 존재한다고 생각했다. 그런데 지구에 도착해보니 정원에 똑같이 생긴 장미가 5천 송이나 피어 있는 게 아닌가! 그제야 어린왕자는 그의 장미도 평범한 꽃이라는 것을 알았다. 어린왕자는 기분이 울적해졌다. 하지만 곧 그는 세상에 무수한 장미가 있지만 그의 행성에 있는 장미는 유일무이한 존재라는 사실을 깨달았다. 그는 장미를 위해 물을 주고, 바람을 막고, 벌레를 잡고, 고깔을 씌워주고, 심지어 아무 말 안 할 때도 귀를 기울여주었다. 그는 장미에게 길들여졌고, 장미도 그에게 길들여졌다.

"장미가 그토록 소중한 것은 그 꽃을 위해 공들인 시간 때문이야."

어린왕자에게 길들여진 여우가 말했다.

프랑스 작가 생텍쥐페리의 동화『어린왕자(Le Petit Prince)』. 나는 이 책을 열 번도 넘게 읽었는데 읽을 때마다 마음이 깨끗해지는 기분이 든다. 어린왕자는 5천 송이의 장미를 보고 말했다.

"너희는 정말 아름답지만 내게 아무 의미도 없어. 난 너희를 위해 목숨을 바칠 생각이 없어."

사랑에 집중할 수 있어야 비로소 둘의 관계는 의미를 가지게 된다. 하지만 요즘은 '공허한 관계'가 점점 많아지고 있다. 인터넷에 '원 나잇 스탠드' 상대를 찾는 글이 넘쳐나는 것만 봐도 알 수 있다.

사람들은 조급하게 소유하려고만 한다. 마치 더 많이 소유할수록 자신의 가치도 올라간다고 생각하는 것 같다. 이제 온라인 세계에서 수십 명의 애인을 사귀는 것은 더는 놀랄 일도 아니다. 하지만 이들의 사랑에는 아픔이 없으며, 친밀한 '관계'도 없다. 단지 서로를 정복하려는 욕망만 있을 뿐이다.

상대를 소유하기 전에는 둘 사이의 거리를 좁히기 위해 수단과 방법을 가리지 않지만, 일단 소유하게 되면 흥미가 급격히 떨어진다. 정복욕이 강할수록 상실 속도는 빨라진다. 그리고 이때 상대를 정복한다는 것은 육체적 탐닉에 불과하다.

아름다운 사랑은 두 사람이 서로를 위해 쏟은 시간과 노력에 달렸다. 두 사람이 친밀한 관계를 위해 진심으로 노력할 때 비로소 마음이

통하고 성숙한 사랑이 이루어진다. 이로써 두 사람은 더 풍요롭고 찬란하게 빛나는 인생을 누리게 될 것이다. 아름다운 사랑은 외로움에 빠져 허우적거리는 우리의 삶을 구원해줄 동아줄이며, 범람하는 욕망은 우리의 영혼을 갉아먹는 좀벌레와 같다.

진정한 사랑을 믿고, 그것을 위해 최선을 다하라. 사랑은 외롭다는 이유로 찾고, 익숙해졌다는 이유로 버리는 그런 것이 아니다. 자신을 더 사랑하고, 주변 사람들을 더욱더 사랑하라. 인생은 길지 않다. 다음 생에 다시 만날지 아무도 모른다.

사랑은 상대를 포용하는 것이다. 사랑한다면 상대의 장점은 칭찬하고 단점은 포용해주라. 상대를 포용할 마음이 없다면 잡은 손을 놓아야 한다. 상대의 장점만 탐닉하고 단점을 받아들이지 못한다면, 지나친 욕심을 부리고 있는 건 아닌지 생각해보자.

창가에 앉아 차를 마시며 신문을 읽다가 이런 기사를 봤다. 한 여고생이 사랑 때문에 투신자살을 했는데, 다음 날 그 여고생의 남자 친구도 강에 뛰어들어 목숨을 버린 이야기였다.

그때 작은 벌 한 마리가 창문으로 들어왔는데, 실내를 몇 바퀴 돈 후 다시 밖으로 나가려고 창문을 향해 돌진하다가 그만 유리창에 부딪혀 버렸다. 불쌍한 벌은 세상에 '유리'라는 게 있다는 사실조차 몰랐을 것이다. 그저 창밖의 풍경이 선명히 보였기에 힘껏 날아갔을 것이다. 그 뒤 벌은 뭔가를 생각하기라도 하듯 한동안 유리창 앞에 앉아 있었다.

그렇게 반나절쯤 지났을 때, 벌은 다시 날아올라 실내를 한 바퀴 돌더니 방충망에 뚫린 구멍을 통해 밖으로 날아갔다. 나는 갑작스러운 벌의 행동에 깜짝 놀랐다. 벌은 생각할 줄 아는 곤충으로, 길이 막히자 뒤쪽을 빙빙 돌면서 출구를 찾아낸 것이다.

그런데 인간은 어떤가? 사랑에 빠진 남녀는 실내로 들어온 벌이나 파리처럼 밖으로 나갈 출구를 찾지 못했던 것일까? 사람과 인생 사이에 놓인 '감정의 유리'가 둘을 절망으로 빠뜨린 것일까? 그들은 왜 밖으로 나가지 못했을까?

절망 앞에서 왜 사람은 벌처럼 뒤로 물러나 실내를 돌며 출구를 찾지 않는 것일까? 사람의 감정은 벌보다 더 충동적인가? 사람은 고등동물인데 왜 벌처럼 단순한 생각을 하지 못할까? 벌도 사람만큼 생명을 소중하게 생각하는 걸까?

꼬리에 꼬리를 물고 이어지는 물음에 대해 나는 제대로 답하지 못했다. 단지, 절망에 빠졌을 때는 침착하고 냉정하게 생각해야 하고, 출구를 찾지 못할 때는 뒤로 물러나 상황을 지켜봐야 한다는 사실만은 분명하다. 마음을 가라앉히고 이성적으로 생각하다 보면 분명 출구가 나타날 것이다.

나도 한때 사랑에 실패하고 죽을 생각까지 한 적이 있다. 그러면 모든 고통과 아픔으로부터 벗어날 수 있을 거라고 생각했다. 하지만 시간이 흐르고 나니 그것 때문에 죽지 않은 게 천만다행이라는 생각이 들었다. 감정이라는 것은 자연스럽게 흘러가는 것이기 때문이다. 사랑에 실패했다고 자살한다면 인류는 이미 멸망했을 것이다. 무엇보다 내가 죽는다고 세상은 변하지 않는다. 상대방의 감정이 더 깊어지지 않음은 물론이다. 단지 재창조되고 재생산될 기회가 사라질 뿐이다. 산에 날아다니던 말벌이 유리창에 부딪혀 죽었다고 해서 산이 변하지 않는 것과 같다. 한편, 벌이 날아다니면 산 전체가 벌의 세상이 된다. 이때 날거나 날지 않거나, 춤을 추거나 추지 않거나 하는 선택의 문제는 전부 벌 자신이 몫이다. 다만, 어떤 선택을 하든 죽는 것보다 낫다!

내 생각은 그렇지만, 그렇다고 사랑하는 사람을 따라 죽은 그 남자 친구를 비난하려는 것은 아니다. 단지 행복해질 기회를 스스로 놓아버린 것이 안타까울 뿐이고, 다음 생에서는 두 사람이 정말 행복하길 진심으로 기원한다.

그런데 지금은 얼마든지 행복해질 가능성이 있지만, 다음 생에서도 그럴 수 있다고 누가 장담할 수 있을까!

사랑을 시작하기 전까지는 한 사람을 그토록 뜨겁게 사랑할 수 있을지 상상조차 못한다. 사랑을 끝내기 전까지는 사랑이 사라질 수 있다는 사실을 알지 못한다. 사랑이 잊히기 전까지는 뼈에 사무칠 정도로 아팠던 사랑도 무덤덤해질 수 있다는 사실을 알지 못한다. 사랑을 다시 시작하기 전까지는 다시 아름다운 사랑을 할 수 있을 거라고 생각하지 못한다.

사랑은 대가를 바라지 않으며, 그 자체로 아름다운 선물이다. 사랑은 상대를 생각하기만 해도 웃음이 나오는 아름다운 감정이며, 가슴을 촉촉하게 적시는 달콤한 이슬이다. 지금 누군가를 사랑하고 있다면 그 사람과의 만남에 감사하자.
모든 고통은 치료될 수 있다. 사랑의 고통 역시 치유될 수 있다. 사랑이라는 것은 있으면 있는 대로, 없으면 없는 대로, 오면 오는 대로, 가면 가는 대로 자연스럽게 흐르도록 두어야 한다. 때로는 미련이 남는 사랑도 있다. 하지만 세상에 완벽한 사랑이란 없다. 사랑이 지나갔다면, 너무 슬퍼하지 말라.

··· 03
자연스럽게 사랑하라, 행복해질 기회는 무궁무진하다

애인에게 버림받은 여자가 자살하기로 마음먹었다. 목숨을 끊기 직전, 그녀는 문득 소크라테스(Socrates)에게 애인의 마음을 돌릴 방법이 있는지 물어보고 싶어졌다. 그녀는 당장 소크라테스를 찾아갔다.

"왜 슬픔에 잠겨 있는가?"

"실연을 했습니다."

"그렇다면 아주 정상적인 감정이다. 실연을 했는데 슬프지 않다면 사랑했다고 할 수 없지. 하지만 사랑했을 때보다 실연 후에 더 많은 감정을 소모하는 것 아닌가?"

"손에 넣은 포도를 잃어버렸다고 생각해보세요. 얼마나 안타깝고 상심이 크겠어요. 당사자도 아니면서 이 슬픔을 어떻게 알겠어요?"

"잃어버린 것은 그저 잃어버린 거지. 삶은 계속되어야 하네. 세상에는 맛있는 포도가 많거든."

"저는 그가 다시 돌아올 때까지 계속 기다리겠어요."

"그날이 영원히 오지 않을 수도 있네. 아마 그가 다른 사람에게 가는 모습을 보게 될 걸세."

"그럼 자살해서 그에게 내 마음을 보여주겠어요."

"그렇게 한다면 사랑하는 사람도 잃고, 자기 자신도 잃고 말지. 그럼 두 배로 손해를 보는 거야."

"그의 다리를 망가뜨리면 어떨까요? 제 사람이 되지 못하면 남의 사람도 되지 못하게 하겠어요."

"그건 그 사람을 더 멀리 달아나게 할 뿐이야. 자네가 원하는 것은 더 가까워지는 것 아닌가?"

"그럼 제가 어떻게 해야 하나요? 전 정말 그를 사랑해요."

"진심으로 사랑하나?"

"네."

"그렇다면 사랑하는 사람의 행복을 바라겠지?"

"그야 당연하죠."

"자네와 헤어지는 게 행복하다고 한다면 어쩔 텐가?"

"안 돼요! 그 사람이 저와 함께 있을 때 가장 행복하다고 했어요!"

"그랬었지. 하지만 다 과거의 일이네. 지금은 그렇게 생각하지 않을 걸세."

"그럼 그가 계속 저를 속여왔다는 건가요?"

"아니지, 그는 줄곧 자네에게 충실했어. 자네를 사랑할 때는 늘 함께 있었고, 지금은 자네를 사랑하지 않아서 떠났지. 세상에 이렇게 충실한 사람은 없을 거야. 그가 자네를 더는 사랑하지 않는데도 거짓으로 사랑을 유지하며, 결혼을 하고, 아이를 낳는다면 그거야말로 진정한 사기꾼이겠지."

"그렇다면 제가 쏟은 사랑이 다 낭비였다는 건가요? 누가 보상을 해주죠?"

"그렇지 않네. 자네는 감정을 낭비한 적이 없으니 보상받을 이유도 없지. 자네가 그에게 사랑이라는 감정을 줬듯이 그도 자네에게 사랑을 주었네."

"하지만 지금 그 사람은 저를 사랑하지 않고, 저는 여전히 그를 사랑해요. 이건 너무 불공평하지 않나요?"

"불공평하긴 하지. 내 말은 자네가 사랑한 사람이 불공평하다는 말이네. 그를 사랑하는 것은 자네의 권리지만, 자네를 사랑할지 사랑하지 않을지는 그의 권리지. 자네는 자네 자신의 권리를 행사하려 하면서, 다른 사람이 권리를 행사할 자유는 빼앗으려고 하네. 정말 불공평하지 않은가?"

"그렇지만 두 눈으로 똑바로 보세요. 지금 고통에 빠져 있는 것은 저예요. 저는 그 사람 때문에 너무 힘들어요."

"그 사람 때문에 힘들다고? 그는 아마도 아주 잘 지내고 있겠지. 자네가 슬픈 이유는 바로 자네 때문이네. 자기 때문에 힘든 것을 남 때문이라고 하지 말게. 인품을 잃어서야 되겠나?"

"그 말에 따르면 이 모든 게 다 제 잘못이라는 건가요?"

"그렇다네. 처음부터 자네가 잘못했지. 자네가 그를 행복하게 해줬다면 떠나지 않았을 거네. 행복을 마다할 사람은 없으니까 말이야."

"하지만 그 사람은 제게 기회조차 주지 않았어요. 정말 독한 사람이에요."

"물론 독하지. 그렇지만 다행히 자네는 이미 독한 사람에게서 벗어났네. 그러니 기뻐하는 게 어떻겠나?"

"제가 어떻게 그럴 수 있겠어요? 어쨌든 저는 사랑하는 사람에게 차인걸요. 정말 비참하다고요."

"비참해할 필요 없네. 자부심을 갖도록 하게. 차인 것도 그다지 나쁘지 않다고 생각해보게."

"그게 무슨 말인가요?"

"어느 날, 옷 집에서 옷 구경을 했는데 정말 마음에 들어 손에서 놓고 싶지가 않더군. 옷 장수가 살 것이냐고 묻기에 내가 뭐라고 한 줄 아나? 질이 떨어져서 사지 않겠다고 했지! 사실, 내게는 돈이 없었다네. 자네는 비싸서 포기할 수밖에 없었던 그 옷과 다르지 않네."

"정말 위로가 되네요. 하지만 실연의 슬픔에서 빠져나올 수는 없을 것 같아요."

"미안하지만 나는 슬픔에서 빠져나오게 해줄 능력이 없네. 그래도 좋은 친구를 소개해줄 수는 있지."

"그게 누군가요?"

"시간이네. 시간은 가장 위대한 스승이지. 실연의 고통으로 죽을 고

비를 넘긴 사람들이 시간의 도움으로 마음의 상처를 치료하고 다시 사랑을 찾는 모습을 많이 지켜봤네. 그들은 모두 본연의 삶으로 돌아가 행복한 삶을 즐기고 있지."

"저도 그런 날이 오기를 바라지만, 어디서부터 어떻게 시작해야 할지 모르겠어요."

"자네를 떠난 그 사람에게 감사하고, 축복을 빌어주게."

"왜 그래야 하죠?"

"그는 언제나 충실했고, 자네에게 다시 행복해질 기회를 주었기 때문이네."

"평생 한 사람만 사랑하는 것은 불가능하다"라고 작가 김용은 말했다. 리아오(李敖)는 "짧은 사랑을 해야 그 사랑이 영원해진다"라고 말했다. 잔인하게 들릴 이 말들에는 사랑의 진리가 담겨 있다. 사람은 누군가를 사랑하고 사랑받을 권리가 있으며, 다른 사람의 사랑을 거절할 권리도 있다.

사랑했는데, 그 후에 다시 사랑하지 않는 것을 통속적으로 표현하면 '바람'이고, 진지하게 표현하면 '배신'이다. 이런 단어는 모두 부정적으로 사용되고 있다. 하지만 '배신'의 가능성은 누구에게나 있다. 선택의 가능성에는 배신의 가능성이 포함되고, 선택의 가능성이 있다면 배신의 가능성도 있는 것이다.

또한 배신은 인성과 관련되기도 하며, 관련 없기도 하다. 배신이 인성과 관련된다는 말은 남자든 여자든 모두 신이 아니라 인간에 불과하다는 뜻이다. 긴 인생을 살면서 절대 한눈을 팔지 않을 거라고 누가 장담할 수 있는가? 육체적 배신이든 정신적 배신이든 전부 일어날 수 있는 보통의 일이다. 반면, 배신이 인성과 관련 없다는 말은 아무리 아름다운 꽃도 백 일 동안 붉게 피어 있지 못하는 것처럼 인간도 그러하다는 뜻이다.

"배신은 절대 용인할 수 없어. 평생 나만 사랑해야 해!"

사랑하는 사람이나 친구에게 이런 요구를 하는 것은 인성을 거스르는 일이다. 이는 어떤 사람에게도 불가능하기 때문이다.

살면서 스트레스를 받을 날이 있으면 스트레스가 해소되는 날도 있을 것이고, 불행으로 고통받을 날이 있으면 행운이 찾아올 날도 있을 것이다. 편안한 마음으로 자연스러운 삶을 살아야 한다. 사실, 보이지 않는 약속은 아무 의미가 없다. 배신 또한 잊어버리면 아무것도 아니다. 모든 것은 처음으로 돌아가게 되어 있다. 남에게 강요하지 않고 자연스럽게 사는 법을 체득하라.

Chapter 9
극단적인 관계는 번뇌를 불러온다

모든 갈등은 사람에게서 비롯되는 만큼 인간관계가 가장 어렵다. 세상의 모든 일은 세 가지, 즉 자신의 일, 타인의 일, 신의 일로 나뉜다. 우리는 자신의 일만 잘하면 된다. 타인의 일에는 관여할 능력이 부족하고, 신의 일에는 능력이 미치지 못한다. 자신의 일에 심혈을 기울이고 타인의 일에 관심을 갖지 말라.

· · · 01

홀로 있는 법을
배워라

　처음 강서 지역을 찾은 혜해(慧海)선사는 마조도일(馬祖道一)선사를 방문했다. 마조선사가 물었다.
　"어디에서 오셨습니까?"
　"월주(越州) 대운사(大雲寺)에서 왔습니다."
　"이곳까지는 무슨 일로 오셨는지요?"
　"불법을 구하고자 합니다."
　혜해선사의 대답에 마조선사가 말했다.
　"자기 집의 보물은 내버려두고, 왜 여기저기를 헤매고 다니나요? 여기에는 아무것도 없습니다."
　혜해선사는 예를 갖추어 물었다.
　"저한테 보물이 있다니 무슨 말인가요?"
　"바로 그대 안에 있는 보물 창고를 말하는 것입니다. 그곳에는 세상 모든 것이 다 있고 뭐든 자유롭게 사용할 수 있는데, 왜 밖에서 찾으려

하나요?"

혜해선사는 크게 깨닫고 마조선사에게 감사의 인사를 올렸다.

사람들은 고민이 생기거나 힘들 때 남들에게 도움을 청하고 의지한다. 외로울 때도 같이 있어주고 이야기할 누군가를 찾는다. 사실, 이는 가까운 곳에 있는 것을 버리고 먼 곳에 있는 것을 찾는 격으로 잘못된 행동이다. 우리는 세상에서 자신을 가장 잘 알고, 이해하며, 언제 어디서나 편하게 부를 친구는 바로 자신이라는 사실을 잊고 산다.

사람들은 각자의 우주와 자기만의 정신세계를 가지고 있다. 이곳은 자기만의 소중한 보물이 숨어 있는 안전한 장소로, 그 어떤 재해에도 피해를 입지 않는 영역이다. 영혼은 수입만 있고 지출은 없는 독특한 장부다. 인생의 모든 고통과 기쁨이 소중한 체험으로 치환되어 수입란에 기록된다. 그렇다. 고통 역시 수입으로 계산된다. 사람은 두 개의 자아를 가지고 있는데, 하나는 세상에서 치열하게 싸우며 앞으로 나아가

승리하거나 패배한다. 또 하나는 평온한 미소를 지으며 육체가 흘린 피와 땀, 울고 웃는 자아를 집으로 맞이하여 풍부한 전리품을 보여주거나 패배를 위로한다.

사람과 사람 사이에는 동정심, 인의, 사랑이 존재하기에 세상에는 남에게 도움을 베푸는 자비와 살신성인(殺身成仁)하는 의협심을 가진 사람들이 있다. 하지만 생물학적, 심리학적 관점에서 보면 그들 역시 그저 하나의 개체에 불과하다. 자신의 고통을 가장 절실하게 느끼는 사람은 오로지 자기밖에 없다. 이런 의미에서 가장 관심을 가져야 할 대상은 바로 나 자신이다. 자신보다 타인에게 더 관심을 가지는 것은 생물학적, 심리학적 개체의 본질에 위배되는 일이다.

모든 사람은 고독한 존재다. 타인이 아무리 나를 사랑한다 해도 그저 인생의 일부를 함께할 뿐이다. 결국 혼자서 걸어가야 한다. 인생에 영원한 것이 존재한다면 그것은 바로 고독이다. 이처럼 인생은 본래 외로운 것인데, 사람들은 외로워지지 않기 위해 발버둥을 친다. 하지만 그러면 그럴수록 더 적막한 외로움에 휩싸이게 될 것이다. 이게 바로 외로움의 본질이다. 그러므로 고독을 즐기고 홀로 있는 법을 배워보자. 그러면 좀 더 즐거운 인생을 살 수 있을 것이다.

••• 02
꽃에게 미소 지으면 세상을 다 얻을 것이다

중국에 '삼소불(三笑佛)'에 관한 이야기가 전해 내려오고 있다.

옛날에 세 명의 승려가 있었는데 다른 사람에게 법호를 말해준 적도 없고 사람들과 대화를 나누지도 않았다. 그들이 불법을 전파하는 유일한 수단은 미소였다. 세 사람은 언제나 사람들이 많은 곳에 모여 크게 웃었다. 그러면 호기심을 느낀 사람들이 주변으로 모였고 승려들의 웃음에 전염되어 함께 웃기 시작했다. 어딜 가든 그들의 웃음소리는 끊이지 않았고, 말 한마디 없이도 즐거움이 넘쳤기에 항상 사람들의 환영을 받았다.

미소는 인간의 가장 아름다운 표정이며, 돈 한 푼 없어도 어디든 갈 수 있도록 도와주는 통행증이다. 따라서 진심으로 웃는 사람은 대인관계가 좋을 수밖에 없다. 미소는 마음을 편하게 만들어주는데, 웃는 얼굴을 싫어하는 사람은 없다. '미소 한 번으로 모두 친구가 된다'고 했다. 실수했더라도 미안한 마음을 담아 미소 짓는다면 그윽한 꽃향기가 사방으로 퍼져나가듯이 상대방의 분노를 가라앉힐 것이다. 원수조차도 친구로 만들어줄 것이다. 타인이 실수했을 때도 우호적인 미소를 보낸다면 상대의 마음을 편하게 해주며, 부드러운 바람이 수면을 스치고 지나가듯 마음에 감동의 물결을 일으킬 것이다.

미소는 인간의 본능이다. 이 본능은 타인과의 거리를 좁혀준다. 거리에서 만난 사람에게 미소 지으면 상대방도 미소로 회답할 것이며, 순간 아름다운 보조개가 활짝 피어날 것이다. 실의에 빠지거나 곤경에 처한 사람에게 미소를 지어 보인다면 이 미소는 삶에 대한 그들의 믿음을 다시 돌려놓고 새로운 희망을 선사할 것이다. 또한 시간이 흘러도 그들 마음속에 깊은 그리움으로 남을 것이다.

미소는 재물과 행운을 부르는 '마네키네코(まねきねこ, 일본의 식당이나 상점 카운터에서 쉽게 볼 수 있는 고양이 인형. 한쪽 앞발로 사람을 부르는 듯한 포즈를 취하고 있는데, 손님이나 재물을 불러들인다고 해 일본에서 '행운의 인형'으로 통한다)'다. 영국에는 이런 속담이 있다.

'미소는 돈 들이지 않고도 무한한 가치를 창조한다.'

사람의 감정은 환경의 영향을 받는다. 하지만 본인이 스스로 매일 찡그리고 화난 얼굴을 하면 상황은 좋아지지 않는다. 반대로, 항상 미소 띤 얼굴로 지낸다면 대인관계가 좋아지고 더 많은 기회도 잡을 수 있다. 꽃에게 미소 짓고 구름에게 양보하는 여유로운 마음을 가져보자.

・・・03
짐은 무겁지만, 사랑에는 무게가 없다

거미줄처럼 엉켜 있는 사회에서 사람들은 짊어져야 하는 무거운 짐과 책임을 원망하며 살아간다. 언제 태어났든 사람들은 각자의 짐에 눌려 가쁜 숨을 토해낸다. 원인은 바로 짐 싸는 법을 잘 배우지 못했기 때문이다.

어느 날, 힌두교 신자가 히말라야 산에 있는 성전으로 가고 있었다. 갈 길은 먼데 산길은 아주 험했고 공기도 희박했다. 비록 짐은 작았지만 발걸음을 내딛기 어려울 정도로 숨이 찼다. 가다 쉬기를 반복하며 걸었지만 여전히 목적지는 보이지 않았다.

그때, 눈앞에 열 살 남짓한 여자아이가 통통한 아기를 업은 채 걸어오는 게 보였다. 여자아이는 숨을 헐떡이며 천천히 걸음을 옮겼다. 온몸이 땀 범벅이 된 채로 아기를 업은 모습이 애처로워 보였다. 힌두교 신자는 여자아이 옆을 지나면서 안쓰러운 표정으로 물었다.

"애야, 정말 고생이 많구나. 무겁지 않니?"

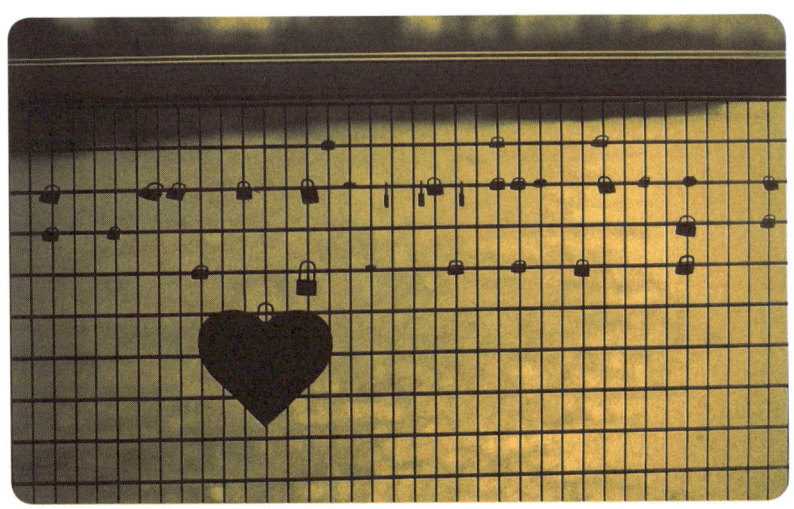

여자아이가 대뜸 화를 내며 말했다.

"아저씨가 등에 매고 있는 짐은 무겁겠지만, 저는 하나도 무겁지 않아요! 얘는 제 동생인걸요."

그렇다. 저울로 재보면 여자아이의 동생이나 힌두교 신자의 짐이나 별 차이가 나지 않는다. 그런데 여자아이의 동생은 무겁지 않지만, 힌두교 신자의 짐은 무겁다. 여자아이에게 동생은 진심으로 사랑하는 대상이기 때문이다.

사랑은 무한한 관심과 세심한 보살핌을 필요로 하지만, 무게가 없고 부담이 되지 않는다. 그렇다면 가족이나 친구에 대한 부담감은 마음의 결핍된 애정에서 오는 것 아닐까?

작가 린칭쉬엔은 '인생의 아름다움'에 대해 이렇게 말했다.

"사랑과 아름다움은 인생의 무게를 줄여줍니다. 집으로 가는 길에 사랑하는 사람을 만나면 상대를 껴안아 들어올려보세요. 그리고 오십 킬로그램짜리 바위를 들어보세요. 둘 중 무엇이 더 무겁게 느껴질까요? 바위가 사람보다 몇 배는 더 무겁게 느껴질 겁니다. 왜 그런지 아세요? 바위는 사랑하는 대상이 아니기 때문입니다. 그래서 아무런 감정도 느끼지 못하죠. 이처럼 바위는 그 자체의 무게로 느껴지지만, 사랑하는 사람은 깃털처럼 가볍게 느껴지는 것입니다."

이제는 봇짐을 바위가 아니라, 사랑, 가족, 우정 등 그리워하고 소중하게 생각하는 것들로 채워야 한다. 그랬을 때 좀 더 풍요롭고 아름다운 삶으로 나아갈 수 있을 것이다.

인생의 짐 속에 들어 있는 행복은 무게가 없기에 아무리 걸어도 지치지 않는다. 사랑을 맡았다는 것은 행운이다. 그러니 삶이 무겁게 느껴질 때마다 짐 속의 기쁨과 행복을 느껴보라. 발걸음이 가벼워질 것이다.

・・・ 04
마음껏 그리워할
친구가 필요하다

화려한 외투를 벗고 마음으로 그리워할 친구가 있는 사람은 행복하다.

춘추 시기의 유백아(兪伯牙)는 음률에 통달한 음악가로, 당시 유명한 연주가를 스승으로 모셨다. 그는 총명하여 모든 것을 빨리 흡수했고 음악적으로 나날이 성숙해갔지만, 세상 만물의 감정을 모두 표현할 수 있는 최고의 경지에 도달하지 못하는 것 때문에 깊은 고민에 빠졌다. 그의 마음을 꿰뚫어본 스승은 함께 배를 타고 동해의 봉래산(蓬萊山)으로 가면서 파도 소리를 들으며, 대자연의 아름다운 풍경을 감상하게 했다. 백아의 눈앞에는 성난 파도와 넘실거리는 물보라, 지저귀며 하늘 높이 비상하는 바닷새, 울창한 숲이 펼쳐졌다. 그는 신선이 사는 세계에 들어온 듯한 착각에 빠졌다. 독특한 감각이 살아나면서 귓가에 대자연의 소리가 한순간 들려오기 시작했다. 그는 그 자리에서 자유롭게 거문고를 연주했다. 그의 연주는 아름다운 자연의 일부가 되었고, 백아는 이제까지 한 번도 도달하지 못했던 경지를 체험할 수 있었다. 그때, 스승이 말했다.

"이제 다 배운 것 같구나!"

밤이 되자, 백아는 시원한 바람을 맞으며 밝은 달 아래서 배를 타고 유람했다. 그가 거문고를 연주하니 소리가 은은하게 퍼져나갔다. 그때 강가에서 칭찬하는 소리가 들려 가까이 가보니 나무꾼이 서 있었다. 백아는 선뜻 나무꾼을 배에 오르게 한 뒤 즉흥적으로 거문고를 탔다. 백아가 고산(高山)을 떠올리며 연주를 하니 나무꾼이 옆에서 감탄했다.

"좋네요. 하늘 높이 우뚝 솟은 웅장한 태산이 눈앞에 아른거립니다!"

이번에는 백아가 세차게 흐르는 강물을 상상하며 연주를 하니 나무꾼이 말했다.

"멋집니다. 도도히 흐르는 유수(流水)가 출렁이는 바다와 같습니다!"

흥분한 백아는 나무꾼에게 말했다.

"지음(知音)! 당신이야말로 내 소리를 알아주는 지음이네."

그 나무꾼이 바로 종자기(鍾子期)다. 이로써 두 사람은 생사를 같이 하는 벗이 되었다.

종자기가 죽자 백아는 지음을 잃은 슬픔에 거문고를 부수고 평생 '고산유수'를 연주하지 않았다.

요즘도 우연히 만나 인연을 맺은 친구를 그리워하며 거문고를 부수는 사람이 있을까? 현대를 살아가는 사람들은 자기만 생각하며 살기 바쁘고, 남을 많이 그리워하지도 않는다. 사람들은 모두 열렬히 그리워할 누군가를 바라지만, 실제로 그 사람에게 애정을 쏟지는 않는다.

감정적으로 점점 인색해지는 것이다.

    이렇게 자신의 감정을 통제하며 산다면, 아름답고 소중한 감정들을 놓칠 수밖에 없다. 가장 큰 고통은 사람들에게 버림받는 것도, 친구에게 뒤통수를 맞는 것도, 사랑하는 사람에게 버림받는 것도 아니다. 바로 사랑할 사람, 그리워할 사람이 없는 것이다.

사람은 본능적으로 그리워할 사람을 필요로 한다. 이런 사람과는 마음이 통하기에 존재만으로도 기대고 의지할 수 있다. 반면, 마음이 통하는 친구가 없다면 가슴이 뚫린 것처럼 공허하고 매서운 삭풍이 지나간 것처럼 쓸쓸하다.
외모가 아름답지 않아도, 치명적인 매력이 없어도, 언변이 뛰어나지 않아도 좋다. 넘치는 재물과 우수한 재능도 필요치 않다. 그리워할 사람만 있으면 된다. 그 사람은 남자, 여자, 가족, 애인, 친구일 수도 있고, 우연히 스치고 지나간 낯선 사람일 수도 있다.

05
마음껏 응석 부릴
사람이 필요하다

누구나 마음속 깊은 곳에 아이가 있다. 그 아이는 관심과 애정을 필요로 하고 사랑받지 못하면 제멋대로 화내고 토라진다.

한 영화에서 이런 장면이 나왔다. '빈 둥지증후군'을 앓는 중년 여자가 있었다. 그녀에게 아이는 없었고, 남편은 출장 때문에 집을 자주 비웠다. 그렇게 혼자 빈집에 남은 여자는 대화를 하고 감정을 공유할 사람도 없이 혼자 지독한 외로움을 견뎌야 했다.

그녀는 베개를 살아 있는 사람처럼 생각하기에 이르렀다. 적막한 밤마다 그녀는 베개를 끌어안고 대화를 했다. 베개를 보며 고민을 털어놓으면 잠시 뒤, 그녀가 베개 대신 위로의 말을 건네는 식이었다. 이처럼 그녀에게 베개는 또 다른 자신이었다. 그녀가 고민을 하소연하면, 베개가 맞장구를 쳐주었다. 그리고 베개에 입맞춤한 뒤 꼭 끌어안고 잠을 청했다.

어떤가? 이 여인은 미친 걸까? 아니다. 그저 마음의 병을 앓고 있을 뿐이다. 마음속의 '아이'를 잘 돌보지 않으면 아이는 나 자신에게 이유 없이 생떼를 부리고 귀찮게 하며 나를 괴롭힐 것이다. 그런데 그런 상태가 계속되면 위험해질 수 있다. 이럴 때는 말 한마디나 장난감 정도로 '아이'를 달랠 수 없다. 의사를 찾아가 전문적인 치료를 받는 게 가장 좋다.

바쁘고 스트레스가 많은 사람일수록 '아이'에게 관심과 애정을 쏟지 않은 채 그냥 방치하고 만다. 그러다 결국 심각한 심리적 문제에 시달린다. 아무리 바쁘고 할 일이 많아도 '아이'의 울음소리가 들린다면 하던 일을 멈추고 '아이'에게 관심을 보여주고 사랑해줘야 한다.

자신의 감정을 조절하고 양호한 상태를 유지할 수만 있다면 누구나 건강한 인생을 살 수 있을 것이다.

누구나 관심과 애정을 목말라한다. 사람은 누구나 사랑받을 권리가 있다. 그러니 수없이 간청하고 기회를 주어도 상대가 충분한 사랑을 주지 않는다면 다른 방법을 찾아보라.
인생은 꿈과 같고, 꿈은 인생과 같다. 깨어 있든 잠들어 있든 마음에 사랑이 가득한 사람은 평생 행복할 것이다.

・・・06

언제 어디서나
대화할 사람이 필요하다

예전에 몰디브 지역을 여행한 적이 있다. 나는 신발을 벗은 채로 해변에 앉아 멀리 바다와 하늘이 맞닿는 곳을 바라보았다. 몰디브의 바다는 신이 흘린 사랑의 눈물처럼 맑고 아름다웠다. 부드러운 바람이 뺨을 어루만지니 멀리 보이는 구름이 더 가깝게 느껴졌다.

손으로 모래를 잡았다 펴며 모래알이 손가락 사이로 빠져나가는 모습을 지켜보고 있으니, 시간도 함께 빠져나가는 기분이 들었다. 종아리 위로 떨어진 모래가 나를 간지럽혔다. 바다, 백사장, 부드러운 바람, 구름 떼, 파도, 석양, 웃음소리, 돛단배는 마음을 편안하고 따뜻하게 해주었다. 어느 것 하나 만족스럽지 않은 부분이 없었다. 나는 이 모든 것을 놓치고 싶지 않았다. 문득 이 순간을 누군가에게 전해주고 싶었다.

주위를 둘러보니 전화 통화를 하는 사람들이 눈에 띄었다.

"너무 멀어서 잘 안 들려. 뭐라고?"

사람들 생김새는 제각각이었지만 행복한 표정은 같았다. 나도 누군가에게 전화해 내가 느낀 감정을 함께 나누고 싶었다. 하지만 아무리 생각해도 전화할 사람이 없었다.

나는 여행을 좋아한다. 여행하며 아름다운 곳에 갈 때마다 보고 싶은 사람이 있으면 좋겠다는 생각을 했다. 나를 좋아하는 사람이든, 내가 좋아하는 사람이든, 누가 됐든 언제든지 여행의 감흥을 전할 사람이 한 명쯤 있으면 좋겠다. 전화해서 아무 말 하지 않아도 내 마음을 알아줄 사람, 한밤중에 전화해도 화내지 않고 내 말을 들어줄 사람이 있으면 좋겠다. 안타깝게도 아직까지 내 희망은 이루어지지 않았다. 아는 사람은 많지만 내가 원하는 단 한 사람은 찾을 수 없었다.

중국 CCTV 프로그램 〈예술인생(藝術人生)〉에서 주쥔(朱軍)이 왕즈원(王志文)을 인터뷰했다.

"이제 마흔인데 왜 결혼을 안 하시죠?"

"아직 적당한 사람을 찾지 못했습니다."

"도대체 어떤 사람을 찾고 있나요?"

왕즈원은 잠시 생각하더니 진지하게 답했다.

"언제 어디서든 함께 얘기할 수 있는 그런 사람을 찾고 있습니다."

주쥔이 웃으며 말했다.

"그게 어려운 일인가요?"

"네, 어렵습니다. 늦은 밤 뭔가 좋은 생각이 떠올라 흥분해서 전화했는데 상대방이 '몇 시야? 피곤한데 내일 다시 얘기하자'라고 하면 바로 기분이 가라앉을 거예요. 언제든지, 무슨 말이든 함께 얘기하고 싶고, 얘기할 수 있는 사람을 찾는 일은 아주 어려워요."

그의 말처럼 언제 어디서나 수다를 함께 떨 사람은 별로 없다. 사실, 젊었을 때는 거리낌 없이 많은 사람을 만났고 하고 싶은 이야기도 다양했다. 오늘은 이 친구랑 얘기하고, 내일은 또 다른 친구랑 얘기하며,

　설사 지어낸 이야기일지라도 신나게 웃고 떠들었다. 하지만 나이가 들수록 내 이야기를 진지하게 들어줄 사람은 점점 줄어든다. 때때로 그런 기대를 하는 것조차 사치스러운 욕망이 아닌가 싶기도 하다.

　대인관계가 좋고 인맥이 넓어 주변에 친구가 많은 사람도 머릿속에 좋은 생각이 떠오를 때마다 전화할 수 있는 사람, 편하게 속마음을 이야기할 수 있는 사람, 밤늦게 연락했다고 힐난하지 않고 자유롭게 대화할 사람은 그리 많지 않다. 혼자서 수만 번 되뇌는 한이 있어도 주변에 속마음을 털어놓으려 하지 않는 사람도 많다. 이들은 남들에게 자신의 고통과 번뇌, 힘든 처지에 대해 말해봤자 제대로 이해하고 받아주지 않을 거라고 생각한다. 그리고 때로는 정곡을 찌르는 충고나 조언 몇 마디로 깊은 상처를 입기도 한다.

　사람들은 자신을 갑옷에 넣고 진실한 나를 깊숙이 숨긴 채 친절하고 이해심 많은 사람을 만나도 주저하며 의심의 눈초리로 바라본다. 그러나 이렇게 고슴도치처럼 온몸에 가시를 세우고 자신을 보호하기 위해 남들과 거리를 유지한 채 살아간다면, 언제든 얘기할 수 있는 사람을 찾는 일은 어려울 것이다. 언제든지 진실한 대화를 할 수 있는 사람을 찾는 일은 더더욱 어려울 것이다.

사람들은 점점 진심을 드러내지 않게 되었고, 진심은 점차 중요하지 않은 것이 되고 있다. 유리처럼 투명했던 사람들의 마음은 이제 어디에서 찾아야 할까?

아무리 잘나고 특출한 인물도 감정과 욕망을 지닌 한낱 인간에 불과하다. 자기 생각과 감정을 이해하는 사람과 교류하고 소통할 수 있어야 외로운 섬에서 벗어날 수 있다. 마음의 안정과 평화를 위하여 최선을 다해 언제든지 마음 터놓고 이야기 할 수 있는 사람을 찾아보라.

07
내가 대접한 대로 상대도 그렇게 해주길 바라지 말라

실의에 빠진 사람 대부분이 흔히 이런 말을 한다.

"내가 그렇게 잘해줬는데 어떻게 나한테 이럴 수 있어?"

아이 한 무리가 노인이 사는 집 앞에서 시끄럽게 떠들며 놀았다. 며칠 뒤, 소음을 참지 못한 노인은 아이들에게 25센트씩 주며 말했다.

"너희 덕분에 이곳이 무척 활기차졌구나. 이 돈은 감사의 표시란다."

아이들은 좋아하며 자리를 떠났다.

다음 날, 아이들은 여느 때처럼 소란스럽게 떠들었다. 잠시 후 나타난 노인은 아이들에게 15센트씩 주며 말했다.

"수입이 변변치 않아서 많이 줄 수가 없구나. 십오 센트라도 괜찮겠니?"

아이들은 즐거워하며 자리를 떠났다.

셋째 날, 돈이 거의 떨어진 노인은 아이들에게 5센트씩 주었다. 아이들은 화를 냈다.

"고작 오 센트를 누구 코에 붙여요? 우리가 얼마나 피곤한지 아세요?"

아이들은 다시는 노인과 놀아주지 않겠다고 소리치고는 자리를 떠났다.

사람들의 모든 행동에는 동기가 있는데, 이것은 내부 동기와 외부 동기로 나뉜다. 이때 내부 동기에 따른 행동은 항상 자신의 즐거움을 최우선으로 생각하며, 스스로 주인이 된다. 반면, 외부 동기에 의한 행동은 외부 환경에 따라 좌우되며 스스로 노예가 된다.

친구를 사귈 때도 마찬가지다. 내부 동기에 따라 친구를 사귈 경우, 친구에게 잘하는 것은 자신의 즐거움을 위해서지 그에게 잘해준 대가로 동등한 보상을 받기 위해서가 아니다. 반면, 외부 동기에 따라 친구를 사귈 경우, 외부 환경은 통제할 수 없으므로 수동적인 처지에 놓이게 되고, 관계에 불만이 생길 수밖에 없다. 친구의 냉정한 태도에 실망하거나 무심한 한마디 때문에 마음에 상처를 입을 수도 있다. 이렇게 친구에 대한 불만과 실망감이 쌓이면 상대의 호의를 그대로 받아들이지 못하고 감사하는 마음도 가지지 못한다. 사실, 이때 사람들은 자신을 위해서가 아니라 어떤 '조건'을 위해서 관계를 유지하게 된다.

상대방을 후하게 대접하는 사람이라면, 상처를 입지 않기 위해서는 상대가 자신이 한 것과 똑같이 해주기를 바라지 말라. 상대를 후하게 대접했다고 해서 그가 나에게 똑같이 해줘야 하는 것은 아니다. 상대방에게 믿음을 줬다고 해서 그가 똑같은 믿음을 줘야 하는 것도 아니다. 상대를 후하게 대접하면서 자신도 똑같은 대접을 받기를 원하는 것은 이기적인 행동이다. 그런 마음으로 상대를 관찰하고 평가한다면 불필요한 고민만 늘어날 것이다.

··· 08

적당한 거리를
유지하라

    한겨울 동장군이 기승을 부리면 숲에 사는 고슴도치들은 추위를 견디기 위해 한곳에 모여 체온을 나눈다. 하지만 가까이 다가가면 상대방의 긴 가시에 찔려 물러나야 하고 더 멀어지고 만다. 기온이 계속 떨어지면 고슴도치들은 다시 온기를 나누기 위해 모이지만, 가시에 찔리는 통증을 참지 못하고 다시 거리를 두게 된다. 그렇게 모이고 떨어지기를 반복하면서 고슴도치들은 가시에 찔리는 통증과 추위로 인한 고통을 번갈아 느낀다. 고슴도치들은 결국 서로 찔리지 않으면서도 온기를 나눌 수 있는 적당한 거리를 찾는다.

    인간관계도 적당한 거리를 찾아야 오래 유지할 수 있다. 상대방과 너무 가까워지려고 하면 관계가 깨지기 십상이다. 가느다란 물이 끊이지 않고 오래 흐르는 법이다. 남녀관계는 물론이고, 가족 간, 친구 간, 동료 간, 사장과 직원 간에도 적당한 거리를 유지해야 오래간다.

    때로는 자신의 감정을 분배하는 법을 배워야 한다. 감정의 70퍼센트만 사용하고 나머지 30퍼센트는 남겨두어야 나중에 실망스러운 결과를 받더라도 상처받지 않을 수 있다. 식사할 때는 배를 70퍼센트만 채우는 것이 건강에 더 좋고, 사랑을 할 때도 70퍼센트만 사랑하고 나머지 30퍼센트는 운명이라는 변수에 맡기는 것이 좋다. 그리고 일을 할 때도 70퍼센트의 열정, 에너지, 지식만 사용하고 나머지 30퍼센트는 사람들이 기대할 수 있도록 남겨두는 게 좋다. 사람들이 발굴할 능력을 남겨두어야 오랫동안 관심을 받을 수 있다.

친구관계에서는 서로 취향이 잘 맞으면 오랫동안 연락을 하지 않아도 멀어지지 않는다. 이렇게 진심으로 아끼고 좋아했던 사람은 영원히 떠나지 않는다. 비록 곁에 없더라도 다른 방식으로 서로를 돌봐줄 것이다.

과연 좋은 친구란 무엇일까? 친구란 어떻게 정의내릴 수 있을까? 친구란 나의 말과 행동을 모두 이해해줄 수 있는 사람이다. 우리는 살면서 많은 일을 친구에게 털어놓는데, 그때 진정으로 원하는 것은 무엇일까? 충고를 바라는 걸까? 아니다. 자신의 마음을 읽고 공감해주길

바랄 뿐이다. 나를 이해해주는 친구라면 내 마음을 들여다보고 이렇게 말해줄 것이다.

"괜찮아. 네 생각대로 해!"

하지만 이성적 잣대로 나를 분석하고 어떻게 해야 한다는 둥 어떻게 하지 말라는 둥 충고를 늘어놓는 사람도 있게 마련이다. 이게 사람들이 진심으로 원하는 것일까? 그렇지 않다. 다음에 또 무슨 일이 생긴다면 다시는 그 사람을 찾지 않을 것이고, 심지어 친한 친구 명단에서 삭제해버릴 수도 있다.

상대방이 바뀌길 바라지 않는 것은 그 사람에 대한 존중이자 예의이다. 따라서 친구 사이라도 적당한 거리는 유지하는 게 좋다. 지나치게 가까워지면 답답하고 숨이 막힐 것이다.

사람과 사람 사이에는 일정한 거리를 유지하는 게 좋다. 지나치게 가까워지면 서로에게 상처를 입힐 수 있기 때문이다. 친한 친구가 있다면 적당한 거리를 유지하여 미리 충돌을 피하자. 예의를 지키며 상대방을 존중하자. 우정을 지키고 싶다면 외로움을 두려워하지 말고 적당한 거리를 유지하자.

・・・ 09
행복의 키를
남에게 넘기지 말라

　물과 기름처럼 서로 잘 안 맞는 동료 때문에 일과 생활에서 스트레스를 많이 받는 친구가 있었다. 그 친구는 결국 이직을 결심했다. 나는 친구에게 물었다.
　"그 사람만 아니면 회사에 남을 거야?"
　"물론이지. 회사는 정말 마음에 들어. 단지 그 사람이 미치도록 싫을 뿐이야. 같은 회사에서 얼굴을 볼 때마다 가시방석에 앉은 기분이야. 차라리 떠나겠어."
　"왜 그 사람을 중심으로 네 삶을 살려고 해?"
　내 말에 친구는 순간 입을 다물었다.
　어느 날, 학교 선생님이 학생들을 열두 개 팀으로 나누어 과제를 하게 했다. 그런데 한 학생이 찾아와 팀을 바꿔달라고 요구했다.
　선생님이 물었다.
　"이유가 뭐지?"

"저희 팀에 제가 싫어하는 애가 있어서요."

선생님은 팀을 바꿔주면서 물었다.

"다른 팀원들도 전부 싫은 거니?"

"아니요. 다른 친구들은 다 좋아요."

"그렇다면 네가 싫어한다는 애는 네 인생에서 중요한 사람이니?"

"전혀 중요하지 않아요. 그냥 싫을 뿐이에요!"

"하지만 너는 지금 열 명의 좋아하는 팀원들보다 싫어하는 한 사람 때문에 팀을 바꾸려고 하잖아. 그런데도 중요하지 않다고?"

사람들은 마음속에 모두 '행복의 키'를 가지고 있지만, 자신도 모르는 사이에 그 키를 다른 사람에게 넘기고 만다. 심지어 인생에서 전혀 중요하지도 않고, 가장 싫어하는 사람에게 말이다.

"남편이 출장으로 자주 집을 비우는 바람에 사는 게 재미가 없어졌어요."

이렇게 말하는 여자는 행복의 키를 남편의 손에 넘겼다.

"우리 애는 정말 말을 안 들어서 매번 저를 화나게 해요!"

이렇게 말하는 어머니는 행복의 키를 자식의 손에 넘겼다.

"사장이 내 가치를 못 알아보는 것 같아서 기분이 별로야!"

이 직장인은 행복의 키를 사장의 손에 넘겼다.

"며느리가 아주 불효막심해. 어휴, 내 팔자야."

"이 문구점 점원은 서비스가 꽝이야. 정말 기분 나쁘네."

모두 행복의 키를 다른 사람의 손에 넘긴 것이다.

성숙한 사람은 행복의 키를 잘 관리한다. 이들은 다른 사람에게서 행복을 구하려 하지 않으며, 반대로 그들에게 행복을 나누어준다.

어느 날, 유명한 작가가 친구와 거리를 걷고 있었다. 그때 노점에서 신문을 산 친구가 값을 지불하면서 상인에게 "감사합니다"라고 예의 바르게 말했다. 하지만 상인은 무뚝뚝한 표정을 한 채 아무 대꾸도 하지 않았다.

"상인의 태도가 너무 불량하지 않아?"

작가가 물었다.

"저분은 매일 같은 표정으로 일해."

친구가 대수롭지 않다는 듯이 말했다.

"그럼 왜 아까 그렇게 친절하게 대했어?"

친구가 말했다.

"왜 그 사람의 행동에 따라 내 행동을 결정해야 하지?"

때때로 사람들은 우호적인 관계보다 적대적인 관계에 더 많은 관심을 쏟는다. 이처럼 누군가를 미워하는 것이 누군가를 사랑하는 것보다 더 많은 감정을 소모하게 만들기도 한다. 그런데 이렇게 한 사람과 오랫동안 적대적인 관계를 유지한다면 점점 자신을 잃어갈 것이다. 그 사람에게 모든 관심을 집중하고 있다면, 그는 이미 당신의 인생에서 중요한 사람이 된 것이다. 누구를 위한 인생을 살 것인지는 자신에게 달려 있다. 행복의 키를 절대 남에게 넘기지 말자.

… 10

나를 괴롭히는 사람을 소중히 여겨라

어느 날, 거지가 문 앞에서 여주인에게 구걸을 하고 있었다. 거지는 오른팔이 없어서 더 안쓰러워 보였다. 여주인의 아들은 어머니가 거지를 불쌍하게 여겨 즉시 도움을 줄 거라고 생각했지만, 뜻밖에도 어머니는 문 앞에 쌓인 벽돌을 가리키며 말했다.

"이 벽돌을 마당으로 옮기는 것 좀 도와주세요."

거지는 화를 내며 말했다.

"너무하시네요! 팔이 하나밖에 없는 제게 벽돌을 옮겨달라니요. 도와주기 싫으면 그만이지, 왜 저를 난처하게 만들어요?"

그러자 여주인은 일부러 한 손만 사용해서 벽돌을 옮겨 보였다.

"자, 보세요. 한 손으로도 충분하군요. 저도 할 수 있는데, 당신이 못할 이유는 없겠죠?"

넋이 나간 거지는 이상한 눈빛으로 여주인을 쳐다보더니 잠시 후, 몸을 굽혀 한쪽 팔로 벽돌 두 개를 들어 마당으로 옮겼다. 그렇게 꼬박

두 시간 만에 벽돌을 다 옮길 수 있었다. 거친 숨을 몰아쉬는 거지의 얼굴에는 새까만 땀이 흘렀고, 지저분한 머리카락도 땀으로 범벅이 되었다. 여주인은 수건을 건넸다. 거지가 얼굴을 몇 번 훔치니 새하얀 수건이 금세 더러워졌다. 여주인은 거지에게 20위안을 주었고, 돈은 받은 거지는 감동했다.

"정말 감사합니다."

"제게 감사할 필요는 없어요. 당신 힘으로 번 돈이니까요."

"이 은혜는 절대 잊지 않겠습니다."

거지는 여주인에게 깊이 고개 숙여 인사하고는 자리를 떠났다.

며칠 뒤, 다시 그 거지가 나타나 여주인에게 구걸했다. 여주인은 이번엔 거꾸로 마당에 쌓여 있는 벽돌을 집 앞으로 옮기라고 한 뒤, 거지에게 20위안을 주었다. 아들이 물었다.

"저번에는 문 앞에 있던 벽돌을 마당으로 옮기더니, 이번에는 그것을 다시 집 앞으로 옮기셨네요. 도대체 벽돌을 어디에 두고 싶은 건가요?"

"벽돌이 마당에 있든 집 앞에 있든 나에겐 똑같단다."

"그럼 옮길 필요가 없잖아요."

여주인은 아들의 머리를 쓰다듬으며 말했다.

"그렇지만 거지에게는 벽돌을 옮기는 것과 옮기지 않는 것은 아주 다르단다."

그 뒤에도 거지는 자주 여주인의 집으로 와 벽돌을 옮겼다.

몇 년 뒤, 여주인의 집에 귀한 손님이 찾아왔다. 고급 양복을 입은 남자는 TV에 나오는 회장님처럼 여유로워 보였다. 오른팔이 없는 그는 한쪽 빈 소매를 펄럭이며 당당하게 집 안으로 걸어 들어왔다. 그는 여주인에게 정중히 고개 숙였다.

"당신이 없었다면 저는 지금도 거지로 살고 있을 겁니다. 제가 지금 큰 기업의 대표가 될 수 있었던 것은 그때 당신이 제게 벽돌을 옮겨달라고 했기 때문입니다."

여주인이 말했다.

"다 본인의 힘으로 하신 거죠."

잔잔한 호수에서 훈련하면 훌륭한 선원이 될 수 없다. 안일한 환경에서는 시대의 영웅이 출현할 수 없다. 성공한 인물들이 가장 감사해하는 사람은 바로 끊임없이 자신을 괴롭히고, 자신의 나태함을 강력하게 비난했던 사람이다.

"우리가 사회에 품었던 불만을 없애주고, 도끼로 불필요한 생각을 잘라주고, 손가락으로 우리의 맹목성을 들춰주고, 온갖 시련으로 우리의 두 다리를 튼튼하게 만들어준 분들께 진심으로 감사합니다. 그들이 없었다면 오늘의 성공도 없었을 것입니다."

몸에 좋은 약은 쓴 법이다. 충언이 귀에 거슬리는 것 또한 자연스러운 현상이다. 하지만 좋은 말을 해주는 것보다 충고를 해주는 것이 더 어려운 법이다. 한번 생각해보라. 모두 자기 일로 바쁜 현대 사회에서 관심과 애정이 없다면, 왜 소중한 시간을 소모하면서 충고를 해줄까?

Chapter 10
내려놓으면 자유로워진다

행복은 마음에서 시작된다. 때로는 바쁜 걸음을 멈추고 마음의 소리를 들어보자. 끊임없이 순환하는 자연과 사시사철 변하는 만물을 느끼며 자유롭게 날아올라 춤을 추자. 켜켜이 쌓였던 먼지를 털어내고 순수함으로 돌아가자. 그러면 지금까지 우리가 좇던 것이 언제든지 날아갈 티끌에 불과하다는 사실을 깨달을 것이다.

· · · 01
용서하라,
나를 행복으로 인도할 것이다

    도시의 방탕아로 살아가는 남자는 20년 전만 해도 주지의 총애를 한 몸에 받던 동자승이었다. 남자의 평생 교육을 담당했던 주지는 그가 훌륭한 불문 제자로 성장하길 바랐다. 하지만 그는 속세의 유혹을 참지 못하고 결국 몰래 하산했다. 그렇게 화려한 도시에 미혹된 뒤 그는 흥청망청 먹고 마시며 제멋대로 살았다.

    20년 뒤, 어느 날 잠에서 깬 남자는 문득 창밖의 달을 올려다봤다. 그때 밝은 빛이 손바닥으로 쏟아졌다. 갑자기 그동안의 잘못들이 마음을 옥죄었다. 그는 서둘러 옷을 걸치고 사찰로 달려갔다.

    "스님, 저를 용서하고 다시 제자로 받아주시겠습니까?"

    주지는 방탕하게 살아온 그를 혐오스럽다는 듯 쳐다보며 고개를 저었다.

    "안 된다. 너는 죄가 너무 커서 아비지옥(불교에서 말하는 여러 지옥 중 고통이 가장 극심한 지옥)에 떨어질 것이다."

주지는 손가락으로 불당 아무 곳을 가리키며 말을 이었다.

"저 탁자에 꽃이 피지 않는 한 부처님도 절대 용서하지 않으실 게야."

이튿날 아침, 불당에 들어온 주지는 뜻밖의 광경에 눈이 휘둥그레졌다. 하룻밤 사이에 울긋불긋하게 피어난 꽃이 진한 향기를 풍기고 있었다. 만개한 꽃들이 미풍에 살랑살랑 제 몸을 흔드는 모습은 마치 누군가를 부르는 것 같았다.

돌연 무언가를 깨달은 주지는 남자를 찾아 서둘러 산 아래로 내려갔지만 헛수고였다. 크게 낙담한 남자는 이미 예전의 방탕한 세계로 돌아간 뒤였다. 탁자 위의 꽃은 하루 만에 자취를 감췄다.

세월이 흐르고, 주지는 입적하기 전 마지막으로 이런 말을 남겼다.

"세상에 돌아올 수 없는 길은 없고, 바로잡을 수 없는 잘못도 없단다. 진심으로 뉘우치는 마음은 기적을 만들어내지."

주지는 용서 없이 다시 방탕한 삶으로 내몬 남자를 생각하며 평생 후회했다.

물론 행동이 불량한 사람, 내게 상처를 준 사람을 비난하고 매몰차게 밀어내는 것은 사람이라면 누구나 할 만한 자연스러운 일이다. 그럼에도 이 인지상정을 극복하여 누군가를 포용하고 용서한다면 삶의 기적이 일어날 것이다.

스페인의 한 부자 이야기가 있다. 아버지와 아들은 여러 일을 겪으며 관계가 틀어지기 시작한다. 급기야 아들은 가출을 했다. 아버지는 아들을 찾아 화해하길 원했다. 이리저리 찾아 헤매던 아버지는 마드리드 신문에 광고를 냈다.

'사랑하는 파코야, 내일 정오에 신문사 앞에서 만나자. 다 용서했단다. 사랑한다.'

파코는 스페인에서 아주 흔한 이름이었다. 다음 날 아버지가 약속 장소에 나갔더니 파코라는 이름을 가진 800여 명의 젊은 남자가 아버지를 기다리고 있었다.

생각해보자. 지금 나의 용서를 기다리고 있는 '파코'는 없는가? 용서는 용서를 받은 '파코'뿐만 아니라 용서를 해준 사람에게도 큰 이익을 가져다준다. 용서는 고통, 상심, 절망, 분노, 상처로부터 자유를 준다. 그리고 평온, 기쁨, 행복으로 인도해준다.

아이디바라는 여성은 누군가와 충돌할 때마다 서둘러 귀가하여 자기 집과 밭 주위를 세 바퀴 뛴 다음 자리에 앉아 쉬었다. 그녀는 열심히 일해서 더 큰 집과 땅을 샀지만 여전히 화가 날 때마다 집 주위를 세 바퀴 뛰었다. 그녀는 왜 화가 날 때마다 집 주위를 뛰었을까? 그녀의 지인들은 모두 그녀가 뛰는 이유를 알고 싶었지만 감히 물어보지 않았고, 그녀 역시 굳이 해명하려고 하지 않았다.

시간이 흘러 아이디바는 노인이 되었다. 그녀는 집과 땅을 더 많이 소유하게 되었음에도 여전히 지팡이를 짚고 집과 땅 주변을 돌았다. 그렇게 있는 힘을 다해 세 바퀴를 걷고 나면 해가 떨어졌다. 하루는 손자가 그녀에게 물었다.

"할머니, 이제 연세도 있으시고, 주변 땅을 다 사들여 면적도 훨씬 넓어졌는데, 왜 아직도 화나면 땅 주변을 도시는 거예요?"

아이디바는 간절히 알고 싶어 하는 손자의 눈빛을 보고 평생 숨겨왔던 비밀을 털어놨다.

"젊었을 때는 사람들과 핏대를 세우며 다투고 논쟁했지. 그들에게 화가 날 때마다 집 주변을 세 바퀴 돌며 생각했다. '고작 이렇게 작은 집, 작은 땅을 가진 주제에 화를 낼 시간이 있는가? 그럴 자격이 있는가?' 이런 생각을 하고 나면 어느새 분노는 가라앉고 다시 힘을 내서 열심히 일할 수 있었단다. 지금도 화가 나면 땅 주변을 돌며 생각하지. '집이 이렇게 크고, 땅이 이렇게 넓은데도, 왜 사람들과 다투는 걸까?' 그러고 나면 또 마음이 진정되더구나."

화는 다른 사람들의 잘못 때문에 자신을 스스로 벌하는 것이다. 길에서 물벼락을 맞았다고 생각해보자. 상대방이 아무리 정중하게 사과를 하고 고의로 그런 게 아니라는 사실을 알지라도 비 맞은 생쥐 꼴이 된 자신을 보면 저절로 화가 날 것이다.

"이런, 눈을 어디다 달고 살아요?"

그런데 그러고 나면 종일 그 생각을 하며 후회하게 된다.

'이럴 줄 알았다면 좀 일찍 나오거나 늦게 나왔을 텐데……'

그러다 결국 또다시 화가 치민다. 하지만 다시 생각해보면, 화를 내는 것은 의미가 없다. 물벼락은 이미 맞았는데, 상대방을 원망한들 무슨 소용이 있을까? 또 뒤늦게 후회한들 이미 벌어진 일을 어찌할까?

자기 가학적으로 계속 화를 내느니 차라리 빨리 귀가하여 옷을 갈아입고 물 한 잔 마시며 몸을 따뜻하게 하는 것이 더 낫지 않을까?

　타인에게 비난, 공격, 모욕을 받으면 심리적으로 화가 나고 기분이 나빠진다. 하지만 그 일에 연연하며 오랫동안 털어내지 못하면 오히려 더 기분이 나빠질 뿐이다. 타인의 잘못 때문에 자기 스스로 벌하고 괴롭힐 것이 아니라, 자신에게 집중하는 것이 더 좋다. 타인의 잘못 때문에 자신의 꿈과 미래를 망치지 말자.

용서는 번뇌에서 벗어나 행복의 문을 열 열쇠다. 타인을 용서하는 일은 자신을 사랑하는 것과 같다. 사실, 누군가를 미워하는 것은 누군가를 사랑하는 것보다 어려운 일이다. 원망, 증오, 불만의 감정으로 마음을 가득 채우는 일이기 때문이다. 포용하고 용서하면 뭉쳤던 응어리가 풀리고 닫혔던 마음의 문이 열릴 것이다.

••• 02
번뇌를 가라앉히고
내려놓아라

실직한 청년이 괴로운 마음에 마을 목사를 찾아가 번뇌를 없앨 방법을 물었다. 목사는 청년을 오래된 집으로 데려갔다. 문을 열어보니 탁자 위에 물 컵이 하나 놓여 있었다. 목사가 말했다.

"이 컵은 아주 오래전부터 탁자 위에 있었네. 그 사이에 많은 먼지가 떨어졌을 텐데도 여전히 투명하고 맑지. 왜 그런지 아나?"

청년은 잠시 생각하더니 이윽고 말했다.

"먼지가 바닥으로 가라앉았기 때문입니다."

목사는 고개를 끄덕였다.

"맞네. 살다 보면 많은 일로 번뇌하게 될 거야. 하지만 먼지가 가라앉으면 물이 투명해지는 것처럼 자네도 마음을 가라앉히면 정신이 맑아질 거네. 반면, 요동치는 마음은 먼지가 떠다니며 물을 흐리는 것처럼 마음을 어지럽히지."

어느 여름날, 위홍민(僞洪敏)은 황허를 따라 여행하던 중 병에 황허의 물을 담았다. 진흙이 뒤섞인 강물이다 보니 병에 넣자 아주 혼탁해졌다. 그런데 시간이 지날수록 진흙이 가라앉으면서 물이 점점 투명해지는 게 아닌가? 병은 윗부분부터 맑아지기 시작했다. 그러더니 병의 5분의 1을 제외한 나머지가 전부 투명한 물로 바뀌었다. 그는 강물이 든 병을 보며 생각했다.

'행복과 불행 역시 마음을 가라앉힐 수 있는지에 달렸구나.'

번뇌는 먼지 가득한 물잔이나 진흙물을 담은 병과 같다. 이때 번뇌를 가라앉힐 수 있다면, 그것이 완전히 사라지지 않고 마음 한쪽을 차지할지라도 나머지 부분을 행복으로 채울 수 있다.

혼탁한 세상에 사는 사람들은 복잡한 생각과 번뇌로 마음이 어지럽기에, 행복과 고통이 뒤엉켜 있기에, 무엇이 행복이고 고통인지조차 쉬이 구분하지 못한다. 때때로 고통, 번뇌, 불안에 휩싸이는 것은 인간이기에 겪는 아주 자연스러운 현상이다. 이것은 고통의 양이 행복보다 크기 때문이 아니라, 고통과 행복이 부적절하게 섞여 있기 때문이다. 마치 고삐 풀린 야생마가 제멋대로 튀어나와 일상을 어지럽히는 것과 같다.

어지러운 인생을 가라앉히고, 요동치는 감정을 가라앉히고, 자기 자신을 가라앉히는 법을 배워야 한다.

내려놓을 줄 모르는 사람은 번뇌에서 벗어나지 못한다.

어느 날, 사냥꾼이 원숭이가 자주 다니는 통로에 땅콩이 든 병을 놓아두었다. 땅콩을 좋아하는 원숭이는 병에 손을 집어넣어 땅콩을 집었다. 그러나 병에 손이 끼는 바람에 제대로 도망가지 못했고, 결국 사냥꾼에게 속절없이 잡혔다. 사실, 원숭이는 병에서 손을 뺄 수 있었다. 하지만 손에 쥔 땅콩을 놓지 않았기 때문에 평생 족쇄를 차게 되었다. 이 이야기의 핵심은 간단하다.

'내려놓아라. 그러지 않으면 번뇌에서 벗어나지 못하리라.'

사람들이 피곤하게 사는 이유는 꽉 쥐고 있을지 내려놓을지를 결정하지 못한 채 주저하기 때문이다. 인생에는 간직해야 할 일도 있고, 반드시 포기해야 하는 일도 있다. 그렇기에 계속할 것인가, 포기할 것인가는 살면서 사람들이 가장 많이 고민하게 되는 문제다.

사실, 현실적으로는 내려놓지 못하는 일이 훨씬 더 많다. 일이 잘 안 풀릴 때, 말실수했을 때, 상사와 동료에게 받은 비난과 칭찬을 오해했을 때, 손해를 봤을 때 등 사람들은 여러 상황에서 쉽게 내려놓지 못한다. 때로는 이것도 저것도 포기하지 못한 채 이리저리 생각하고 고민한다. 하지만 풀리지 않는 답답한 일들은 끊임없이 나타나는데, 이런 심리적 부담은 건강과 생명까지 위협한다. 사는 게 피곤하고 몸이 빨리 쇠약해진다는 느낌이 드는 것은 이처럼 내려놓지 못한 일들이 너무 많기 때문이다.

"그냥 털어버리고, 단순하게 생각해. 그러면 자연스럽게 내려놓을 수 있을 거야."

우리는 흔히 이런 말을 한다. 하지만 대개 말로만 끝날 뿐이다. 입으로 그칠 게 아니라, 진심으로 내려놓아야 한다.

불경에 '가짜로 내려놓기'에 관한 이야기가 나온다. 젊은 승려가 스승과 함께 탁발하러 길을 떠났다. 평소 스승을 공경했던 제자는 그의 말 한마디, 행동 하나까지 관심을 가졌다. 두 사람은 강가에 이르러 강을 건너게 되었다. 그때 스승은 옆에 있던 여자를 업고 강을 건넜고, 여자는 감사의 인사를 한 뒤 길을 떠났다. 제자는 스승에게 왜 여자를 업고 강을 건넜는지 묻고 싶었지만, 감히 입을 열지 못한 채 묵묵히 20리를 걸었다. 끝내 궁금증을 참지 못한 제자가 스승에게 물었다.

"스승님, 우리는 출가한 승려인데 어찌 여자를 업고 강을 건너셨습니까?"

스승은 담담히 말했다.

"나는 아까 여자를 내려놓았다. 하지만 너는 지금까지 그 여자를 내려놓지 못한 채 이십 리나 왔구나!"

내려놓기는 인생의 높은 경지다. 인생은 쉬지 않고 걸어야 하는 고단한 여정이다. 걷다 보면 다채로운 풍경도 만나고, 크고 작은 웅덩이도 만난다. 그런데 지나온 모든 길을 마음에 담아둔다면 경험이 늘어날수록 심리적 부담과 스트레스도 커질 것이다. 하지만 새로운 길을 만날 때마다 지나온 길을 하나씩 내려놓는다면 항상 가벼운 마음으로 살 수 있다. 지나간 것은 이미 지나간 것이고, 시간은 거꾸로 흐르지 않는다. 경험과 교훈은 받아들이되, 나머지는 마음에 담아둘 필요가 없다.
주변을 둘러보면, 행복을 느끼며 신나게 사는 사람도 있고, 복잡한 심경으로 온갖 근심을 껴안은 채 살아가는 사람도 있다. 이처럼 고통을 대하는 태도에 따라 사람들은 전혀 다른 인생을 살아간다. 그런데 결국 고통과 번뇌는 매일 바닥으로 떨어지는 먼지처럼 천천히 아래로 가라앉을 것이다. 그러니 넓은 마음으로 포용하라. 그러면 순수한 영혼과 맑은 마음으로 행복한 인생을 살 수 있다.

· · · 03
즐거운 일은 기억하고, 슬픈 일은 잊어버려라

모하마드와 알리바바는 둘도 없는 친구였다.

어느 날, 알리바바가 모하마드의 뺨을 때리자 화가 난 모하마드는 바닷가 백사장으로 가 이렇게 적었다.

'모년 모월 모일에 알리바바가 모하마드의 뺨을 때렸다.'

얼마 후, 모하마드가 절벽에서 떨어지기 직전에 알리바바가 끌어올려 목숨을 구해주었다. 감격한 모하마드는 바위에 이렇게 새겼다.

'모년 모월 모일에 알리바바가 모하마드의 목숨을 구했다.'

알리바바는 화가 날 때는 모래 위에 글을 쓰고, 감동받았을 때는 바위에 글을 새기는 모하마드의 행동을 이해하지 못했다. 모하마드가 웃으며 말했다.

"우리 사이에 안 좋았던 기억과 오해를 모래 위에 썼지. 이는 파도가 밀려왔다가 빠져나가면서 그것도 함께 사라지길 원했기 때문이야. 반면, 우리 사이에 좋았던 기억과 우정은 바위에 새겼지. 그것이 바위처럼 영원하길 바라면서 말이야."

　물고기의 기억력은 7초밖에 안 된다. 7초만 지나면 과거의 일을 잊고 모두 새로 시작하는 것이다. 그래서 물고기들은 작은 수족관에 살면서도 무료해하지 않는다. 7초에 한 번씩 새로운 곳을 탐험하며 영원히 신선한 풍경을 즐길 수 있기 때문이다.

　반면, 사람들이 번뇌에 빠지는 이유는 기억력이 너무 좋기 때문이다. 기억하지 말아야 할 것, 반드시 잊어버려야 할 것들까지 기억하고 있기에 기나긴 고통에서 빠져나오지 못한다.

　모하마드는 잊어야 할 것은 잊고, 기억해야 할 것만 기억하는 지혜로운 사람이다. 그런 사람이 행복한 삶을 사는 것은 너무나 당연하다.

자신의 인생이 불행과 슬픔으로 가득 찼다고 생각하는 사람들이 있다. 이들은 매일 즐겁게 사는 사람들을 보며 그 비결을 궁금해한다. 사실, 비결은 간단하다. 그것은 결국 자신의 선택에 달렸다. 살면서 도움을 준 사람들을 기억하고 신의 은총에 감사하며 산다면 분명 행복해질 것이다. 행복한 일만 바위에 새기고 영원히 기억하자.

··· 04

때로는
모르는 게 약이다

•

지인 A는 성(省) 검찰원에 다니던 중 중앙기관 공무원 시험에 합격했다. 축하 파티 자리에서 A는 우리에게 하마터면 시험에 떨어질 뻔한 이야기를 들려주었다. 중앙기관에서 이전 부서를 찾아가 A에 관한 설문 조사를 했는데 누군가 악의적인 헛소문을 퍼뜨렸다는 것이다. A가 일을 잘 못 한다는 헛소문 때문에 심사는 늦어졌다.

그러나 '몸가짐이 반듯하면 그림자가 삐뚤다고 걱정하지 않는다'는 말처럼 A는 스스로 당당했고 양심에 거리낄 행동을 한 적이 없으므로 심사가 늦어져도 큰 걱정을 하지 않았다.

어느 날, A의 친한 동료에게 전화가 왔는데 회사에 헛소문을 퍼뜨린 사람이 누군지 밝혀졌다며 그를 알려주겠다고 했다. 하지만 A는 알고 싶지 않다고 단호하게 말했다.

"안다고 뭘 어떻게 하겠어? 때로는 알 필요가 없는 일도 있지."

친구 B는 전업주부다. 안정적인 가정과 남편의 사랑으로 행복한 삶을 살고 있다. 하지만 주변 사람들은 남편에게 다른 여자가 있다며 수군거렸다. 하루는 친하게 지내는 이웃이 남편에 관한 소문을 들려주려고 했지만, 그녀가 원하지 않는 바람에 입을 다물고 말았다.

나중에 그녀는 내게 말했다.

"나는 너무 많이 알고 싶지 않아. 때로는 너무 많이 알아서 상처를 입기도 하니까. 나는 내 가정을 소중하게 생각하고 남편을 사랑해. 그리고 그걸로 충분해."

그녀는 자신의 느낌과 판단력을 믿었다.

내가 아는 사람들 중 이 A와 B가 가장 행복하게 산다.

어느 날, 시나리오 작업을 하는데 한 감독이 이런 말을 했다.

"여자가 너무 똑똑하면, 사는 게 피곤해져."

그 얘기를 들을 때만 해도 감독의 생각이 너무 편협하다고 여겼는데, 지금은 대상을 여자가 아니라 모든 사람으로 바꾼다면 일리 있는 말이라고 생각한다.

똑똑한 사람 대부분은 고민이 많기에 행복하게 살지 못한다. 반면, 진실을 마주할 용기도 없는 소심한 사람이라는 식으로 잘난 사람들에게 무시당하는 어리숙한 사람들이 오히려 훨씬 더 행복하게 산다.

때로는 다 아는 것보다 잘 모르는 게 나 자신을 보호하는 데 유리하다.

··· 05
나를 비우고
고요해지는 법을 배워라

제자가 스승에게 물었다.
"참선이란 무엇입니까?"
스승이 말했다.
"먹어야 할 때 먹고, 자야 할 때 자는 것이다."
"그것은 모든 사람이 하는 일 아닙니까?"
"하지만 사람들은 밥을 먹을 때 제대로 먹지 않고, 잠을 잘 때 너무 많은 생각을 하지."

참선하여 삼매경에 이른 선사는 평범한 사람들처럼 밥을 먹고 잠을 자지만, 수련 중인 승려는 우선 잡념을 없애는 일부터 시작한다. 그들은 만물이 하나로 돌아가듯이 모든 잡념을 하나의 점으로 축소시켜 집중한다. 다시 말해, 수련을 많이 한 선사들은 밥을 먹고 잠을 자는 과정을 통해 잡념에서 벗어난다. 임제종(臨濟宗)의 한 선사는 말했다.

"아무것도 하지 않는 것이 최고의 경지다."

일상생활에서 '아무것도 하지 않는' 상태는 '평안하고 걱정거리가 없는' 상태를 뜻하지만, 선사들에게는 다른 의미를 가진다. 즉, 부처나 도를 구하지 않고, 다른 외부인을 구하지 않는 심리 상태를 뜻하는 것이다. 이것이 바로 임제선사가 강조한 '구심헐처즉무사(求心歇處卽無事)', 즉 '무언가 구하는 마음을 쉬면 일이 없다'이다.

실제로는 많은 사람이 번뇌로 괴로워하지만, 번뇌가 바로 '보리(菩提, 불타 정각의 지혜를 얻기 위해 닦는 도)'다. 우리는 내면 수련을 통해 순수하고 강직한 인성을 배양하고, 마음의 선의(善意)에 집중해야 한다. 마음에 번뇌가 많더라도, 침착한 태도를 취하고 번뇌에 주도권을 빼앗겨서는 안 된다. 밥을 먹어야 할 때 먹고, 잠을 자야 할 때 자며, 할 일을 해야 할 때 하자. 그러면 번뇌는 자연스럽게 사라질 것이다.

오랫동안 수련을 해온 남은(南隱)선사는 최고의 경지에 올라 높은 명성을 얻었고, 이는 이웃 사찰에서 수련 중인 승려의 귀에도 들어갔다. 의심이 많은 그는 직접 남은선사를 찾아가 가르침을 청하면서도 시종일관 거만하고 무례한 태도를 취했다.

그럼에도 남은선사는 아무 말도 하지 않은 채 그의 이야기에 귀 기울이며 차를 대접했다. 승려는 차를 한 모금 마시더니 참선에 대해 장황한 말들을 늘어놓았다. 선사는 찻주전자를 가져와 승려의 잔에 차를 따랐다. 차는 잔을 가득 채운 뒤 탁자 위를 넘어 바닥까지 흘러넘쳤다. 깜짝 놀란 승려는 선사의 손목을 잡으며 말했다.

"이미 흘러넘쳤으니 그만 따르시지요. 혹시 제게 하고 싶은 말이라도 있으신가요?"

찻주전자를 내려놓은 남은선사는 제자에게 탁자를 치우라고 했다. 그 순간 승려는 뭔가 깨달은 듯이 말했다.

"일부러 그러신 거군요?"

남은선사는 미소를 지으며 입을 열었다.

"그렇습니다. 귀승의 마음은 이 잔처럼 너무 많은 생각으로 꽉 차 있군요. 잔을 비우지 않으면 제가 참선에 대해 말한들 무슨 소용이겠습니까?"

승려는 아무 말도 하지 못했다.

선종(襌宗)은 '공(空)'에 관한 지혜다. 즉, 참선을 위해서는 과거의 경험, 잡념, 생각을 비워내야 한다. 그렇게 한다면 매일 새로운 날을 맞이하고, 새로운 행복을 느낄 수 있을 것이다.

사람의 마음은 찻잔과 같다. 따라서 다 마시지 못한 마음의 잔재는 전부 비워야 한다. 매일 근심과 번뇌를 마음에 가득 채운다면 새로운 차를 따를 수 없을 것이다. 행복한 삶을 위해 자신을 비워보라.
우리는 행복한 이유보다 행복하지 않은 핑계를 훨씬 더 많이 가지고 산다. 이제는 마음에 여유를 가지고, 시고 달고 쓰고 매운 삶의 맛을 천천히 음미해보자.

Chapter 11
마음의 문을 열면
해탈에 이를 것이다

순조롭기만 한 인생은 없다. 사람은 홀로 자신의 자갈길을 걸어가야 한다. 좌절과 상처의 길은 반드시 거쳐야 하는 과정이다. 사람은 아픔을 통해 성장하고 더 성숙해진다. 고통, 좌절, 상처에 감사하면 앞으로 나아가야 할 마음의 길을 발견할 것이다. 해탈의 경지에 이르면, 내가 곧 부처가 되고 행복이 된다.

01
순수한 눈으로 세상을 보라

소동파가 승려 혜숭(惠崇)에게 말했다.

"그대를 보니 꼭 소똥 같구려."

혜숭이 말했다.

"그대는 여래(如來)와 같소."

소동파는 혜숭이 화도 내지 않고 자신을 여래에 비유한 이유가 이해되지 않아 누이에게 이 일을 전했다.

"마음에 소똥을 품으면 세상이 전부 소똥으로 보이고, 마음에 여래를 품으면 세상이 전부 여래로 보이는 법이지요."

누이의 말에 소동파는 크게 깨달았다.

사물을 보는 관점은 마음에 달렸다. 마음에 여래가 있는 사람의 눈에는 전부 여래로 보인다. "그대는 여래와 같소"라는 말은 세상을 보는 혜숭의 시선과 태도를 드러내준다.

사람의 태도와 세상을 대하는 자세가 삶의 질을 결정한다. 심판하는 태도로 세상을 보면 온갖 더러운 것만 눈에 띌 것이고, 감상하는 태도로 세상을 보면 멋있고 예쁜 것들만 눈에 들어올 것이다. 세상을 감상하는 사람들은 눈앞에 화려하고 다채로운 것들이 펼쳐지고 마음의 꽃이 활짝 필 것이다. 감상을 좋아하는 사람은 그래서 고상하고 고결하다.

감상은 행복이다. 복잡한 세상에는 산과 강, 꽃과 나무, 바람과 비 등 온갖 만물이 가득한데, 이는 시시각각 변해간다. 이런 것을 감상할 줄 아는 사람은 깨달음을 이해하는 사람이다. 깨달음이 깊어질수록 삶은 더 풍성하고 편안해질 것이다.

감상은 고결한 정신이다. 증엄(證嚴)법사는 『정사어(靜思語)』에서 이렇게 말했다.

'타인을 감상하는 것은 자신을 엄숙하게 한다.'

개미는 개미의 생활이 있고, 코끼리는 코끼리의 정서가 있으며, 학은 학의 자태가 있다. 감상할 줄 아는 사람은 이러한 인생의 진리를 이해한다.

이 밖에도, 사람의 태도와 세상을 대하는 자세는 당사자의 외모와 기질을 결정하기도 한다.

'생긴 것은 마음에서 나오며, 상황은 마음먹기에 따라 달라진다.'

이 말처럼 사람의 마음가짐과 생각이 변하면 표정도 변한다. 그러다 시간이 오래 지나면, 마음이 얼굴에 그대로 드러나고 점차 하나의 성격으로 굳어진다.

"아름다운 두 눈으로 사람들의 장점을 보고, 매력적인 입술로 친절한 말을 건네세요."

영화배우 오드리 헵번(Audrey Hepburn)의 말이다. 그녀는 시공을 초월한 아름다움의 경지가 무엇인지 잘 보여주었다.

복잡하고 어지러운 세상이지만 주변을 둘러보며 아름다운 풍경을 감상해보라. 감상하는 태도로 만물을 대한다면 모든 게 아름다워 보일 것이다. 내 마음이 조화로우면 세상이 조화로울 것이고, 내 마음이 행복하면 세상이 행복할 것이며, 내 마음이 평화로우면 번뇌는 사라질 것이다. 매일 밤 웃으며 잠을 청하고, 매일 아침 웃으며 일어나보자.

· · · 02

기다림이 있기에
인생은 아름답다

어느 날, 젊은 농부가 사랑하는 사람과 만날 약속을 했다. 그런데 그는 성격이 급하고 인내심이 부족했다. 그는 찬란한 햇빛이나 아름다운 꽃을 감상하지도 않고 그저 나무 그늘 아래에서 긴 한숨을 내쉬며 여자가 오기만을 기다렸다. 그때 갑자기 그의 눈앞에 난쟁이가 나타났다.

"왜 그렇게 울적해 보이는지 알겠네요. 옷에 이 단추를 달아보세요. 단추를 오른쪽으로 돌리면 시간을 앞으로 건너뛸 수 있답니다."

난쟁이에게 단추를 받은 그는 난쟁이의 말대로 단추를 오른쪽으로 돌려봤다. 그랬더니 사랑하는 사람이 눈앞에 앉아 웃고 있는 게 아닌가? 그는 계속 단추를 돌렸다. 성대한 결혼식과 화려한 파티가 이어졌고 그는 사랑하는 여자와 나란히 앉아 아름다운 클래식 연주를 들었다. 부인을 보고 있다가 단둘이 있으면 좋겠다는 생각이 든 남자는 단추를 또다시 돌려 밤으로 갔다. 그는 계속 단추를 돌려 자신이 원하는 미래로 이동했다. 대궐 같은 집이 그를 기다리고 있었다. 아기도 몇 명

있었으면 좋겠다고 생각한 그는 또 단추를 돌렸다. 그랬더니 해와 달이 뜨고 지기를 반복했고, 눈앞에 떡 하니 아기가 나타났다. 창밖의 포도밭을 보던 그는 아직 열매가 맺지 않을 것을 보고 다시 단추를 돌렸다. 그렇게 시간은 쏜살같이 지나갔다. 그는 어느새 늙고 쇠약해져 병석에 눕는 신세가 되었다. 그제야 그는 단추를 돌리지 않았다.

그는 지난날을 돌아보며 조급한 성격 때문에 많은 것을 잃었다는 사실을 깨달았다. 기다릴 줄 모르고 결론만을 원했기 때문이다. 그는 생의 막바지에 이르러서야 기다림이 주는 행복도 있다는 사실을 깨달았다. 할 수만 있다면 다시 시간을 돌리고 싶었다. 그는 단추를 잡고 혼신의 힘을 다해 왼쪽으로 돌렸다. 그 순간 단추가 빠르게 돌아갔고, 그는 잠에서 깨어났다. 눈을 떠보니 그는 여전히 나무 그늘 아래에서 사랑하는 사람을 기다리고 있었다. 그렇게 그는 기다림의 소중함을 몸소 깨달았다.

여유로운 마음으로 푸른 하늘을 감상하고, 귓가에 지저귀는 새소리를 들으며, 풀숲에서 놀고 있는 딱정벌레와 놀다 보면 기다림도 즐거운 시간이 될 것이다. 기다리느라 얼마의 시간과 인내심을 낭비했는지 따질 필요는 없다. 물론 그 시간 동안 더 많은 길을 가고, 더 많은 일을 할 수도 있다. 하지만 인생은 기다림으로 완성된다. 기다리면서 능력을 키우고 다양한 경험을 한다면 진정으로 원하는 꿈을 이룰 수 있을 것이다.

우리의 인생은 기다림의 연속이다. 기다림이 있기에 인생의 가치는 더 커진다. 사실, 기다림이 없는 인생은 공허하다. 구불구불한 오솔길은 아름다운 풍경으로 이어져 재미있지만, 한눈에 모든 것이 보이는 길은 재미없다.

... 03
베풀면
영원히 얻을 것이다

　용산(龍山)의 선국사(善國寺)에 오공(惡空)과 오료(惡了)라는 승려가 있었다. 처음에는 둘이 함께 탁발하러 다녔는데, 나중에는 오공 혼자서만 탁발을 했다. 오료가 용산 아래에 탁발하기 좋은 곳을 발견했기 때문이다. 그는 언제든지 많은 탁발을 할 수 있었기에 탁발로 받은 돈으로 쌀과 밀가루 등 생필품을 사 보관해두고 나머지 시간에는 사찰에 몰래 들어가 잠을 잤다. 오공은 그런 오료에게 세월을 낭비하지 말고 같이 탁발을 하러 가자고 했다. 오료가 말했다.

　"출가한 자가 어찌 그리 욕심을 내는가? 먹을 것만 있으면 그만 아닌가? 보게, 이 정도 식량이면 보름은 탁발하지 않아도 충분하네. 왜 그렇게 사서 고생을 하나?"

　오공은 아미타불을 외치며 말했다.

　"자네가 탁발은 많이 했을지 모르겠지만 아직 탁발의 진정한 의미와 진리를 깨닫지는 못한 것 같네!"

오료는 비웃으며 말했다.

"자네는 해가 뜨면 나가서 해가 질 때까지 돌아다니지만 언제나 빈손으로 갔다가 빈손으로 오지 않나?"

"나는 마음의 탁발을 하네."

"그게 무슨 말인가? 정말 모르겠군."

시간이 흐르면서 오료의 탁발 상황은 점점 나빠졌다. 탁발 한 번이면 보름은 거뜬히 버텼는데 이제는 며칠도 채 견디지 못했다. 한편 오공은 여전히 해가 뜨면 나갔다가 해가 질 때 빈손으로 돌아왔지만, 항상 미소를 잃지 않았다. 오료가 물었다.

"오늘은 수확 좀 있었나?"

"많은 수확이 있었네."

"그곳이 어딘가?"

"인간 세상, 사람들 마음속이네."

오료는 오공이 무슨 말을 하는지 도무지 이해가 안 됐다. 결국 오료가 말했다.

"내가 아직 깨달음이 부족한 듯하네. 내일 자네와 함께 탁발을 가도 괜찮겠나?"

오공은 고개를 끄덕였다.

다음 날, 오료는 탁발용 자루를 들고 탁발할 채비를 했다. 오공이 말했다.

"그 자루는 내려놓게."

"왜 그런가?"

"탐욕으로 가득한 그 자루는 필요치 않네."

"그럼 우리가 탁발한 물건은 어디에 담으려고 하나?"

"바로 마음이네. 마음에 얼마든지 담을 수 있네."

그렇게 오료는 오공을 따라 길을 나섰다. 길을 지나가는데 오공을 본 많은 사람이 알은체를 했다. 그들은 하나같이 물건을 내놓았다. 그들은 오공에게 시주를 하고 나서 위기를 잘 넘겼다며 큰 은혜에 보답하는 것이라고 했다. 오료는 생각했다.

'내게는 자루를 챙기지 말라고 하더니, 이 물건들을 다 어떻게 들고 가려는 거지?'

오공이 걸음을 뗄 때마다 시주 물건들은 점점 늘어났고, 오료는 엄청난 물량을 보고 기분이 좋아졌다. 그때, 멀리서 한 농부가 아이를 품에 안은 채 우는 모습이 보였다. 사연인즉, 농부의 아이가 큰 병에 걸렸는데 돈이 없어서 치료를 못 받는다는 것이었다. 오공은 즉시 사람들에게 받은 재물을 전부 농부에게 주었다. 그렇게 오공은 가는 길마다 시주를 받았고 다시 어려운 사람에게 베풀기를 반복했다. 오공이 오료에게 물었다.

"나와 함께 오는 동안 자네는 무엇을 베풀었는가?"

오료는 쓴웃음을 지었다. 오공이 말했다.

"자네는 들어온 복만 알았지, 나가는 복에 대해서는 생각해본 적이 없네. 세상 만물이 이토록 아름다운 이유는 계속 순환하기 때문이네. 바람과 물, 낮과 밤, 사계절이 그러하지 않은가? 그러니 들어오는 복만 생각하는 사람은 그 순간만 행복할 뿐이고, 시간이 지나면 다시 제자리로 돌아가지. 자네는 탁발한 물건을 탐욕스러운 자루에 넣었지만, 나는 마음속에 넣었네. 그리고 선량한 사람들의 마음을 통해 순환되었지."

거기까지 들은 오료는 고개를 떨궜고, 오공은 아미타불을 외쳤다.

세상에 존재하는 에너지는 정해져 있기에 에너지를 받은 사람이 그것을 베풀어야 양성 순환이 이루어진다.

이스라엘 티베리아스 호수와 사해의 물은 모두 헤르몬 산에 있는 히말라야삼목의 뿌리에서 흘러나온 것으로, 수질이 맑고 깨끗하다. 그런데 티베리아스 호수는 배출구가 있어서 활발하게 순환하며 깨끗한 수질을 유지할 수 있지만 사해에는 배출구가 없어서 물이 빠져나가지 못한다. 이에 사람들은 만약 사해의 물이 오염되면 고인 물처럼 순환되지 않아 사해가 생명을 잃어버릴까 걱정하고 있다.

사람은 누구나 축복과 기쁨으로 가득한 삶을 원한다. 하지만 티베리아스 호수처럼 자신이 가진 일부를 나누어주는 사람도 있고, 사해처럼 홀로 간직하는 사람도 있다. 즉, 이들은 각각 베풀 줄 아는 이타적인 사람과 베푸는 데 인색한 이기적인 사람과 같다.

다른 사람의 성과를 공유하고 싶다면 그와 동등한 책임과 의무를 다해야 한다. 우리 모두는 사회의 일부에 불과하지만, 사회에 공헌할 의무가 있다. 사랑이나 다른 가치 있는 것으로 인생을 풍요롭게 만들고 싶다 해도 마찬가지다. 더 큰 사랑, 기쁨, 존중, 성공 등을 원한다면 방법은 간단하다. 아무 걱정하지 말고 마음껏 베풀라. 머지않아 베푼 모든 것이 이자를 더해 돌아올 것이다.

· · · 04
긍정적 생각은
내리던 비도 멈추게 한다

 길을 가던 당나귀가 깊은 웅덩이에 빠졌다. 당나귀를 구하는 것보다 구하지 않는 게 수지에 맞겠다고 판단한 주인은 웅덩이에 빠진 당나귀를 남겨둔 채 길을 떠났다. 지나가는 사람들은 당나귀가 빠져 있는 줄도 모른 채 웅덩이에 쓰레기를 버렸다. 당나귀는 생각했다.
 '정말 재수없군! 웅덩이에 빠졌는데 주인은 구해주지도 않고, 이제 쓰레기까지 더해져 편하게 죽지도 못하겠구나.'
 그렇게 며칠 보낸 어느 날, 당나귀의 생각에 변화가 일어났다. 당나귀는 사람들이 버리는 쓰레기를 밟고 일어섰으며, 쓰레기 속 음식물을 먹으며 목숨을 부지했다. 시간이 흘러 쓰레기를 밟고 밟으며 그렇게 당나귀는 마침내 웅덩이에서 벗어날 수 있었다.
 사람들은 그런 해괴한 생존 방법이 생각나더라도 두려움에 휩싸여 쉽게 실행에 옮기지 못한다. 그런 곤경은 사실 사람들의 생각처럼 그렇게 두려운 일이 아니다. 마음만 먹으면 충분히 극복할 수 있다.

인생에 불행한 일들이 잇달아 일어난다 해도 원망하지 말아야 한다. 일이 뜻대로 풀리지 않고, 남자 친구가 없고, 여자 친구가 못생기고, 부모님이 가난하고, 일이 힘들고, 연봉이 적고, 뛰어난 재능이 없어도 원망하지 말아야 한다. 이것은 웅덩이에 버려진 쓰레기에 불과하다. 만약 쏟아지는 쓰레기를 밟고 일어서 최고의 경지에 오른다면 당나귀보다 영리하다고 할 수 있지 않을까?

세상은 우리가 어디까지 올라갈 수 있는지에만 관심을 갖는다. 거인의 어깨를 밟고 일어섰는지 '쓰레기'를 밟고 일어섰는지에는 신경 쓰지 않는다. 하지만 이 중 훨씬 더 사람들에게 존경을 받는 것은 분명 '쓰레기'를 밟고 일어선 사람이다.

너저분한 밑바닥까지 추락했다면 이렇게 생각하라.

'이 쓰레기는 성공의 발판일 뿐이야! 발판이 많아질수록 더 높이 올라갈 수 있어.'

지금 그 자리에서부터 쉬지 않고 조금씩 위로 올라가자.

미국 소설가 마크 트웨인(Mark Twain)이 친구와 교회 모임에 참석했을 때의 일이다. 문밖을 나서자마자 하늘에서 비가 내렸다. 친구가 쏟아지는 비를 올려다보며 그에게 물었다.

"자네가 보기엔 이 비가 그칠 것 같나?"

"비는 언젠가 그치게 되어 있네."

하늘이 뚫린 것처럼 쉬지 않고 쏟아지는 비를 본 적 있는가? 그런데 이렇게 세상을 다 집어삼킬 듯한 세찬 비라도, 사람의 혼을 쏙 빼놓을 듯한 장대비라도 반드시 그치게 되어 있다. 더욱이 그런 큰 비일수록 빨리 그치는 경향이 있다. 노자도 "폭풍은 아침나절을 넘기지 못하고, 소나기는 하루를 넘기지 못한다"라고 하지 않았던가? 비온 뒤 하늘은

더 맑고 깨끗하며, 평소에는 보지 못하는 무지개를 볼 수도 있다.

좌절과 시련은 우리 인생에 내리는 비와 같다. 억수같이 쏟아지는 비도 언젠가는 그치게 마련이다. 인내심을 가지고 기다리기만 한다면 먹구름이 걷힌 청명한 하늘을 볼 수 있을 것이다.

거친 폭풍우가 몰아쳐도 울상 짓거나 실망할 필요는 없다. 이 비는 행복의 전주곡이자 운명의 전환점이다! 기억하라. 비가 내리지 않는 지역은 없다. 헨리 롱펠로(Henry Wadsworth Longfellow)는 어느 시에서 이렇게 말했다.

'그대의 운명은 뭇사람의 운명과 같으니, 누구에게나 반드시 얼마간의 비는 내린다.'

···05
넓은 마음을 가져라

나이 든 힌두교 스승에게 항상 불평만 하는 제자가 있었다.

어느 날, 힌두교 스승은 제자에게 소금을 사오라고 시켰다. 그리고는 제자에게 잔에 소금을 한 움큼 넣고 마시라고 했다. 스승이 물었다.

"맛이 어떠냐?"

제자는 침을 뱉으며 말했다.

"씁니다."

스승은 제자에게 남은 소금을 호수에 넣으라고 했다.

"호수의 물을 마셔보아라."

제자는 스승이 시키는 대로 했다.

"맛이 어떠냐?"

"아주 신선합니다."

"짠맛이 느껴지느냐?"

"전혀 느껴지지 않습니다."

스승은 제자의 손을 잡고 말했다.

"인생의 고통은 이 소금처럼 양이 정해져 있느니라. 단지, 고통을 받아들이는 마음의 양에 따라 고통의 강도가 결정되지. 그러니 고통을 받아들이는 마음을 넓게 가져라. 잔이 아니라 호수만큼 크게 말이다."

세상에서 가장 넓은 것은 바다가 아니라 바로 사람의 마음이다. 사람들 가슴속에는 저마다 아직 발견하지 못한 창고가 있다. 따라서 긍정적인 태도를 가진다면 마음이 바다처럼 넓어지고, 모든 불행과 시련이 몰아닥친다 해도 큰 파도를 불러일으키지 못할 것이다. 이런 사람은 어떤 난관에도 무너지지 않는다. 어떤 액운도, 어떤 고통도 그를 꺾을 수 없다.

왜 어떤 사람의 마음은 넓고, 어떤 사람의 마음은 좁을까? 마음이 넓은 사람은 긍정적으로 생각하고 멀리 내다보지만, 마음이 좁은 사람은 부정적으로 생각하고 좁은 시야로 바라본다. 긍정적인 사람과 부정적인 사람은 백지장 한 장 차이다. 긍정적인 사람은 도넛을 보지만, 부정적인 사람은 도넛 가운데 뚫린 작은 구멍을 본다.

･･･ 06
마음이
재앙을 끌어당기지 못하게 하라

　　질투심이 많은 여자가 홍광(弘光)법사를 찾아와 고민을 털어놓았다. 여자는 몇 년 전부터 남편이 바람을 핀다고 의심해왔는데, 심증만 있지 구체적 증거 없이 불안한 마음으로 살고 있었다. 홍광법사가 물었다.

　　"왜 남편이 바람을 핀다고 생각하나요?"

　　두 사람이 처음 부부의 연을 맺을 때만 해도 남편은 빈털터리에 불과했지만, 그녀는 그의 훌륭한 인품과 뛰어난 재능에 반해 결혼을 결심했다. 결국 남편은 크게 성공했다. 사업이 승승장구하면서 성격이 호방해지자 그를 따르는 여자들도 많아졌다. 반면, 그녀는 세월이 흐를수록 매력이 사라져가는 기분이 들었다. 그녀가 말했다.

　　"처음 별 볼 일 없는 남편을 만났을 때는 실망감이 컸지만, 이제 잘난 남편과 살게 되니 마음이 불안해요. 정녕 안정적으로 살기란 힘든 건가요?"

이야기를 들은 홍광법사는 탐스러운 사과 하나를 가져와 칼로 깎기 시작했다.

"정말 탐스러운 사과지만, 안에 벌레가 있는 것 같네요."

그렇게 법사는 사과를 계속 돌려 깎으며 말을 이었다.

"보세요. 이렇게 벌레를 찾으려고 하면 할수록 마음은 조급해지고 사과 깎는 속도도 점점 빨라진답니다."

그녀는 사과를 내려다보며 고개를 끄덕였다. 사과는 어느새 씨만 남기고 모두 깎여나갔다. 홍광법사가 웃으며 말했다.

"그렇게 탐스러웠던 사과가 벌레가 있다는 의심 때문에 이렇게 깎이고 깎여 이제 씨만 남았네요. 그리고 사과에 벌레가 없다는 사실이 밝혀지고 나서야 처음 사과 모습이 얼마나 탐스럽고 예뻤는지 깨닫게 되죠. 하지만 더는 사과를 볼 수 없어요."

일본의 교육자 다니구치 마사하루(谷口雅春)는 그의 저서 『생명의 실상(生命の實相)』에서 이렇게 말했다.

'우리 마음에는 재앙을 끌어당기는 자석이 있습니다. 병에 걸리는 것도 질병을 끌어당기는 허약한 마음 때문입니다.'

이에 따르면, 질병에 걸릴지 모른다는 부정적 생각은 실제로 부정적인 상황을 초래한다. 사과에 벌레가 있을지 모른다는 홍광법사의 부정적 생각은 그가 계속 사과를 깎도록 부추겼고, 결국 탐스럽던 사과는 흔적도 없이 사라지고 말았다. 처음에 품었던 부정적 생각이 실제로 부정적인 결과를 초래한 것이다. 이처럼 때로는 우리의 마음이 생각하는 대로 상황이 전개되기도 한다.

최근 얼마 동안 나는 기운이 쭉 빠져 있었다. 편집 회의에서 내가 원하던 책 제목이 통과되지 않은 데다, 열심히 쓴 원고를 대폭 수정해야 했고, 지독한 감기까지 겹쳐서 생활리듬이 망가졌기 때문이다. 나는 매일 이렇게 생각했다.

'왜 이렇게 재수가 없지? 지금이 인생에서 재수가 없는 시기인가?'

이런 생각에 빠질수록 정말 저주에 걸린 듯 상황은 나날이 악화되었다. 그때 한 친구가 말했다.

"다른 것은 관두고라도 네 마음에 져서는 안 돼. 나쁜 생각들은 그만 떨쳐버리고 긍정적으로 생각해봐."

나는 친구의 말에 힘을 냈다. 즉시 들고 있던 원고를 다른 곳에 투고했고, 나태하고도 불규칙한 생활을 끝냈다. 결국 나는 건강을 되찾았고, 새로운 출판사에서 신간을 낼 수 있게 되었다.

세상에 용서하지 못할 일은 없다. 그런데도 마음에 원한을 품은 사람은 행복을 끌어당길 수 없다. 행복은 행복을 끌어당기고, 원한은 원한을 끌어당긴다. 먼지는 땅으로 돌아가고 물은 강으로 흐른다. 한 방울의 물도 땅 위에 존재할 수 없듯이, 한 올의 먼지도 물속에 존재할 수 없다. 같은 종류가 아니면 하나로 합쳐질 수 없기 때문이다. 원하는 결과가 있다면 그 바라는 것을 마음으로 끌어당겨야 한다.

인생에는 받아들여야 하는 일이 많다. 우리의 삶은 그것들을 받아들이는 과정에서 더욱 풍요롭고 다채로워진다. 예컨대 고독을 받아들이면 우정이 더 소중해질 것이고, 실패를 받아들이면 믿음이 더 견고해질 것이다. 책임을 받아들이면 더 성실해질 것이고, 사랑을 받아들이면 더 완벽해질 것이다. 우리가 이러한 것들을 평온한 마음으로 받아들일 때, 인생은 더 높은 경지에 도달할 것이다.

••• 07

직면하라,
인생은 무상하다

부처가 제자들에게 물었다.
"생명이 있는 사람은 얼마나 살 수 있는가?"
한 제자가 대답했다.
"셀 수 있을 정도의 날짜만큼만 살 수 있습니다."
"아직 이해하지 못하였구나."
부처가 다시 물었다.
"인명의 기한은 얼마나 되는가?"
이번에는 다른 제자가 답했다.
"끼니를 먹는 만큼입니다."
"아직 이해하지 못하였구나."
부처가 세 번째로 똑같은 질문을 했을 때, 한 제자가 말했다.
"호흡을 할 수 있는 만큼입니다."
부처가 그제야 웃으며 말했다.

"그 말이 맞다. 사람의 생명은 호흡에 달렸다. 내쉰 숨이 돌아오지 않으면 다음 세상으로 간 것이다."

얼마 전, 나는 덕망 높은 어르신이 심각한 병으로 입원하였다는 소식을 듣고 직접 찾아뵌 적이 있다. 그런데 예상 외로, 침상에 누워 계신 어르신은 정신이 또렷했다. 나를 알아보고는 미소를 짓기도 했다. 하지만 그날 밤, 어르신은 갑자기 별세했고, 나는 인생이 참 무상하다는 생각에 한숨을 내쉬었다.

원래 '무상(無常)'이라는 말은 불교 용어다. 무상이란 숨이 돌아오지 않는 상태를 말한다. 사람의 생명은 호흡에 달려 있고, 호흡이 없으면 생명도 없다. 사실, 세상만사가 무상하니 생명을 꽉 붙들고 있는 게 중요하다.

긴 인생길에서 찬란한 태양이 비추는 꽃길을 걸어왔다고 자부할 사람이 있을까? 앞으로 좌절과 실패를 겪지 않을 거라고 자신 있게 말할 사람이 있을까? 성공으로 가는 길에 가시밭이 깔리지 않을 거라고 확

신할 수 있을까?

중국 잡지 〈예(睿)〉의 서문에도 이런 말이 나온다.

'기억하라, 세상은 무상하다는 사실을. 그리고 또 기억하라, 그럼에도 여전히 세상은 무상하다는 사실을.'

이것은 내가 특별히 좋아하는 구절이라서 더 많은 사람과 공유하고 싶다. 서문에 따르면 작가의 어머니가 해준 말이라고 하는데 이 구절 다음에는 이런 말이 이어진다.

'모든 것이 좋아도 내년에 잘 풀린다고 장담할 수 없고, 모든 것이 좋지 않아도 내년에 잘 풀리지 않는다고 장담할 수 없다.'

세상일은 원하는 대로 풀리는 게 아니라, 정해진 때가 있다는 의미다. 세상일을 예측할 수 없기에 인생은 더 흥미롭다.

세상이 무상하다는 사실을 기억하라. 지금 가진 것을 한순간 전부 잃을 수도 있고, 필사적으로 잡은 것을 놓칠 수도 있다. 잃어버린 재산을 되찾을 수도 있고, 놓친 사람을 더 좋은 인연으로 만날 수도 있다. 모든 것에는 전환점이 있다.

인생은 배움의 연속이다. 인생의 변수를 받아들이는 법을 배우고, 받아들인 변수가 안 좋은 방향으로 바뀌더라도 자신이 원하는 발전 방향으로 나아가는 법을 배워라.

호흡이 멈추기 전, 양심에 거리낌이 없고 행복하다면 이번 생은 헛되게 살지 않은 것이다. 반면, 마지막 순간이 되어서야 이제까지 하고 싶지 않은 일만 하면서 살아왔고, 아직 하고 싶은 일이 남았다는 사실을 깨닫는다면, 이번 생은 헛되게 산 것이다.

... 08

모든 것은
있어야 할 곳에 있다

옛날에 여유롭고 평화로운 작은 나라가 있었다. 이 나라의 왕은 평소 평민 차림새로 잠행을 즐겨 했다. 그래서 재상은 빈번히 왕을 모시고 민심 살피는 일에 앞장섰다. 재상은 우주와 인생의 진리를 탐구하길 좋아했고, 항상 "모든 것은 있어야 할 곳에 있다"는 말을 입에 달고 살았다.

어느 날, 왕은 드넓은 초원에 나가 사냥을 즐겼고, 수행원들은 수십 마리의 사냥개를 끌고 다니며 보좌했다. 왕은 좋은 음식을 잘 먹어 건강했고, 근골이 튼튼하며 피부에는 윤기가 흘러 그야말로 왕의 기품이 느껴졌다.

수행원들은 말에 올라탄 채 표범을 추격하는 위풍당당한 왕의 모습을 지켜보며 그 용맹함에 감탄했다. 표범은 필사적으로 도망쳤지만, 그 뒤를 바짝 쫓던 왕은 표범의 속도가 느려질 때까지 기다렸다가 침착하게 활시위를 당겼다. 번개처럼 빠르게 날아간 화살은 일순간 초원을 지나 정확하게 표범의 목에 꽂혔다. 표범은 그 자리에 픽 쓰러졌다. 왕은 쓰러져서 미동도 없는 표범을 보자 기분이 좋아졌다. 왕은 경계심을 늦추고 수행원들이 오기도 전에 말에서 내려 가까이 다가갔다. 그 순간, 숨죽이며 웅크리고 있던 표범이 와락 왕을 덮쳤다. 왕은 피를 뚝뚝 흘리며 날카로운 이빨을 드러낸 표범의 아가리 앞에서 눈을 질끈 감았다.

'이제 끝이구나!'

그때 뒤따라온 수행원 하나가 잽싸게 활을 쏘아 표범의 목을 또 맞췄다. 그렇게 왕은 목숨을 부지했고, 표범은 이내 숨통이 끊어졌다. 수행원들은 다급히 왕의 안전을 살폈다. 왕의 새끼손가락은 절반이나 뜯겨나가 피가 솟구쳤다. 흥이 깨진 왕은 누군가에게 분풀이를 하고 싶었으나, 전부 자신의 잘못이었기에 마땅히 원망할 사람도 없었다.

왕과 수행원들은 모두 입을 다문 채 궁으로 돌아갔다. 환궁했지만 생각할수록 기분이 언짢아진 왕은 술상을 마련하고 재상을 불러 기분을 풀고자 했다. 재상은 자초지종을 들은 뒤 왕에게 술을 올리고 웃으며 말했다.

"전하! 살점이 좀 없어진 것이 목숨이 없어진 것보다 낫습니다! 생각해보면 모든 것은 있어야 할 곳에 있는 것이지요."

왕이 재상에게 한껏 분노를 쏟아냈다.

"뭐라? 그대가 간이 배 밖으로 나왔구나! 정말로 모든 것은 있어야 할 곳에 있다고 생각하느냐?"

재상은 왕이 분노한 것을 알았지만 개의치 않고 말했다.

"그렇습니다. 눈을 크게 뜨고 본다면 모든 것은 있어야 할 곳에 있다는 걸 알 수 있습니다!"

"과인이 그대를 옥에 가둔다 해도 그렇게 말하겠느냐?"

재상이 웃으며 답했다.

"만약 그렇게 된다면 그곳이 제가 있어야 할 자리라고 믿을 것이옵니다."

"과인이 호위병에게 그대 목을 베라고 해도 그렇게 말하겠느냐?"

재상은 여전히 미소를 지으며 자신과 전혀 상관없는 이야기를 하듯 대답했다.

"만약 그렇게 된다면 그 또한 제가 있어야 할 자리라고 믿을 것이옵니다."

크게 분노한 왕이 호위병을 불렀다.

"당장 재상을 끌고 가 목을 베라!"

호위병은 어찌 해야 할지 몰라 멍한 표정을 지었다. 왕이 재촉했다.

"어서 시행하지 않고 뭘 기다리는 것이냐?"

호위병은 꿈에서 깨어난 듯 정신을 차리고 재상을 끌고 나가려 했다. 순간 왕은 갑자기 후회가 밀려왔다.

"아니다! 일단 재상을 옥에 가둬라!"

재상은 여전히 미소를 잃지 않은 얼굴로 왕에게 말했다.

"이 역시 제가 있어야 할 곳이지요!"

왕이 손짓을 하자 호위병이 재상을 끌고 나갔다.

한 달 뒤, 건강을 회복한 왕은 예전처럼 재상과 잠행을 가려고 준비했지만 이내 자신이 재상을 옥에 가두었다는 사실을 떠올렸다. 하지만 왕은 재상을 석방시키지 못했다. 왕은 그저 길게 탄식하며 홀로 궁 밖으로 나갔다.

걷고 걷다가 우연히 깊은 산속으로 들어가게 된 왕 앞에 갑자기 정체불명의 괴한들이 나타났다. 왕은 얼굴에 붉은 칠을 한 괴한들에게 붙들려 꽁꽁 묶였다. 왕은 문득 오늘 보름달이 뜬다는 사실이 생각났다. 원시부족은 보름달이 뜨면 여신에게 제물을 바치는 풍습이 있는데, 왕이 바로 그 재물이 된 것이었다. 왕은 이번에는 목숨을 구해줄 사람도 없으니 꼼짝없이 죽겠구나 싶은 생각이 들었다. 왕이 외쳤다.

"나는 이 나라의 왕이다. 나를 풀어주면 금은보화를 주겠다!"

하지만 헝겊이 물린 입으로는 그저 웅얼거리게 될 뿐이었다. 괴한들은 왕을 사람보다 큰 가마솥 앞에 데려다놓은 뒤, 장작불을 지피기 시작했다. 왕의 얼굴은 점점 창백해져갔다. 제사장이 모습을 보이자 괴한들이 왕의 옷을 벗기고 몸 곳곳을 살폈다. 제사장은 왕의 몸을 보며 탄복했다.

"이렇게 완벽한 재물을 찾게 될 줄이야!"

여신에게 바치는 재물은 얼굴이 못생기든, 피부가 검든, 키가 작든 상관없이 흠집 없는 완벽한 몸을 가져야 했다. 그때 제사장이 왕의 왼쪽 새끼손가락 반쪽이 없다는 것을 발견하고는 크게 분노하며 욕설을 퍼부었다.

"저 쓸모없는 놈은 치우고 다시 다른 놈을 찾아와라!"

죽을 고비를 넘긴 왕은 놀란 가슴을 쓸어내렸다.

환궁한 왕은 즉시 재상을 석방하고 연회를 베풀어 자신의 목숨을 구하게 된 일을 말했다.

"그대의 말이 맞았네! 과연 모든 것은 있어야 할 곳에 있는 것이었어! 과인이 표범에게 물려 손가락을 잃지 않았다면 지금 목숨을 부지하지 못했겠지."

재상이 웃으며 말했다.

"이번 경험을 통해 한 층 더 높은 경지에 오르신 것을 경하드리옵니다."

왕이 물었다.

"과인은 목숨을 구했으니 '모든 것은 있어야 할 곳에 있다'는 말에 공감하지만, 그대는 무고하게 한 달이나 옥살이를 하고도 어찌 그렇게 말할 수 있는가?"

재상은 침착하게 술을 한 모금 마시고 말했다.

"그 감옥이 제가 있어야 할 곳이었던 것입니다! 생각해보십시오. 제가 옥에 있지 않았다면 전하와 함께 잠행을 갔을 것입니다. 제가 아니면 누가 함께 갔겠습니까? 그러면 전하가 여신에게 바칠 재물로 적합하지 않다는 사실이 밝혀진 뒤에 대신 그 가마솥에 들어갈 사람이 누구였겠습니까? 바로 소신이었겠지요. 그러니 전하가 저를 옥에 가둔 것에 감사할 따름이옵니다. 전하가 제 목숨을 구하셨습니다!"

왕은 크게 웃으며 말했다.

"건배! 과연 모든 것은 있어야 할 곳에 있구나!"

많은 이가 작은 좌절과 실패만 겪어도 의기소침해지고, 일이 조금만 틀어져도 하늘을 향해 욕을 퍼붓는다. 마치 세상에서 가장 불행한 사람이라도 된 양 말이다. 하지만 우리가 살면서 겪는 좌절과 고난도 나름대로 의미가 있다. 분발하고 용감히 앞으로 나아가다 보면 분명히 깨닫게 될 것이다. "과연 틀리지 않았어. 모든 것은 있어야 할 곳에 있어!" 하며…….

시련은 우리를 힘들고 고뇌하게 만들지만, 참선하고 깨닫는다면 반드시 좋아질 것이다. 모든 고난은 신이 우리를 시험하기 위한 것이다. 은혜를 베풀 만한 사람인지 알아보는 것이다. 인생의 모든 불행을 수행의 기회로 삼아보자.

••• 09

감정을 발산하여
마음을 해방시켜라

착하게 살아야 할까, 착하게 살지 말아야 할까? 착하다는 것이 마음의 안정을 의미한다면 착하게 살아야겠지만, 그것이 겉으로 드러나는 성실함을 의미한다면 착하게 살지 않아도 좋다.

극악무도한 죄를 지은 범죄자의 어머니나 이웃의 인터뷰를 보면 그들이 살인범이나 테러리스트라고 생각한 사람은 거의 없다.

"부모님 말씀을 잘 듣고 말수가 적고 영리한 아이였어요."

그렇다면 그들에게 도대체 무슨 일이 있었던 것일까? 착한 사람 마음속에 늑대의 야성이 잠자고 있었던 것일까?

항상 기분이 좋은 사람은 없다. 좌절과 번뇌 등 부정적인 감정은 누구나 느끼게 마련이다. 성숙한 사람이란 이런 부정적 감정을 느끼지 않는 사람이 아니라, 자신의 감정을 조절할 수 있는 사람이다. 결코 자신의 부정적 감정을 억제해서는 안 된다.

억제하면 부정적 감정이 사라지는 게 아니라 마음 깊은 곳에 쌓여

갈 뿐이다. 장기적으로 감정을 억제해온 사람은 겉으로 볼 때 아주 착해 보인다. 그러나 진짜 감정은 내면 깊숙한 곳에 차곡차곡 쌓여 한계에 달하면 치명적 방식으로 폭발할 수도 있다. 그렇게 일단 출구를 찾은 감정은 제멋대로 빠져나가 자신과 타인에게 큰 상처를 입힌다.

부정적 감정은 급성과 만성으로 나눌 수 있다. 그중 외부의 자극을 받아 충동적으로 화를 내거나 비이성적인 행동을 한다면 그것은 급성이다. 이런 사람에게는 즉각적인 자기암시와 경고의 방법을 사용할 수 있다. 분노가 급격히 치솟는 게 느껴질 때마다 스스로 "이겨낼 수 있어! 넌 할 수 있어!"라고 외치거나 조용히 1부터 10까지 숫자를 센다. 그러면 몇 초나 몇 분만 지나도 마음이 가라앉는다. 그런 뒤에 문제를 처리한다면 후회할 일이 생기지는 않을 것이다.

한편 부정적 감정 중에서 만성은 살면서 일이 마음대로 풀리지 않으면 나타난다. 이런 상황은 금방 사라지지 않고 장기적으로 부정적 감정에 노출되어 있었기에 개선하기가 쉽지 않다. 심지어 상황이 점점 악화될 수도 있다. 그런데 만약 자신의 감정을 조절할 수 있고 부정적 감정의 통제에서 벗어날 수 있다면, 마음대로 되지 않는 현실을 직접 마주할 수 있을 것이다. 의기소침해지거나 답답하다고 느껴지면 주의력을 다른 곳으로 돌려보는 것도 괜찮다. 가볍게 산책하거나 음악을 들을 수도 있고, 운동이나 쇼핑을 하고 친구에게 마음을 털어놓는 것도 좋다. 또는 일기를 쓰거나 정신과 상담을 통해 자신의 감정을 발산할 수도 있다. 이처럼 부정적 감정을 발산하는 방법은 많으니 취향에 따라 선택하면 된다.

나에게 일어나는 모든 일을 알고, 머릿속 생각을 전부 이해할 수 있는 상대는 없다. 평소 천사 같은 얼굴과 가끔씩 드러나는 악마의 사악함, 외면의 부드러움과 내면의 강인함을 다 알아낼 수는 없다. 심지어 자신조차도 자기 안에 얼마나 많은 모습이 숨어 있는지 알지 못한다. 인생이란 '나는 누구인가?'를 알아가는 과정이다. 구원받을 수 있는 길은 여러 가지이지만, 목적은 단 하나다. 바로 마음을 해방시키고 햇볕을 쬐게 하는 것이다.

••• 10

과거를 잊고, 현재를 소중히 여기며, 미래를 준비하라

신란(親鸞)은 아홉 살 때 출가를 결심하고, 지엔(慈円)선사에게 머리를 깎아달라고 부탁했다. 선사가 신란에게 출가하려는 이유를 묻자 그는 이렇게 답했다.

"저는 이제 아홉 살이지만, 왜 부모가 모두 돌아가셔야 했는지 모르겠습니다. 인간은 왜 죽어야 하나요? 저는 왜 부모와 떨어져 살아야 하는 건가요? 이 문제에 대해서 깊이 생각해보기 위해 출가하려고 합니다."

그의 말을 들은 선사는 다음 날 머리를 깎아주겠다고 말했다. 그러자 신란은 말했다.

"사부님은 내일 머리를 깎아주겠다고 하셨지만 저는 아직 어리고 무지하여 내일까지 출가의 결심을 유지할 수 있을지 모르겠습니다. 그리고 연로하신 사부님이 내일 침상에서 일어나지 못할지도 모르고, 목숨이 붙어 있을 거라고 장담할 수도 없지 않습니까?"

선사는 신란의 말에 손뼉을 치며 흡족해했다.

"네 말이 맞다. 지금 당장 머리를 깎아주마."

이 이야기에서 신란은 다음과 같은 삶의 의미에 대해 말했다.

인생은 과거, 현재, 미래로 이루어진다. 이 중 과거는 이미 지나간 것이고 영원히 돌아오지 않는 시간이다. 그러니 추억 속에 머무르지 말고, 즐거운 과거도, 슬픈 과거도 전부 떠나보내야 한다. 이것을 깨달은 사람은 과거에 집착하느라 미래를 망치지 않는다.

오늘을 잘 지내는 것이 가장 큰 행복이며, 매일 기분 좋게 보내는 것이 가장 큰 기쁨이다. 항상 내일의 위험을 걱정하고, 어제의 그늘을 걷어내지 못한다면, 오늘 원하는 삶을 살 수 없다. 또한 미래는 그 누구도 정확하게 예측할 수 없는 미지의 세계다. 언제 태어났는지는 알 수 있지만, 언제 죽을지는 알 수 없지 않은가?

우리는 현재의 아름다운 시간을 붙잡아 행복한 오늘을 살아야 한다. 우리는 우리의 삶을 찬란한 빛과 뜨거운 열정으로 채우고, 유한한 시간을 이용해 우리의 일에 최선을 다하며, 과거의 경험과 교훈을 흡수하여 현재를 더 풍요롭게 만들어야 한다. 그렇게 우리는 아름다운 미래를 위한 초석을 날마다 다져야 한다.

탁상공론을 하기보다는 참선을 실천하라. 슬픈 기억을 되새김질하고 헛된 망상과 환상에 빠져 지내는 것보다는 현재 자신에게 맞는 삶에 몰입하라. 더 가치 있는 인생을 살고 싶다면 흐린 안개 속에서 걸어 나와 현재를 소중히 여기며 아름다운 미래를 준비하라.

••• **Epilogue**

행복은
마음먹기에 달렸다

어느 부부가 저녁을 먹으며 행복에 대해 이야기했다.
"우리가 아는 사람들 중에서 누가 가장 행복하죠?"
"글쎄, 누가 있는지 한번 볼까?"
남편은 잠시 생각해보더니 '행복의 얼굴'에 대해 다음과 같이 정리했다.

- **행복의 첫 번째 얼굴** : 사랑의 힘으로 암세포를 몰아낸 셰인은 남편이 처음으로 일본 출장을 갔을 때 알게 된 친구다. 그녀는 항상 활기가 넘치고, 진실하며, 해맑은 웃음으로 주변을 밝게 만드는 사람이다. 그리고 사랑의 불꽃이다. 첼리스트인 셰인은 암 판정을 받았을 때 질병과 싸우기로 마음먹었지만 감정적으로 견디기가 너무 힘들었다. 그래서 그녀는 몸 안의 암세포를 사랑하는 방법을 택했다. 그녀는 매일 '모닝콜'처럼 아침마다 찾아오는 암세포에게 축복

과 감사의 말을 했다. 시간이 지나면서 기분이 크게 나아지자, 살아 있는 모든 것을 사랑해야겠다고 결심했다. 그렇게 마음먹고 나니 신기하게도 몸 안의 암세포가 기적적으로 사라지기 시작했다. 암세포를 이겨낸 셰인은 치료사가 되었고, 일본에서 기적을 경험한 당사자로서 유명인사가 되었다.

- **행복의 두 번째 얼굴** : 매일 감사하며 사는 베리 부부는 평생 자신들의 사랑과 가정을 위해 헌신하는 삶을 살았다. 그들은 부부관계에 충실했고, 언제나 사랑과 가족을 가장 중요하게 생각했다. 그들은 순수하고 맑은 마음을 가지고 있었고, 어떤 문제도 복잡하게 생각하지 않았다. 그들은 매일 서로의 사랑에 감사하고 칭찬을 아끼지 않았다. 이는 그들 자신뿐만 아니라 주변 사람들까지도 행복하게 만들었다.

- **행복의 세 번째 얼굴** : 매일 충실하게 사는 천재 음악가 벨리는 음악 창작에 모든 열정을 바쳤다. 그는 최고의 음악가가 되겠다는 목표를 가지고 있었다. 자신의 꿈을 위해 분석표를 살펴보거나, 자기 홍보를 하는 데 시간을 낭비하거나, 좋은 기회를 무작정 기다리지 않았다. 그는 매일 자신에게 최고의 기회를 제공했다. 그리고 이럴 때 가장 행복감을 느꼈다.

- **행복의 네 번째 얼굴** : 장수하는 노인들은 세상을 그저 편한 마음으로 홀가분하게 산다. 가족과 친구들은 거의 다 저세상으로 갔지만, 그들은 여전히 현재의 아름다움과 새로운 것들에 호기심을 가지며 생명이 준 소중한 기회를 놓치지 않고 긍정적으로 산다.

- **행복의 다섯 번째 얼굴** : 돈을 하찮게 생각하는 한 작가는 "저는 이미 충분한 돈을 벌었고, 더 많은 돈은 필요치 않습니다"라고 말한다. 그는 스스로 가진 것에 만족한다. 그는, 충분하다는 것은 조건

이 아니라 선택이고, 스스로 만족할 줄 아는 사람만이 행복해질 수 있다는 사실을 알고 있다.

남편은 기억의 그물에서 행복하게 사는 타인들의 얼굴을 건져 올렸을 때, 눈앞에 앉아 있는 아름다운 여자의 얼굴을 보았다. 그리고 더는 기억을 뒤지며 행복한 사람들을 떠올릴 필요가 없다는 것을 깨달았다. 행복한 사람이 바로 앞에 앉아 있었기 때문이다. 남편은 아내의 손을 잡으며 말했다.

"행복의 중요한 조건이 또 하나 있지. 바로 감사하는 거야. 나와 행복에 대해 말해줘서 진짜 고마워. 난 당신과 이런 형이상학적인 문제에 대해 논하는 게 정말 좋아."

다음은 부부가 친구들을 떠올리며 정리해본 행복의 조건이다.

모든 삶을 사랑하기.
모든 삶을 거부하지 않기.
자신과 목표에 충실하기.
가벼운 마음으로 살기.
만족하며 살기.
사랑하는 사람에게 감사하다고 말하기.

다음은 행복에 관한 가사이다.

당신은 눈앞에 있는 풍경을 보지 못하네요.
당신은 손에 쥐고 있는 행복을 누리지 못하네요.

정말로 해주고 싶은 말이 있어요.
지금 이 순간 세상에서 가장 아름다운 곳에서 살고 있지 않나요?
하지만 이 순간에 감사하며 사는 사람은 얼마나 될까요?
눈앞에 있는 아름다운 풍경은 사라지고,
손에 쥔 행복도 놓쳐버리네요.

행복은 마음먹기에 달렸다. 이제 원망, 탐욕, 불평에서 벗어나 사랑으로 세상 만물을 바라보자. 나 자신과 나의 목표에 충실하고, 가벼운 마음으로 생활하고, 현재에 만족하고, 감사하는 마음으로 산다면 행복한 삶을 영위할 수 있을 것이다. 지금부터 눈앞의 풍경을 즐기고, 나만의 행복을 누리자!

멈추어야 할 때
나아가야 할 때
돌아봐야 할 때

초판 1쇄 인쇄 2025년 7월 10일
초판 1쇄 발행 2025년 7월 21일

지은이 | 리무무
옮긴이 | 김정자
펴낸이 | 박찬근
펴낸곳 | (주)빅마우스출판콘텐츠그룹
주　　소 | 경기도 고양시 덕양구 삼원로 73 한일윈스타 1422호
전　　화 | 031-811-6789
팩　　스 | 0504-251-7259
메　　일 | bigmouthbook@naver.com

본　　문 | 미토스
표　　지 | 뿌리

ⓒ (주)빅마우스출판콘텐츠그룹

ISBN 979-11-92556-40-6 (03320)

* 잘못 만들어진 책은 구입처에서 교환 가능합니다.